온 세상이 꽃밭이더라!

온 세상이 꽃밭이더라!

글 | 신동욱

노동운동, 평화·통일운동으로 한 삶을 살았노라
과천 시민 청향(淸香) 신동욱의 '브라보 나의 삶!' 이야기

도서출판 은빛

목차

제4장 04

하나님 나의 하나님

제5장 05

통일의 길

제6장 06

터널의 끝에서

제7장 07

꽃, 식물, 그리고 사람들

추천의 글

얼마나 아름다운 삶인가?

김은희(이웃, 과천 풀뿌리 대표)

글을 읽다가 심호흡을 한다. 마른 헛기침을 몇 번 내뱉어도 눈가에 눈물이 고였다가, 흘렀다. 고개를 돌려 아파트 거실 창으로 겨울 밤하늘을 본다. 아흐레 후면 보름이다. 가늘고 노란 달이 어디쯤 보였다. 자리에서 일어나 넓지 않은 거실을 오락가락했다. 그 시절의 기억들도 갑자기 되살아나 그리움으로 아쉬움으로 밀려왔다. 잠시 글을 덮는다. 꿈을 다시 꾸고 싶어졌다. 저자의 이야기가 나에게 준 속삭임이다.

이 책은 소년공에서 노동운동가로 분단과 단절의 시기를 깨우는 통일운동가로, 상생의 사업가로 헌신해온 한 사람의 서사이고, 저자의 속엣말을 노랫말로 담은 독백이며, 그의 여정에 벗이 된 이들에 대한 감사노트이다.

'온 세상이 꽃밭이더라' 이 얼마나 아름다운 세상인가?

저자는 그의 노고를, 그의 그리움을, 그의 꿈을, 그리고 희망과 기대를 '천 가지 만 가지 빛깔의 꽃'이라 하고 있다.

첫 장 '사랑으로 크는 나무'에서부터 내용 전체를 관통하는 가족에 대한 사랑과 진한 그리움을, 신념이자 위로가 된 신앙에 대한 고백을 담고 있다. 추억보다 더 생생한 기억은, 행복을 응축한 어린 시절에서 시작한다. 채색 수묵화를 담은 동화다. 한 장, 한 장 더해지는 삶의 기록은 단순한 개인의 회고를 넘어 시대의 모습을 담은 무채색의 다큐이고 그 속에 저자는 흔들리는 나침반과 같은 선택의 고뇌를 고백하고 있다.

책의 중반을 넘어서면 노동인권 운동가, 통일운동가를 거쳐, 저자가 꽃집 사장으로 다시 삶을 채우게 되는 사연을 만나게 된다. 어쩌면 드라마틱한 변신이라 생각도 들지만, 이 책을 끝까지 읽고 나면 저자의 내면에 흐르는 생명에 대한 사랑, 상생의 가치에 대한 소망, 그리고 무엇보다도 사람에 대한 믿음을 잃지 않는 우직한 모습을 찾을 수 있다.

소소한 재미도 있다. 맛보기로 소개하자면…

소위 '빵잽이' 딱지가 붙은 사연이 저자의 청춘을 몰아넣은 암울한 사건임에 분명하지만 저자는 그 시절 그때를 '슬기로운 감빵생활'이라는 수감생활의 달인으로 재해석하는 재미와 감동도 제공한다. 수감 시절에 알게 된 꽃 키우기의 내력, 어미 잃은 십자매 새끼를 키워 낸 생명에 대한 애정, 멈추지 못하는 소통에 대한 열정, '수감자의 권리도 마땅한 권리다!'는 목소리!

당신이
살면서 적어도 한 번쯤은 맞닥뜨리게 되는 정의에 의문이 생길 때,
살면서 스스로가 먼지보다 가볍다고 느껴질 때,
살면서 내가 걸어온 길이 온통 자갈밭이라 생각될 때,
살면서 나 혼자 남겨졌다고 울적할 때,
온 세상이 꽃밭이라고 외치는 저자의 삶을 만나보시길 바란다.

추천의 글

우리 현대사 단면들에 대한 진솔한 기록

남규선(전 민주화실천가족운동협의회 총무,
현 국가인권위원회 상임위원)

신동욱 씨의 자서전 초고를 읽다가 38년 전 기억이 되살아났다. 1987년 여름, 한신대에서 나는 '노동자 수련회'참가자들과 1박2일 대형 그림을 그리고 있었다. 그림 작업 전에 참가자들과 주제 토론을 하고, 밑그림을 그리고, 역할 나누기에 이어 본격적인 그림을 그리는 집단창작이었다. 당시 내 직업은 화가였는데, 비전문가인 노동자들과 공동창작하는 자체가 즐거웠기에 그 일이 오래도록 남았던 것 같다. 그 사업의 발주자가 신동욱 씨였고, 행사 사전 협의하러 간 '영등포 산선'에서 그를 처음 보았다.

1992년 추석 연휴 첫날 전화 한 통을 받았다. 세 살 난 손자, 며느리, 아들이 안기 부에 연행되었다는 거였다. 그 후 100명에 달하는 사람들이 잡혀갔는데, 일제히 접견이 거부되었으며, 고문을 당했다는 호소가 쏟아졌다. 당시 내가 근무하던 인권단체 '민가협' 사무실에도 안기부가 들이닥쳐 출입문을 부수고 서류를 트럭째 싣고 간 사건이 발생했다. 민가협 회원들은 낮에는 서울 중구 안기부 앞에서 고문 중단을 요구하며 시위를 벌였고 밤에는 기독교회관에서 밤샘 농성을 했다.

당시 대한민국의 감옥에는 민주화운동을 하다가 구속된 양심수가 1

천 5백명이 넘었지만 민가협 상근자는 나를 포함해 2명뿐이었다. 민가협에 구조 요청하러 온 구속자 가족들은 자진해서 일손을 거들 수 밖에 없었다. 그 중에는 보일러공 신동인도 있었다. 안기부 연행자 100여명 명단에 그의 형 신동욱이 포함되었기 때문이다.

유엔 자유권위원회가 수차례 폐지를 권고했지만 굳건한 국가보안법 7조로 인해 4년형을 받았다. 국제앰네스티가 선정한 양심수였고, 동생 신동인이 민가협 상근을 하며 석방운동을 했지만 그는 단 하루도 줄이지 못한 채 꼬박 수감생활을 해야했다.

만기 출소한 그에게 새 직장이 생겼다는 소식을 들었다. 노동운동이나 민주화운동이 아닌 꽃을 가꾸는 직업이라는 거다. 노동운동가나 원예사는 다른 사람을 행복하게 해주기 위한 직업이라는 본질에서 같은 거니까 이해가 됐다.

언젠가 지나는 길에 과천 화훼단지에 있는 그의 일터에 들렀을 때였다. 그곳에서 꽃만 키우는 게 아니라 새로운 길도 개척하고 있었다. 개발로 쫓겨 날 위기에 처한 화훼단지 세입자들의 권리를 되찾는 일 말이다. 그에게 참 잘 어울렸다.

한 가난한 노동자가 어떻게 노동운동에 참여하게 되었는지, 통일운동 또는 민주화운동을 했다는 이유로 기나긴 수감생활을 해야 했는지, 그 후 '운동'과 무관하게 살고자 나선 생활전선에서도 결국 투쟁할 수 밖에 없는 생활인의 삶을, 그의 책에서 보여준다. 그렇게 지난 반세기 동안 한국 사회의 모습과 그의 특별한 경험이 고스란히 담겨져 있다. 이렇게 우리 현대사의 한 단면을 기록으로 남겨준 그에게 고맙다.

추천의 글

한 시대의 증언 '작은 예수'의 기록으로 추천합니다

이근복(목사, 한국기독교목회지원네트워크 원장)

얼마 전 박노해 시인은 이런 시를 썼습니다.

우리는 지켜야 할 것을 다 지키면서
한 걸음도 건너뛰지 않는 정직한 걸음이어서
이리 더디고 애타고 힘겨운 전진이구나…….

신동욱 회장님(이 호칭이 제게 익숙합니다)이 저술한 '온 세상이 꽃밭이더라!'에 이 시구처럼 자기 자신과 시대, 동료들과 하나님 앞에서 정직한 걸음으로 살아온 인생 여정이 잘 그려져 있습니다. 이 과정에서 많은 고초를 겪었지만 치열하게 계속 전진하는 아름다운 인생이 담겨 있습니다. 특히 진솔한 삶과 반노동과 불의에 대한 저항이 오롯이 담겨 있는 까닭에 이 시대의 진정한 증언입니다. 가난과 차별, 회유와 협박에 굴하지 않고, 온유한 심성을 지녔지만 타협하지 않는 저항정신의 기개에 경의를 표하지 않을 수 없습니다. 또 신 회장님은 지난한 인생 여정에서도 불평과 원망, 남 탓을 하지 않았고, 더구나 나이 들어 인생을 망치는 보상심리가 작동하지 않아서 아름다운 삶으로 기억될 것입니다.

요즘 극우 목사들이 탄핵 국면에 큰 걸림돌이 되는 참혹한 상황에서 이 책에서 작은 예수로 살아간 진정한 그리스도인을 만날 수 있고, 신앙과 노동운동을 결합하려고 애쓴 한국기독노동자총연맹의 생생한 역사 기록도 접할 수 있습니다. 더 놀라운 것은 어려운 여건에서도 계속 연구하고 공부하여, 신 회장님은 협동조합 경영전문가 과정과 소상공인 협동조합지도자 과정을 수료했고, 방통대를 졸업하고 유기농업기사와 식물보호기사 자격증을 땄습니다.

목회자인 제게 인상적인 부분은 4년 동안 감옥살이를 마친 후 오충일 목사님을 만났을 때 목회자 길을 권면을 받은 장면이었습니다. 애정 어린 권면을 받아들였다면 약자와 동행하는 선한 목자가 되었을 터인데 하는 아쉬움이 있지만, 그러면 활동의 폭이 훨씬 좁아졌을 것입니다. 한편 자서전을 읽으며 참 미안했습니다. 제가 1990년 말에 영등포산업선교회를 자의반 타의반 그만둔 것 때문에 한동안 그곳을 잊으려고 했는지 무심한 탓이었는지, 신 회장님이 4년이나 영어의 몸이었다는 것을 몰랐다는 사실입니다.

"눈앞에 보이는 봉우리를 올라서면 다른 길이 나올 것이다. 그 길을 따라 함께 가는 벗들과 즐겁게 노래하며 남은 길을 걷고 싶다."

"온 세상이 꽃밭이더라!"에서 마지막 다짐을 한 신동욱 회장님께 박수를 보내며 참혹한 시대를 즐겁게 노래하며 열어가는 남은 삶을 위해 기도합니다. 이 책이 탄핵을 넘어 사회대전환으로 새 시대를 열어가려는 이들에게 나침반이 되길 기대합니다.

추천의 글

그대에게 뜨거운 박수를 보냅니다!

이영기(옛 〈영동야학〉 강사, 현 〈호루라기재단〉 이사장, 변호사)

"온 세상이 꽃밭이더라!" 그의 성격과 삶을 한마디로 표현한 멋들어진 제목이다.

1980년 9월 군 제대 후 노동운동에 뛰어들어야겠다고 생각하던 중 당시 상황이 여의치 않아 복학한 후, 옛 영동야학 시절 학생들과의 선정릉 만남에서 그를 처음 만났다. 진지하면서도 친근하고 밝은 인상이었다. 동생 동술이와 닮았으면서도 조금은 어른스러운 느낌이 드는 살가운 친구였다.

그는 처음부터 노동자로서 우리 사회의 변혁운동에 관심을 보였다. 너무 반가웠다. 즉시 영동야학 학생들과 우리 사회의 현실을 제대로 이해하기 위한 공부 모임을 만들었다. 이렇게 해서 이어진 인연이 45년, 자서전을 읽다 보니 그의 파란만장한 삶이 파노라마처럼 펼쳐지면서 짠하고 뭉클한 마음이 밀려든다.

90년대에 접어들면서 노동운동권도 커다란 변화를 겪게 되었다. 그러던 어느 날 그가 조직 사건으로 구속되었다는 말을 들었는데, 그 후 4년의 세월이 흘러 그가 1996년 가을 출소하고 첫날밤을 '야한 에피소드(?)'와 함께 우리 집에서 보냈다고 하니 새삼 격세지감을 느끼게 된다.

우리 사회에서 많은 사람들이 격동의 세월을 살아 왔으리라. 그러나

숱한 어려움을 겪으면서도 꿋꿋이 올곧은 신념을 실천하려는 사람은 사실 많지 않다. 편한 길을 마다하고 노동운동의 전선에서 투쟁의 깃발을 높이 들고 싸우다가 뜻하지 않게 4년의 모진 감옥살이를 겪어야 했으나 온갖 난관을 이겨내고 다시 삶의 현장에서 현실의 모순과 치열하게 싸우고 있는 그의 모습을 보고 있노라니 절로 고개가 숙여진다.

한 사람의 삶에는 그를 둘러싼 수많은 사람들의 애환이 얽혀 있다. 이 책은 그가 살아온 우리 시대의 아픔과 고난, 좌절과 용기 그리고 희망을 가슴 뜨겁게 펼쳐 보여준다. 이 책을 읽다 보면 독자들도 그 시대, 그 상황에 들어가서 그와 함께 느끼고, 외치고, 분노하고, 사랑하게 될 것이다. 이 책을 통해 '신동욱'과 그 시대의 고민하던 사람들을 만나보길 바란다.

꽃을 좋아해서 청향란원을 세우고 늦깎이로 치열하게 식물 공부를 하고 국가기술자격증까지 딴 그, 다른 한편 지금까지도 협동조합운동과 마을풀뿌리운동에 열정을 다하고 있는 그의 과거와 현재와 미래에 뜨거운 박수를 보낸다. 그리고 이제부터라도 조금은 가족과 함께 평화롭고 행복한 삶을 살아가길 바란다.

추천의 글

“꽃보다 아름다운 동지!”

한명희(전 서울기독노동자연맹 회장, 서울시의원 역임,
현 〈고령사회를이롭게하는여성연합〉 상임대표)

신동욱 동지,

몇 년 전 꽃장사를 한다는 소식을 접하면서 “웬 꽃집을 하나?” 했었는데 “온 세상이 꽃밭이더라” 책 제목을 받아들고, “참 아름다운 사람을 내가 몰라보았구나” 생각했어요.

“12살에 어머니를 여의고 얼마나 외롭고 힘들었을까요?” 그런데 “브라보 나의 삶 이야기” 소제목. 참으로 맑고 기운찬 긍정에너지를 지닌 용기 있는 용사였음을 느꼈습니다.

어렵게 찾아들어간 곳 대우자동차에서 기노련 활동을 하기 위해 동지들과 고민 끝에 대기업을 그만두었다는 이야기에 깜짝 놀랐어요. 그 무렵 85년 파업 투쟁으로 인해 대우자동차 부평 공장에서 대우차 엔지니어링으로 강제 전근을 갔던 유광준 동지에게도 “사무직에서 노동운동하기 어려울 텐데, 그만두고 제조 공장에 들어가는 것 생각해봐요.” 입버릇처럼 말하곤 했더니, 어느 날 정말 대우차 사표 내고 실업 상태가 되었던 기억이 생생한데, 제가 두 사람의 대우차 공장을 그만두게 만든 셈이 된 것을 깨닫고 놀라지 않을 수 없었네요.

까마득하게 잊고 지낸 수많은 동지들의 이름이 또 얼마나 반갑고 고맙던지요.

혜화동 '작은 이들의 집'에서 소모임 하다가 통행 금지 시간에 쫓겨났던 일, 고양시 금곡동 형편없이 누추한 흙벽돌 집에서 소모임 수련회 하던 일, 민중교회(작은교회) 목사님들과 끝도 없이 논쟁하며 갈등하던 시간들…

이런 가운데서도 한달에 한 번은 꼬박꼬박 대중 집회를 함께 꾸려냈었던 1986년의 기노련은 참으로 열정과 헌신으로 똘똘 뭉쳤던 동지들의 소중한 역사가 아닐 수 없네요. 기노련 역사를 서술하지 못해서 늘 숙제를 남긴 부담이 컸었는데 신동욱 동지가 기노련 역사를 생생하게 살려주었고, 고마운 마음 전합니다.

엄혹했던 시절, 하나님의 이름으로 십자가를 높이 들고 노동자들과 함께 했던 기노련!

신동욱 동지처럼 신앙심을 바탕으로 우린 맨주먹으로 어깨 걸고 나아갔지요.

10여 년 전 갑자기 제게 "호주 교회에서 보낸 지원 기금을 어찌했냐?"는 물음을 받은 바, "기노련은 교회 기구를 통해서 단 한 푼의 후원(해외)을 받은 바 없노라." 했더니 오래전 보낸 기금 사용 내역을 보내 달라는 겁니다. 해서 확인해보니 은행에 그 기금이 몇 년째 그대로 묵혀 있었던 일도 있었지요.

기노련 이후 구로구청 사건, 또한 조직 사건으로 너무 긴 기간 동안 감옥살이를 하였는데, 아직도 겁 없이 계속 앞으로 나아가게 되는 그 힘이 과연 무엇인지요?

늘 한결같이 민주화 투쟁의 선봉장으로 달려온 신동욱 동지의 꿈같은 행보에 감동과 박수를 보냅니다.

어쩌면 모든 것을 잃고 가난하지만, 어쩌면 가진 것 없기에 더 치열하게 뜨겁게 달려온 삶이었다고 할 수 있겠지요.

요즘 정치적으로 팽팽한 시국, 엄동설한 가운데서도 어느새 봄기운이 대우주를 감싸며 다가오듯이, 눈보라를 뚫고 피어날 매화가 단단한 봉오리를 움트려 하고 있듯이, 신동욱 동지와 우리의 활짝 필 봄을 기대하면서, 기노련과 기노련을 도왔던 여러 동지들 모여 한마음으로 봄노래 합창할 날을 기원합니다.

추천의 글

더 나은 세상을 위한 도움닫기, 솔직한 자기성찰

황인성(전 기사련 사무처장, 전 민주평화통일자문회의 사무처장)

지난 1월 말 해외여행 중에 오랜만에 신동욱 형의 전화를 받았다. 그간 자신이 걸어온 길을 되돌아보며 한 편의 글을 썼고, 이를 책자로 엮어 볼 생각이니 먼저 읽어보고 소감을 작성해 주었으면 좋겠다는 취지였다. 사실상 추천의 글을 말하는 것 같아, 내가 그럴만한 자격이 있겠냐 사양하며, 귀국 후 읽어보고 할 말이 있으면 몇 자 적어 보겠노라고 답하고 전화를 끊었다.

귀국 후 그가 보낸 원고를 찬찬히 읽어보았다. 그의 어린 시절과 여러 삶의 고비에서 겪었던 일과 그때그때의 생각, 그리고 그 과정에서 그와 인연을 맺은 다양한 인물들을 보면서 내가 그간 피상적으로 알았던 인간 신동욱에 대해 한층 더 깊고 풍부하게 이해하는 계기가 되었다. 동시대를 살아온 나 역시 그의 글 속에 등장하는 낯익은 이름들을 떠올리면서 많은 상념에 사로잡히기도 했다. 그리고 그의 글은 오늘날 많은 시민들에게 개신교를 오해하게 만들고 있는 전광훈 등 극우 보수 기독교와 대비되는 교회 본연의 모습, 즉 기독교 선교의 목표인 정의와 평화를 이 땅에 실현하고자 했고, 또 지금도 계속되고 있는 기독교사회운동에 대한 기억을 소환해 주는 것이기도 했다.

신동욱 형과 나의 인연은 45년 전인 5.18 광주항쟁 이후 격동하던 1980-90년대의 민족민주운동과 기독교 사회운동을 함께 하면서 맺어졌다.

돌이켜 보면 1980년대 초반에는 광주 시민을 학살하고 국가권력을 찬탈한 전두환 군사독재 정권의 극악한 억압통치로 인해 모든 민주 인사들이 잡혀가거나, 표면상 모습을 감추어 한순간 온 사회가 얼어붙은 듯 조용했다. 하지만 이도 잠시일 뿐 전두환 정권의 죄악에 눈감을 수 없었던 젊은 학생과 농민, 노동자의 목숨을 던지는 숭고한 항거들에 힘입어 전국의 대학가에서부터 반전두환 군사독재투쟁의 깃발이 오르기 시작해, 점차 전 사회적으로 확산되어 갔다. 뿐만 아니라 당시 젊은이들은 광주 시민들의 단결된 힘으로 국군 최강의 공수특전단을 시 외곽으로 몰아내고, 시민 스스로 유감없이 드러내 보인 대동사회의 모습과 질서에서 민중의 힘과 가능성을 다시금 확인하게 되었다. 또한 시민을 '폭도', '용공세력'으로 몰아붙이며 국민과 이들을 이간시키는 군사정권의 비열한 술책을 또다시 보면서 분단체제와 민주주의의 관계를 고민하며, 한국사회라는 특수한 조건하에서 민주주의를 실현하기 위한 전략을 보다 더 깊게 모색하기 시작했던 시기이기도 하다.

이 같은 문제의식에 따라 한동안 학생운동을 거친 학생들의 노동현장을 향한 엑소더스(Exodus)의 물결이 이어지고, 교회를 비롯해 많은 곳에서 야학이 운영되는 등으로 노학연대의 토대를 강화해 갔다. 그리하여 엄혹한 억압을 뚫고 확산되기 시작한 여러 사회 부문운동과 민주정당이 총 연대하여 이룩해 낸 것이 1987년의 6월 민주대항쟁이었다. 6월 항쟁으로 상대적으로 넓어진 민주적 공간 속에서 그간 각오가 높은 활동가들을 중심으로 조직된 운동단체들이 대중적 토대를 강화하기 위해 부문별로 대중조직을 건설해 가기 시작했다.

이러한 흐름 속에서 기독교 민주화운동 역시 교회 내 선교기구와 함께 각 부문 영역별로 기독교 대중조직을 건설하고, 이들의 연대조직으로 한국기독교사회운동연합(기사련)을 건설하였다. 내 기억에는 기사련 사무처장과 기노련 의장으로 만난 게 우리 두 사람 인연의 시작으로 생각된다. 그 이전에도 유동우, 한명희 선생 등의 현장활동과 연대하는 과정에서 그를 만났을 가능성이 있지만 신동욱 형을 또렷이 기억하는 것은 기사련 집행위원 회의나 수련회, 그리고 기노련 지원활동에서의 만남들이다. 물론 기독교운동 내부의 후배그룹들과 함께 개인적 교분도 없지 않았지만 아무래도 일 중심의 논의가 주를 이루고, 그의 개인 생활에 대한 이야기는 거의 나누지 못했다. 그래서 그가 현장노동자 출신 활동가로서 보기 드물게 빠른 판단력과 논리적 설득력을 갖고 있고, 매우 활달하며 부지런한 인물이라는 인상만 짙게 뇌리에 남아 있을 뿐, 그의 생활환경이라든가 개인적 고민거리를 놓고 함께 토론해 본 기억이 없다.

그런 내가 결코 유복했다고만 할 수 없는 어린 시절부터 이후 사회인으로서 생각한 대로 일이 풀리지 않아 시련을 겪는 등 순탄하지 않았던 그간의 삶의 여정을 담담하게 서술하고 있는 그의 글을 읽으면서, 한편으로는 미처 몰랐던 많은 사실에 놀라고 감동하면서도 또 한편으로는 뭔가 의문이 생기기도 하였다.

첫째는 모두가 그런 것은 아니지만 대개는 인생을 마무리하는 만년에 자신의 역정을 되돌아보며 자신의 생애를 글로 정리하는 것이 상례인데, 그는 아직도 열심히 활동하고 있는 장년의 사업가가 아닌가? 어떤 것을 기대하며 글을 썼을까? 하는 점이다.

둘째는 그의 글에는 물에 빠진 젊은이의 생명을 구하는 등 선행에 관한 이야기가 있지만 그가 이룬 성취를 자랑하거나 그가 속한 공동체 내외에서 공유했으면 하는 교훈이나 이슈 또는 문제점을 제시하는데 별로 공을 들이지 않고 있다는 점이다.

오로지 인생의 고비고비에서 그가 겪었던 일에서 자신이 가졌던 생각, 선한 의도를 갖고 시작했지만 큰 성과를 얻지 못했지만 지금도 계속하고 있는 일이나 아직도 버리지 못한 꿈, 그리고 가족에 대한 애틋한 사랑을 이야기하고 있을 뿐이다. 뭔가 대외적 목적을 가진 것이라기 보다 자기 자신을 향한 글이라는 인상을 짙게 받았다.

글 쓰는 데 게으르고 자신에 대한 글은 가능하면 쓰지 않으려는 나로서는 처음에는 신동욱 형의 이 글쓰기 작업을 쉽게 납득하기 어려웠다.

그러나 글을 다 읽고 난 지금 나는 이 작업이 지금까지의 여정에서 마주쳤던 어려움과 성취, 그리고 실패들을 솔직하게 대면하면서, 자신의 삶을 깊이 성찰하는 과정이자, 자신의 생각과 욕망, 꿈을 재확인하는 작업임을 알게 되었다. 과거를 돌아보며 앞으로의 삶의 방향과 목표를 보다 또렷하게 하는 중간결산 작업이자 자기애의 실천임을 확인하게 된다.

그는 글에서 말하고 있다. 나는 노동자다. 열여섯에 공장에 들어가 노동운동과 통일운동을 하다가 구속되기도 하는 시련을 겪었지만 지금은 가족과 함께 과천에서 꽃을 팔며 생업을 일구는 자영업자다. 그리고 삶

터인 과천이라는 지역에서 좀 더 나은 세상을 위해 애쓰는 시민들과 어울리는 삶에 열중하고 있다. 그리고 '사람이 우선인 세상', '노동이 존중받는 세상', '평화가 강물처럼 흘러넘치는 세상', '분단된 조국이 하나로 통일된 세상.'이 자신이 꿈꿔왔고 이루려던 세상이라고. 지나온 발걸음들을 돌아보는 것이 쉽지만은 않았고, 자신이 꿈꾸어 왔던 세상은 아직도 멀어 보이지만 이것이 끝이 아니라 새로운 시작이라는 것을 이 작업 속에서 되새긴다는 것을.

그가 살아오면서 경험한 세상과 사람들이 어찌 보면 내가 대면했던 세상과 사람들과 부분적으로는 차이가 있지만 큰 틀과 흐름 속에서는 크게 다르지 않았다는 것을 느끼게 되면서, 이를 진지하게 되돌아 보고 자신을 다시금 추스르는 모습에서 나는 많은 것을 배웠다. 그가 처한 구체적 상황에서 순간순간 한 선택과. 결과를 후회 없이 받아들이며 최선을 다해 노력하면서 그 의미를 적극적으로 해석하는 모습에서 그가 이른바 강한 멘탈의 소유자임을 부러워하게 된다. 비록 오늘까지 이룬 성과가 어떠하든 그가 설정하고 꿈꾼 목표를 향해, 승리하는 삶을 위해 쉼 없이 달려가는 참된 신앙인의 모습을 떠올리게 되는 것이다. 그래서 그의 이 글쓰기는 도약을 위해 숨을 고르며 달리는 도움닫기처럼 그의 인생에서 또 다른 시작을 위한 값진 작업이라 믿는다. 그와 함께 했고 또 그에 대해 궁금해하거나 관심을 가진 사람들에게 많은 것을 나누어 줄 작업이라 생각하고, 큰 박수를 보내는 바다.

온 세상이 꽃밭이더라!

| 프롤로그 |

어디쯤 온 것일까?

7부 능선쯤 되려나. 이쯤 걸어왔으면 잠시 쉬어 가도 되겠지?

어디 나뭇등걸이나 널찍한 바위라도 있으면 잠시 다리쉼이라도 하고 남은 길을 가야겠다.

나무 그늘이라도 있다면 더욱 좋고…

큼지막한 바위 모서리에 걸터앉아 오던 길을 뒤돌아본다. 구불구불 오솔길이 숲에 가려졌다 나왔다 한다. 저 멀리 점점이 마을들이 박혀 있다. 점점이 박힌 마을에 파편처럼 기억들이 흩어져 있다. 어디선가 바람이 불어온다. 파편처럼 흩어져 있던 기억들이 바람에 춤을 추며 날아올라 속삭인다.

동~우~가~ 東旭歌…

그래, 나의 노래를 불러보자. 내 노래를 들려주자.

한자를 그대로 풀면 동녘에 떠오르는 아침 해를 맞이하는 노래다.

바람에 촛불이 흔들린다.

촛불을 든 손이 시리다.

언제부터 촛불을 들었었지?

순정한 소녀들 미선·효순이 참사에 처음으로 광장에서 촛불을 들었다.

노무현 대통령이 탄핵당했을 때도 촛불을 들었다.

광우병 사태 때도 촛불을 들었다.

박근혜 대통령 국정농단 때도 촛불을 들었다.

광화문에서.

검찰개혁 때도 촛불을 들었다.

서초동에서.

이제 촛불을 들 일이 없는 세상이 되었으면 했는데,

죽어 진달래로 피어나 잔업, 특근 없는 세상에서 휴일이 되면 놀러와 진달래를 보며 즐거워하는 우리 아들딸들을 보고 싶다던 박노해 시인의 노래처럼 우리 아이들에게는 좋은 세상을 물려주고 싶었는데, 너무 큰 욕심이었던가. 아직도 먼 것인가.

'윤석열 퇴진! 김건희 특검!'

다시 촛불을 들고 있다.

과천에서.

나는 누구인가? 스스로 묻는다.

나는 노동자다.

지금은 꽃을 파는 자영업을 하고 있지만, 굽이굽이 사연 많은 날들을 건너왔다. 그리고 얼마 전 환갑을 훌쩍 지난 나이에 대학을 나왔다, 방송통신대 19학번이다.

열여섯 살에 공장에 들어갔고, 노동운동과 통일운동을 하다 구속되어 징역도 꽤 오래, 4년을 살았다. 뒤늦게 결혼하고 과천에 들어와 꽃을 팔며 생업을 일구고 있다.

이제 환갑이 훌쩍 넘어 머리숱은 엷어지고 근력은 떨어지니 활동력도 예전만 못하다.

'사람이 우선인 세상, 노동이 존중받는 세상, 평화가 강물처럼 흘러넘치는 세상, 분단된 조국이 하나로 통일된 세상' 내가 꿈꿔왔고 이루려 했던 세상이다.

여전히 가야 할 길이 멀지만 왔던 길을 돌아보며 다시 걸어갈 힘을 내어보려 한다.

사랑으로 크는 나무

| 제1장 |

내 고향 학당리

곧게 난 신작로길 따라 미루나무가 하늘에 닿을 듯 높이 높이 늘어서 있다.

길옆의 코스모스는 제멋에 겨워 바람에 몸을 맡긴 채 살랑살랑 춤을 추고, 하늘엔 한 점 조각구름이 두둥실 떠 흘러간다,

들녘 너머 저 멀리 아스라이 보이는 만경강[1] 푸른 물결은 저녁 햇살에 은빛으로 반짝이고, 낮은 초가지붕 위엔 탐스러운 호박이 매달리듯 올라앉아 가을 햇살에 몸을 맡긴 채 속살을 깊이 살찌우고 있다.

집 앞으로 끝없이 펼쳐진 넓은 들엔 누렇게 익은 벼가 황금빛 물결로 출렁이고, 들 옆에 매어둔 누런 황소는 한가로이 풀을 뜯고 어린 새끼송아지는 제 어미 곁을 떠나지 않는다.

1960년 가을걷이를 마친 늦은 가을, 전라북도 군산 인근 옥구군 회현면에서 넉넉하진 않았지만 크게 궁핍하진 않았던 가정의 맏아들로 태어났다.

할아버지는 농사를 지으셨고, 멀리 가실 일이 있으면 흰 두루마기에

1) 지금은 새만금 간척으로 인해 많이 훼손됐지만, 전라북도 옥구와 김제 사이에 흐르던 호남평야의 젖줄

갓을 쓰고 나가셨다. 틈이 나면 할아버지는 나를 앞에 앉혀 놓고 천자문을 가르쳐 주시기도 했다. “하늘천 따지 검을현 누를황” 시각장애인이 점자책 읽듯 천자문을 따라 읽었고, 지금 띄엄띄엄이나마 한자를 읽을 줄 아는 건 이때의 공부 덕이리라.

돌 사진

아버지는 5남매 중 셋째셨고 위로 형님이 둘, 아래로 여동생과 막내 남동생이 있었다.

마을 이름이 학당리인데 아마도 학이 많이 날아와 집을 짓고 살았던가 보다.

학당리는 평산 신씨(平山申氏) 집성촌이다.

세 살 때 아버지가 분가해 군산 시내로 나가 살아서 고향 집에 대한 기억이 그리 많진 않다. 고모 등에 업힌 나를 놀려주려고 집과는 다른 방향으로 가려 하는 고모 등을 두드리며 울던 기억, 엄마 손 잡고 아장아장 걸어 이웃 친척 집에 놀러 갔던 기억, 길에서 만난 친척 아저씨가 집이 어디냐 물어서 “전라북도 옥구군 회현면 학당리 천백 번지요” 하고 대답해 칭찬을 받았던 기억, 그리고 국민학교(이하는 초등학교로 표기) 5학년 때 어머니가 돌아가신 후 2년 남짓의 기억들이 실낱처럼 남아있다.

고향이라고는 하나 갓난아이 때부터 회현과 군산의 중간에 있는 옥산 외갓집에서 자란 시간이 많았기에 학당리 고향에는 친구가 한 명도 없었다. 그래서 어머님 돌아가시고 난 뒤 지낸 학당리에서, 학교가 파하면 혼자 뒷동산에 올라가 눈앞에 넓게 펼쳐진 들판과 멀리 보이는 만경강 줄기를 아무 생각 없이 바라보다 땅거미가 어스름히 깔리기 시작하면 내려오고는 했다.

송식이, 순성이, 지순이, 춘숙이, 순미…. 외가가 있던 옥산에서 함께 놀던 친구들은 잘 있는지.

열두 살 어린 나이에 친구, 형제들과 떨어져 혼자만 할아버지 댁에 맡겨져서 학교에 다녀야 했기에, 어머니를 잃은 슬픔과 혼자된 외로움을 이겨내기에 학당리는 너무 한적한 시골 마을이었다. 집 밖을 나서 할 수 있는 것이라고는 뒷산에 올라가 새소리, 풀벌레 소리 들으며 뒹굴다 내려오는 것밖에는 아무것도 없었다.

얼마 지나지 않아 회현에 내가 다니던 학교 군산 중앙국민학교로 통학을 하는 아이가 있다는 것을 알게 돼 친구가 되었다.

가끔 이 친구와 방죽[2]에 낚시를 하러 간 적이 있는데, 낚시 장비라고 해 봤자 대나무 끝에다 낚싯줄을 메고, 작은 돌멩이를 갈아 추를 달고, 보릿대를 찌로 삼아 만든 낚싯대를 들고 다녔다. 장비도 변변찮고 솜씨 없는 낚시꾼인지라 고기가 낚일 리가 없으니 빈손으로 돌아오기 일쑤였다.

딱 한 번, 운이 좋았다. 헛되게 낚싯대만 담갔다 빈손으로 일어서며

2) 물을 막기 위하여 쌓은 둑으로 작은 저수지를 말한다.

남은 떡밥을 물에 확 뿌리며 "옜다, 배 터지게 실컷 먹어라" 하고 일어선 자리에 낚싯대를 던지자마자 곧바로 찌가 곤두박질을 치는 것 아닌가. 냅다 잡아챘더니 엄청 큰놈이 물 밖으로 배를 뒤집으며 용트림을 한다. 얼마나 힘이 센지 수초를 휘감으며 버티는 통에 친구에게 낚싯대를 맡기고 수초를 헤치며 물에 들어가 건져 올려야 했다. 손바닥 끝에서 팔꿈치까지 닿을 정도로 큰 놈이니 요즘 말로 하면 월척이었다. 알고 한 짓은 아니지만, 밑밥을 제대로 깐 것이다.

커다란 붕어를 메고 가 할아버지 고아 드리라고 내미니, "이걸 니가 잡었냐"며 할머니가 무척 대견해 하셨다.

할머니는 허리가 많이 굽으셨다. 꼬부랑 할머니!

지팡이를 짚고 밭에 나가시고 부엌도 드나드셨다. 가끔 할머니가 해 주시던 칼국수 맛을 잊지 못한다. 할머니가 밀가루 반죽을 해 주시면 홍두깨[3]로 밀어 얇게 펴는 것은 내 몫이었다. 얇게 민 밀 반죽을 착착 접어 똑같은 크기로 써시는 할머니의 칼질 솜씨를 신기한 듯이 바라보면서…

학당리는 그때까지도 전기가 안 들어와 마루에는 남폿불을 켰고, 방에서는 등잔을 켜 놓고 할머니는 바느질하고, 나는 할머니 옆에 엎드려 공부를 하곤 했다. 농사일이 없을 때는 가마니를 짜셨는데 가끔 할아버지를 도와 가마니 짤 짚을 털어 드리기도 했다.

아주 오래전, 할머니가 시집온 지 얼마 안 돼 신랑인 할아버지가 까

3) 홍두깨. 옷감의 주름을 없애고 윤기를 내기 위해 사용하는 박달나무로 만든 도구. 커다란 홍두깨에 천을 감고 방망이로 두들겨 주름을 폈다.

닭 모를 병으로 앓아누워 오랫동안 운신을 못 하셨다고 한다. 밤낮으로 치성을 드리며 절에도 가보고 용하다는 무당을 불러 굿도 해보았지만, 할아버지의 병세는 나아지질 않았다.

그날도 눈물 찍어가며 밭에 나가 김을 매다가 멀리서 교회 종소리가 들려왔다고 했다. "뎅그렁 뎅그렁" 물에 빠진 사람 지푸라기라도 잡는 심정으로 호밋자루 내던지고 교회로 달려가 눈물로 기도를 했다. '하나님, 제발 우리 서방님 낫게 해 주십사'

기도의 효험인지, 때가 돼서 나은 것인지 할아버지의 병세는 차츰 호전되었고 얼마 지나지 않아 자리를 털고 일어나셨다. 그날 이후부터 돌아가실 때까지 할머니는 비가 오나 눈이 오나 주일예배를 거르지 않고 교회에 다니셨다.

갓 시집온 스물한 살 새색시 어머님은 시어머니에 이끌려 교회에 나갔고, 나 역시 어머니 등에 업혀 교회를 따라다녔다.

당시 시골에서는 드물게 대학[4]을 나온 아버지는 내가 태어난 지 얼마 지나지 않아 다니시던 철도청을 그만두고 충남 장항에 있는 여학교 정의여중·고의 선생이 되어 직장을 옮기셨고 집도 분가를 해 군산으로 나와 살게 되었다.

한때, 아버지는 교회에서 운영하던 야학에서 학생들을 가르쳤고, 부활절이 되면 어머니는 흰 치마저고리를 차려입고 우리 삼 형제 손을

4) 아버님은 해방 직후 이리공대를 다니셨다. 지금 전북대학교 공과대학으로 이어졌다.

잡고 교회에 가셨다.

초등학교 2학년쯤이었던 것으로 기억한다. 크리스마스이브 때, 새벽송을 도는 형들과 누나들을 추운 줄도 모르고 따라나섰다. 교회 앞에 있던 군산교도소를 시작으로 교인들의 집 앞에 가서 성탄 노래를 부르는 것이었다. (교도소와의 인연은 이때부터였나 보다. 후일 질긴 인연이 이어진다.) 노래가 끝나면 안에서 누군가 나와 선물을 한 꾸러미씩 주었고 형들은 어깨에 멘 커다란 자루에 그걸 담아 넣었다. 그렇게 새벽길을 홍겹게 돌다가 어느 골목 안쪽 작은 대문 앞에서 "기쁘다 구주 오셨네. 만백성 맞으라…." 힘차게 부르자 빼꼼히 문을 열고 나오는 예쁜 아줌마, 우리 엄마였다. 얼마나 들떠서 촐랑거리며 따라다녔으면 제집 앞인지도 모르고 다녔던가. 쯧쯧…

외할머니 댁 돌머리

어머니가 딸 넷, 아들 둘인 육 남매의 맏이 여서 첫 손주, 첫 조카인 나는 외가 식구들의 사랑과 귀여움을 듬뿍 받으며 컸다.

처마 밑에 제비가 울면 "지지배배 지지배배 동욱아 잘 잤냐?" 하는 소리였고, 외할머니가 팔을 벌려 "동욱아 이리 와" 부르면 외할머니 앞에 다림질하기 위해 펼쳐놓은 외할아버지의 두루마기를 바로 건너지 않고 빙 돌아 뽀르르 기어오르는 기특한 녀석이었다. "아이고 내 강아지. 이쁘기도 하지" 외할머니는 나를 늘 '내 강아지' 하며 불렀다.

대학에 다니던 큰외삼촌 친구들이 놀러 와 트위스트 춤을 추며 놀땐 신이 나서 함께 놀았고, 고등학교를 졸업하고 취직한 작은외삼촌의 첫 월급날에는 100개씩이나 사 온 풀빵을 온 외가 식구들과 둘러앉아 배가 터지도록 먹은 적도 있었다.

"도는 맛 좋은 도너츠
레는 상큼한 레몬
미는 쫄깃쫄깃 인절미…"

엄마를 많이 닮은 간데이모(이모가 셋이었는데 우린 차례대로 큰이모, 간데이모, 막내이모라 불렀다)는 도레미 송을 알려주며 "옳지, 그려 그러 우리 동욱이 잘한다." 손뼉을 치며 좋아했다.

초등학교 3학년 때 집이 군산에서 아버지의 직장이 있는 충청남도 장항읍으로 이사하며 다시 외갓집에 맡겨져 군산으로 학교를 다녔다.

4학년 때였던 것 같다. 외갓집에서 학교까지는 7km가 조금 넘는 길이었다.

외할머니가 차비를 주면 아침에는 버스를 타고 가고 남은 차비로 만화방에서 만화를 보다 집까지 걸어오곤 했다. 한여름에 흙먼지 풀풀 날리는 신작로 길을 따라 걷다 보면 뜨거운 햇살과 숨 막힐 듯한 더운 바람에 이마엔 땀이 송골송골 맺히고 등에 멘 책가방은 천근의 무게로 여린 몸뚱이를 짓누른다. '난 지금 사하라 사막을 횡단하는 탐험가야. 이까짓 힘든 것 정도는 견뎌야 해' 이렇게 스스로를 부추기면서 그 먼 길을 걸어 다녔다.

그러던 어느 날인가, 그날도 여느 때처럼 늦게까지 만화방에서 만화를 보고 걸어왔다. 너무 더워 버스 정거장이 있는 돌머리가 보일 때쯤 마을 뒤 들판을 가로지르는 똘[5]에 들어가 풍덩, 멱을 감았다. 시원했다. 뜨거운 햇살도 한결 부드러워진 것 같았다. 콧노래를 부르며 논길을 걷고 외갓집 뒷산을 넘어 집 마당에 들어섰다. 웬걸 마루에 큰외삼촌이 앉아있다. "학교 다녀왔습니다." 인사하는 나에게 "너 왜 그쪽에서 오냐?" 큰외삼촌이 묻는다. 외갓집 마루에서 보면 돌머리에서 집으로 오는 게 훤히 보이는데 내가 반대쪽에서 돌아 들어왔으니. 순간, 당황했지만 얼른 둘러댔다 "차 안에 사람이 좆나게 많아 돌머리서 못 내

5) 넓은 개울을 부르는 이 지역 사투리

리고 한 정거장 더 가서 내렸어요.” 기도 안 찾나 보다. “뭐가 났다고? 어디 한번 보자” 아차 싶었다. 큰일 났다. 급히 둘러대다 보니 만화에서 보았을 듯한 쌍스러운 말이 막 튀어나온 것이다.

더 큰 일은 내 거짓말이 다 들통난 것이었다. 그날따라 일찍 퇴근한 큰외삼촌이 버스 안에서 걸어오는 나를 이미 본 것이었다. 차를 세우고 태워 갈까 생각하다가 ‘저 녀석이 뭐라 말할까? 한번 보자’ 하며 그냥 놔뒀다는 것이다. 정말 많이 혼났다. 엄마 같았으면 이렇게까지 혼내진 않았을 텐데, 아니, 엄마였다면 당장 차 세우고 태워 오셨을 것이다. 혼내는 것은 나중 일이고.

새삼 엄마가 보고 싶고 서러웠다. 훌쩍훌쩍 울고 있는 내 등을 쓰다듬으며 외할머니는 앞으론 걸어 오지 말고 만화 보고 싶으면 보라고 달래며 차비를 더 얹어 주셨다.

엄마가 늘 하시던 말씀도 생각났다.

“하나님께선 뭇 천사들을 보내 사람들을 살피신단다. 힘들고 어려울 땐 도와도 주지만 잘못된 짓을 하면 다 기록해두었다가 혼내 주신다.”라고.

‘그래, 아무리 궁색해도 거짓말은 하지 말아야지’ 다짐하고 또 다짐했다.

어머니가 돌아가시고 학당리 할아버지 댁으로 떠나는 날, 정 많고 눈물 많은 외할머니는 아버지 손에 이끌려 떠나는 내 뒷모습을 바라보며 하염없이 우셨다. 환갑을 넘긴 내가 지금도 걸핏하면 얼굴을 붉히는 것은 외할머니를 닮아서인가 보다.

외갓집을 떠난 지 5년 만엔가.

여름휴가를 맞아 외할머니를 뵈러 간 나를 반기며 눈물을 그치지 않던 외할머니.

왜 우시냐고 달래면 "눈에 뭐가 들어간 모양이다."라며 고개를 돌리시던 외할머니.

조금 진정이 되셨는지 객지에서 배곯지는 않았느냐며 씨암탉을 잡아 큰 대접을 받치고 가마솥에 오랫동안 고아내어 대접에 고인 국물을 다 마시라고 내어놓으셨다. 원기 회복에 이만한 것이 없다시며…

그리곤 내 어린 시절 친구들을 불러 진액 다 빠진 닭으로 잔치를 벌이셨다.

열두 살, 초등학교 5학년 여름방학이 끝나던 날, 1971년 8월 26일을 잊을 수가 없다.

여름방학을 맞아 장항 집에서 한 달을 어머니와 동생들과 함께 행복하게 보낸 후였다. 평소 지병이 있었지만 한 달 동안 다섯 식구 온 가족이 한데 모여 나들이도 하며 도란도란 알차게 보냈는데… 개학하기 전날, 어제 먹은 것이 체했나 보다며 병원에 가시던 게 어머니의 마지막 모습이 될 줄이야. 그 며칠 전쯤 밥 먹는 삼 형제를 바라보시며 "동술이(막내동생)를 동욱이만큼 키워놓고 죽을 수 있다면…." 하시더니.

평소 지병이 있으셨던 어머니가 그렇게 서른셋의 나이로 짧은 생을 마치고 돌아가셨다.

즐거웠던 여름방학이 끝나고 개학하는 날, 병원에 가신 엄마 대신 막내 이모가 아침을 차려줬다. 이 무렵 막내 이모는 우리 집에서 아버

온 가족이 어울린 군산 월명공원 나들이 장면

지가 계신 정의여고에 다니고 있었다.

동생들과 작별을 하고 장항 도선장에서 군산 가는 배를 탔다. 나는 학교에 갔다가 바로 외갓집이 있는 옥산으로 가야 했다.

지금은 금강하구둑이 생겨 차로 다니지만, 그 시절엔 충남 장항과 전라북도 군산은 배편을 이용해야 만 왕래가 가능했다.

바다와 맞닿은 금강 하구라 강폭이 2km에 달했고 뱃길로는 4km였다. 물때를 잘 만나면 20분 만에 갈 수 있었지만, 역으로 만나면, 썰물 때 장항에서 군산으로 가거나 밀물 때 군산에서 장항으로 오려면 40분이 소요되기도 했다.

배 안에는 장항에서 군산으로 통학하는 학생들로 가득했다.

왁자지껄 한 사람들을 피해 맨 뒤 뱃고물로 갔다. 이때부터였을까? 난 지금도 배를 타면 선실에 앉아있기보다는 뱃고물로 가서 배가 앞으로 나가며 일으킨 물보라를 바라보는 것을 좋아한다.

강 상류에서 떠오른 아침 햇살을 받아 강물은 금빛으로 곱게 물들고 있었다.

난간에 기대어 흐르는 강물을 바라본다.

스크루가 감아올린 물보라가 일렁이며 솟구쳐 오른다. 하얗게 부서진 강물은 긴 꼬리를 남기며 밀려간다. 아련한 감정이 밀려온다. 엄마의 얼굴이 물결 따라 일렁인다.

애써 고개를 흔들며 방학 동안 못 만난 친구들 얼굴을 그려본다.

강희승, 1학년 때부터 줄곧 한 반이었던 친한 친구다. 아버지가 교사이셔서 어른들 간에도 왕래가 있었다. 희승이네 집에 놀러 가면 희승이 엄마가 맛있는 셈배[6]도 내어주시곤 했던 기억이 난다.

언젠가 심하게 다투었던 적이 있다. "너 이따 학교 끝나고 봐" "그려, 운동장 철봉 대 앞에서 보자"

넓은 운동장 한쪽 끝, 낮은 담장을 따라 높게 자란 플라타너스 나무 아래 철봉이 있다. 둘은 보자마자 씩씩대며 들러붙었다. 메치고, 엎어치고, 자빠트리고, 올라타고,

배 위에 올라탄 희승이가 어깨를 누르며 소리친다. "항복혀라"

"뭔 소리여" 으랏차, 힘을 써 다시 뒤집어엎는다.

6) 센배라고도 한다. 일제통치기에 보급된, 일본의 전통 과자다.

또다시 엎치락뒤치락. 좀처럼 두 아이의 싸움은 끝나질 않는다.

힘은 나보다 희승이가 좀 더 셌던 듯하다.

주로 희승이가 나를 메다꽂으면 끈질기게 다시 엉겨 붙고.

얼마나 그렇게 싸웠을까. 희승이가 잔뜩 힘을 써 나를 밀쳐내곤 후다닥 달아나 담을 넘어 도망쳤다.

분이 풀리지 않아 씩씩거리며 "너 낼 만나면 가만 안 둘 거여" 소리치고는 터덜터덜 걸어 집으로 왔다.

그리 오래 싸웠는데 팔다리가 흙에 쓸린 것 말고는 얼굴엔 상처 하나 없다. 서로 얼굴을 향해서는주먹질을 안 한 것이다.

다음날 우린 서로의 얼굴을 바라보며 멋쩍게 웃었다. 뭣 때문에 싸운 것인지는 까맣게 잊어버리고…

개학식을 마치고 외갓집으로 돌아왔다. 아무도 안 계시다. '밭에 가셨나?' 뒷산 언덕을 넘어 뛰어가니 밭 한가운데 하얀 무명 수건을 머리에 쓰신 외할머니 모습이 보인다. 쪼르르 달려가니 "아이고 내 강아지 왔구나." 하시며 반기신다. "할머니가 한 고랑만 마저 메고 들어가서 밥 차려줄 테니 집에 가서 쉬고 있거라." 하시며 바삐 호밋자루를 놀리신다.

집으로 곧장 안 가고 친구들과 산으로 들로 쏘다녔다.

옥산 친구들과는 늘 이렇게 어울려 다녔다.

봄날이면 솜털처럼 부드러운 삐기 순도 뽑아먹고, 소나무 순도 따먹고, 개구리를 잡아 뒷다리를 구워 먹기도 하고, 고무줄 총을 만들어 때까치 사냥도 하고, 가을엔 메뚜기를 잡는다고 논두렁을 뛰어다녔다.

8월 말이지만 아직은 더위가 남아있었다.

땀에 젖은 몸을 식히러 똘로 풍덩 뛰어들었다.

한 녀석이 "나 섬[7] 잘 치지!" 하며 뒷발로 풍덩풍덩 물장구를 치며 쭉쭉 나간다. 손바닥으로 바닥을 짚고서, 땅 짚고 헤엄치기다.

멀리서 누가 뛰어온다. 금식이 형이다. "동욱아 집에 가야 혀" 멀리 보이는 외갓집 앞에 사람들이 보인다. 주섬주섬 옷을 걸쳐 입고 금식이 형을 따라나선다. 논 가운데로 곧장 질러가는 길을 두고 산비탈 오솔길을 따라 앞서간다.

말없이 걷던 금식이 형이 다가와 "너희 엄마 많이 아프셨냐?" "응, 조금" 말이 없다.

갑갑해 미치겠다. 길가에 있는 애꿎은 돌멩이만 걷어찼다.

외갓집 마당에 들어서니 간데 이모가 마루에 주저앉아 울고불고 난리다. "동욱아 엄마 돌아가셨어." 쿵! 하늘이 노랗게 뱅뱅 돈다.

어떻게 차를 타고, 배를 타고 왔는지 모르겠다. 간데 이모와 함께 장항 집으로 들어서니 동술이가 마당에서 자전거를 타며 놀고 있다. "엄마는?" "응, 엄마 자" 후다닥 방으로 들어가니 어머니는 주무시는 듯 편안한 얼굴로 누워 계셨다.

병원에서 집으로 옮겨졌고, 수업 중에 연락을 받고서 뒤늦게 달려온 아버지가 손을 잡아주자 "우리 동욱이, 동인이, 동술이 잘 부탁한다." 라는 유언을 남기고 숨을 거두셨다고 한다.

7) '수영'의 사투리

내 나이 열두 살, 동인이 열 살, 동술이 여덟 살, 엄마는 이렇게 아들 셋 남겨 두고 먼저 가셨다.

어머니는 수를 잘 놓고 바느질도 잘하셨다.

아주 어렸을 때 기억인데 벽면 한편을 꽉 채운 긴 유리 봉이 있었고 옷걸이에 옷들이 빼곡히 걸려있었다. 그 위를 커다란 천으로 덮어 놓았는데 화려한 꽃들과 나비, 새들이 수 놓여 있었다. 지금으로 치면 대형 걸개그림과 비슷할 거다.

또 계절이 바뀔 때마다 시장에서 천을 구해 삼 형제 똑같이 남방을 만들어 입히셨던 기억도 난다.

흰 백합꽃을 좋아하시어 가끔 꽃을 사다 화병에 꽂아두곤 하셨는데 백합꽃 만발한 하늘에서 하나님 품에 안겨 편히 쉬시려나.

상경, 부천에서 소년 시절

1년 후 아버지 역시 건강이 나빠지셔서 교사직을 그만두셨다. 분필 가루를 많이 들이마셔서였는지 폐결핵이었다. 그 시절에는 큰 병이었다.

난 할머니 집에서 초등학교를 마치고 막 중학교에 입학했던 73년 봄, 재혼하신 새엄마와 함께 먼저 올라와 정착한 아버지를 따라 부천으로 이사를 했다. 당시 지명은 소사읍 괴안리였다.

일단 국민학교를 다니던 동생들만 데리고 가실 생각이어서 동생들은 전학 절차를 밟아 부천에서 학교를 계속 다녔지만, 그조차 1년을 넘기지 못했다. 난 급하게 따라나서느라 미처 전학 절차를 밟지 못해 학업을 중단해야 했다. 그때는 차차 전학 절차를 밟아 학교에 가게 되는 줄 알았고, 이 길이 영영 학교에 못 가게 될 줄은 미처 몰랐다.

건강이 좋지 않아 마땅한 일자리를 구하지 못한 아버지는 재혼한 어머니와 5남매[8] 먹여 살리기엔 벌이가 시원치 않았다. 무얼 하시는지 아침이면 서울로 나가 저녁에 돌아오셨는데 아는 분이 운영하는 복덕

8) 우리 삼형제 외에 재혼한 새어머니에게서 이복동생인 딸 둘이 더 있었다.

방에서 행정 서류작업 등을 도와주었다고 하셨다.

여학교 선생이라는 직장 하나 보고 자식이 셋이나 딸린 상처한 남자에게 시집온 새어머니는 새롭게 꾸린 가정이 신물이 나도록 버거웠을 것이다. 성품이 살갑지 못한 데다 생활 형편까지 어려워지니 전처소생 아들 셋이 곱게 보일 리 없을 노릇이었다.

삼 형제의 가출이 잦아졌다.

멀리 가지도 못하고 집 근처 산속에 나뭇가지로 얼기설기 움막을 치고 밤이슬을 피하며 과일을 서리해 먹기도 하고 공병과 고철을 주워 끼니를 때웠다.

그러던 어느 날, 철길 옆에서 고철을 줍다 커브를 돌아 달려오는 기차를 피하지 못하고 기차에 받혔다. 이틀 만에 깨어났는데 병상을 지키던 고모의 첫마디가 "죽은 네 엄마가 살린 거다. 하나님이 널 귀히 쓰실 것이니 네 몸을 스스로 잘 지켜라." 였다.

다행히 정면에서 치인 건 아니어서인지 머리에 상처가 조금 있고 오른팔이 부러져서 반년 가까이 팔에 깁스를 하고 다녔다. 이때 팔꿈치 척골신경이 틀어져 무리해서 사용하면 통증이 오고 팔도 약간 굽어 멍에팔[9]이 되었다.

다친 팔을 정상적으로 쓸 수 있게 되자 집에서 빈둥빈둥 놀기도 뭐해 생계에 조금이라도 도움이 될까 하여 새벽에는 신문 배달을 했고

9) 멍에팔. 멍에는 소가 수레를 끌 때 목에 걸치는 굽은 나무로 만든 기구다. 팔 모양이 이처럼 구부러진 것을 멍에팔이라 부른다.

낮에는 버스에 올라타 신문팔이를 했다.

50부 남짓의 신문을 돌렸는데, 가옥이 띄엄띄엄 있고 당시에는 신문을 보는 사람이 그리 많지 않아 신문을 돌리는 구역이 굉장히 넓었다. 경인가도를 중심축으로 두고 일신제철이 있던 주막거리를 시작으로 신앙촌이 있는 범박리, 오리온제과가 있던 괴안리, 유한공고가 있던 항동 입구를 돌아 농업시험장이 있던 역곡으로 해서 신앙촌 입구까지 나오면 끝나는 먼 길이었다.

그날그날 돈이 생기기는 했지만, 신문을 파는 일은 배달하는 것보다 쉽지 않았다. 신문을 들고 차에 올라타 "석간이오! 신문이오! 호외요~ 호외!" 처음에는 입밖에 말이 떨어져 나오질 않았고, 자연스럽게 말이 나오기까지는 시간이 한참 걸렸다. 당시에는 경인선 열차가 아침저녁으로만 다녔기에 대부분 사람은 '영등포~월미도' 간 버스나 '영등포~백마장'을 왕복하는 버스를 타고 다녔다. 소사삼거리에서 오류동까지 구간을 번갈아 가며 몇 차례 왕복하면 준비해간 신문을 다 팔 수 있었다.

조금 지난 후에는 엿 바구니를 들고 차에 올라 엿을 팔았다. 깨엿, 콩엿, 길쭉한 흰엿.

차장 누나들이 나를 귀여워해서 내가 엿판을 들고 올라가면 누나들이 손님들과 엿치기[10] 내기를 해서 팔아주곤 했었다. 맘씨 좋던 그 누나들도 이미 할머니가 되어 손주들과 엿치기를 하고 있을까.

처음엔 나 혼자 시작했지만 얼마 안 가서 삼 형제 모두가 같이 행상

10) 기다란 엿을 부러트려 엿 속의 구멍이 큰 사람이 이기는 게임

을 했다.

동인이와 내가 용산시장에 가서 엿을 받아오면 셋이 나누어 들고 차에 올라가 파는 것이었다.

막내 동술이가 가장 먼저 완판을 하곤 했다. 동술이가 안 보여 찾아보면 이미 다 팔고 만화방에서 만화 보며 형들 오기를 기다리곤 했으니… 열한 살 꼬마애가 엿 바구니를 들고 차에 오르니 너도나도 사주었던 모양이다. 인정이 있었던 시절이다.

하교 시간이 되면 근처 중학교에서 몰려나온 아이들이 정거장에 많았다. 그 아이들이 우르르 타는 차는 피해서 올라갔다.

검정 교복을 갖춰 입고 학교에 다니는 또래 아이들을 보면 창피하기도 했고 세상이 참 공평하지 못하다는 생각에 은근히 부아가 치밀어 오르기도 했다. 사실 난 공부를 꽤 잘했었다. 초등학교 입학하고 첫 학기를 마친 후 발표된 성적은 전교 1등. 학교 대표로 고전 읽기대회에 나갔다. 그때 논어, 맹자, 그리스신화 등을 읽었다. 반공 웅변대회에선 4,300여 명 전교생 앞에서 열변을 토하기도 했었다. "칼은 칼로 필은 필로 맞서 싸워야 한다."며 이승복[11] 어린이의 투철한 반공정신을 본받자고 열을 내어 외쳤다.

당시 3학년, 1학년이었던 사촌 동생들의 눈에는 사촌 형이 멋져 보였던 모양이다. 환갑이 넘은 나이에도 사촌 동생들은 그때를 기억하며 날 무척 존중하고 좋아한다.

---

11) 1968년 울진 삼척에 침투한 무장공비에 의해 살해된 학생

해가 바뀌고 찬 바람이 많이 누그러진 어느 봄날, 동인이가 집을 나갔다.

집에 안 보이는 동인이를 찾아다니다 그리 멀지 않은 곳에서 동인이의 모습을 보았다. 피하려는 동인이를 쫓아가 잡았다. "형, 더는 못 참겠어! 집 나갈 거야" 새어머니에게 안 좋은 소리라도 들은 모양이다. "이렇게 집 나가면 어디로 간다고, 일단 집에 들어가자" 힘주어 잡은 내 손을 뿌리친다. "형은 동술이 잘 데리고 있어, 돈 벌어 찾아올게" 그리곤 뒤도 안 돌아보고 골목길을 돌아 달려갔다.

유순한 아이지만 욱하는 성질이 있었다. 어릴 때 아버지 따라서 온 가족이 나들이하러 간 적이 있었다. 혼자 앞서가다 그 동네 사는 아이와 작은 실랑이가 있었던 모양이다. 도망가는 그 아이를 집에까지 쫓아가 나오라며 고래고래 소리치는 걸 간신히 달래어 돌아온 적도 있었다.

이렇게 헤어진 둘째 동인이는 생사조차 모르다가 3년이 지난 후에야 옥산 외갓집으로 찾아와서 다시 만났다. 집을 나간 동생은 서울역에서 "꼬마야. 집 나왔지? 아저씨 따라가면 취직시켜줄게" 하는 사람을 따라가 중국집에 팔려 가 주방 일 등을 전전하며 살았다 한다. 지금 생각하면 그렇게 집을 나가 떠돌며 악명높았던 부랑아 시설에 끌려가지 않은 게 천만다행이다. 이 또한 죽은 엄마가 돌봤는지 모르겠다.

그 후로도 동인이의 가출은 더 있었다.

내가 한창 노동운동 단체에서 일하고 있을 때다.

당시 마포에서 비디오 가게를 운영하던 동인이와 함께 구로동에 코인식 빨래방을 열어보기로 했었다. 자취하는 노동자들을 많이 알고 있는 내 인맥을 활용해 영업은 내가 하고, 자본은 비디오 가게를 정리한 돈에다 조금 더 융자를 받아 사업을 하기로 계획을 세웠다.

비디오 가게를 팔고, 새로 개업할 장소를 물색하던 어느 날, 아침에 일어나 보니 방문 밖에 쌀 한 포대가 놓여 있었다. 굶어 주진 말라는 당부 같았다, 대책 없는 형 뒷바라지하는 게 오죽이나 힘들었을까.

그렇게 집을 떠난 동인이는 내가 구속됐다는 뉴스를 보고 안기부 앞으로 달려와 다른 연행자 가족들과 함께 형의 석방을 위해 싸웠다. 이후에는 아예 민가협[12]의 실무자로 상근하면서 내 옥바라지를 하며 온갖 고생을 다 했다.

얼마 전 몹쓸 병(간암)에 걸려 최근까지 다니던 직장 '민주화운동기념사업회'를 그만두고 투병 중이다. 홀로 감내하며 살아냈던 신산했던 삶, 얼마나 외로웠을지 짚어보게 된다.

그러고 보니 삼 형제가 함께 여행이라도 가본 적이 한 번도 없다. 찬바람 나면 동인이 동술이 나, 이렇게 셋이서 잠깐이라도 여행을 다녀오고 싶다. 살면서 못다 한 이야기도 나누며…

빛이 있으면 그늘이 있는 법, 누군가 화려하게 조명을 받을 때는 뒤에서 그 일을 감당하는 많은 이들의 노력이 있기에 가능한 일이다. 이런 게 질량보존의 법칙이라고 생각한다.

내가 무엇을 할 때 뒤에서 그 일을 지지하며 온전히 남은 일들을 감당해준 이들이 있다. 동인이, 동술이, 그리고 지금은 아내가 그렇다.

---

12) 민주화실천가족운동협의회의 약칭. 80~90년대 구속자 가족들의 모임으로 구속자의 큰 뒷배였다.

귀먹은 하나님

| 제2장 |

꿈이 없는 아이

열여섯 살 나던 해, 동인이가 집을 나가고 얼마 지나지 않아 사촌 형의 소개로 공장에 취직했다. 지금의 소공동 롯데호텔 자리, 일제 강점기 때 유명했던 중국집 아서원 건물 안에 작은 공장들이 들어서 있었다. 내가 취업한 공장은 반지, 목걸이, 귀걸이, 브로치 등을 만드는 금은세공업체 '돼지네'라는 작은 공장이었다. 사장 아들 별명이 돼지였기에 다들 그렇게 불렀던 듯하다. 본관 옆으로 둘이 걸어가면 어깨가 닿을 정도의 좁고 기다란 골목을 따라 슬래브 지붕의 별관이 있었는데, 5평 남짓한 방마다 작은 공장들이 빼곡히 들어차 있었다.

먹고 자고 한 달 월급 3,000원. 한 달에 두 번 첫째, 셋째 주 일요일에 쉬는데 쉬는 날 용돈 300원씩 더하면, 한 달에 삼천육백 원을 받았다. 먹여주고 재워준다고 하지만 밥은 신참인 내가 해야 했고, 잠은 공장 바닥 다다미방에서 자야 했다. 기술자 형 서너 명에 내 또래 아이들이 세 명 더 있었는데 이들은 다 충북 증평 한 동네에서 온 또래 친구들이었다.

나는 처음 한 달간 이름 없이 '꼬마야'로 불렸고, 한 달쯤 지나서는 다른 아이들에 비해 머리가 크다고 '짱구'로 불렸다. 어린 나이에 겪어야 했던 힘겨운 삶에 머리가 먼저 컸나 보다.

공장에서 처음 한 일은 '주인아저씨'라고 부르던 사장이 저울에 달아 주는 은과 구리를 녹이는 일과, 만들어진 세공품들을 염산에 삶아 때를 빼고 반짝반짝 빛나도록 광을 내는 일이었다. 작은 반지나 목걸이를 엄지와 검지로 잡고 고속으로 돌아가는 빠우[13]에 문지르다 보면 보석을 고정하는 발에 손가락이 찢기기 일쑤고, 집게손가락의 한 면은 닳아서 지문조차 다 지워졌다. 성인이 되어 주민등록증을 발급받을 때 지문이 잘 찍히지 않아 모두 의아하게 쳐다봤던 게 이때 꼬마, 짱구 시절의 흔적이었다.

차차 일을 배워가며 녹여진 합금 덩어리를 모루[14]에 놓고 망치로 두드려 얇게 늘여서 보석을 앉힐 난(卵)[15]집을 만들고, 보석을 물어 고정하는 가는 철사인 난발을 뽑는 작업을 했다. 특히 난발을 뽑는 작업은 힘이 많이 들었다. 모루에 두들겨 막대처럼 만든 합금을 크기가 다른 구멍으로 순차적으로 통과시켜 가늘게 만드는 것인데, 구멍이 뚫린 철판을 발로 밟고서 커다란 집게로 철사를 잡아 뽑아 늘리는 수동식 압출 작업은 열대여섯 살 아이들이 하기에는 힘든 일이었다.

비록 월급은 형편없이 적고 힘들었지만, 기술을 배우면 소자본으로 창업을 할 수 있는 일이라 했는데, 그때 함께 일했던 사람 중에 창업을 한 사람이 있기나 한 것인지. 그런 성공담을 들어본 기억이 없다.

일과가 끝나면 작업하던 작업대며 연장들을 한편으로 몰아 놓고 작

---

13) 모터의 회전축에 걸어 돌리는 헝겊을 여러 겹 덧대 만든 금속 연마 도구
14) 달군 쇳덩이를 두드릴 때 받침으로 쓰는 쇳덩이.
15) 자수정 원석을 콩알만 한 크기로 연마한 것으로 새알 같아서 '난'이라 부른듯하다.

업장 바닥에서 잠을 잤다. 망치질하는 작업장인지라 바닥은 다다미[16]를 깔아놓았는데 밤이 되면 다다미 속에서 빈대가 나와 물어대는 통에 여간 고역이 아니었다.

꼭 빈대 때문이겠냐마는 쉬이 잠들지 못하는 또래 아이들과 함께 공장 지붕에 누워 밤하늘 별빛을 바라보았던 날이 적지 않다.

"짱구야, 넌 크면 뭐 할래?" "응, 글쎄…"

꿈을 꿀 수가 없었다. 꿈을 갖기에는 현실이 너무 척박하고 고달팠다. 지금보다 더 어렸을 때는 나도 꿈이란 게 있었지. 의사가 돼서 아픈 엄마를 낫게 해주는…

또래 중에 가슴이 튀어나와 '맹꽁이'라 부르던 아이가 있었다.

"맹꽁아, 넌 뭐 할 건데?" "난 기술 배워 공장 차릴 거야" "좋겠다. 넌 꿈이 있어서…" "야~ 저기 별똥별이다. 이쁘다. 그치" 고향 얘기, 학교 다니던 얘기, 엄마 얘기…

"기분도 그런데 짱구야 노래 한번 해라." 나는 노래를 곧잘 한다. 초등학교 4학년 때는 소풍 가서 나훈아의 노래 '해변의 여인'을 멋지게 불러 공책 두 권과 연필 한 다스를 상으로 받은 적도 있다. 외로울 때나 울적할 때면 혼자 노래를 부르며 마음을 달래곤 했었다. 큼, 큼, 목을 추스르고…

"어머님 오늘 하루를 어떻게 지내셨어요

백날을 하루 같이 이 못난 자식 위해

16) 일본 주택의 바닥에 까는 돗자리 같은 것으로 짚을 10cm 정도 덧대 두껍게 만든 바닥재.

손발이 금이 가고 잔주름이 굵어지신 어머님
몸만은 떠나 있어도 어머님을 잊으오리까
오래오래 사세요. 편히 한번 모시리다"

남진의 노래 '어머니'를 구성지게 부른다. 다들 눈시울이 붉어진다. 편히 한번 모실 수조차 없는 어머니가 더욱 그리워 목이 멘다.

어느 날인가, 공장 바로 옆 높다란 반도호텔의 휘황한 불빛과 담 너머 조선호텔에서 흘러나오는 가야금 소리 들으며 하던 신세한탄이 아련하다.

"저런 데는 하룻밤 자는데 몇십만 원 한 대" "우린 쎄빠지게 일해도 평생 저런 데서 자볼 수 없을 거야" "세상 참 더럽지!" 두런두런 아이들의 이야기는 끝 간 데 없이 이어지고, 그러다 지붕 위에서 잠이 들기도 했다.

한 달에 두 번, 쉬는 날이라고 해야 딱히 갈 데도 마땅치 않았다. 70년대 중반, 서울 하늘 아래 나와 같은 처지의 아이들이 휴일을 즐길 수 있는 공간은 없었다. 기껏해야 함께 일하는 또래 아이들과 공장 근처 남산에 올라가거나 하릴없이 이 골목 저 골목을 쏘다니는 것이 전부였다.

그렇게 노는 것도 재미없어 기술자 형들의 작업 테이블에 앉아 몰래 땜질 연습을 하곤 했다. 공장에서는 우리 같은 꼬마들에게는 누구도 기술을 가르쳐 주지 않았다. 맡겨진 작업과 기술자들이 시키는 일들을 처리하기에도 항상 종종걸음을 쳐야 했다. 쉬는 날 텅 빈 공장은 어깨너머로 본 것들을 익히기에 더없이 좋은 놀이터였다.

기술자들은 자기 연장을 다른 사람이 사용하는 걸 싫어하기에 몰래 연습하고는 흔적이 남지 않게 말끔히 정리해 놔야 했다. 그런데 무엇이 바빴는지 그날은 흔적이 남고 말았다. "짱구 이리 와. 이것, 네 짓이지." 핀셋에 붕사 찌꺼기가 묻어 있었던 것이다. 큰일 났다. 성질 더러운 형인데. 쭈뼛거리며 잘못했다고 자백하자 손바닥을 펴라 한다. 작은 손바닥에 달궈진 핀셋을 내리찍는다. 그래도 그나마 핀셋이 많이 달궈지진 않았다.

다음날이 되자 물집이 잡히고 노랗게 곪기 시작한다. 그걸 본 그 형이 자기가 좀 심했다는 생각이 들고 안쓰러웠는지 일과가 끝나면 자기 작업대를 내어주며 연습을 할 수 있도록 허락해 주었다. 성질이 좀 지랄맞지 인정은 있는 형이었다.

마음이 울적하거나 어머니가 그리워 지면 신림동에 사셨던 고모 집을 종종 찾아갔다. 이모들은 너무 멀리 계셨고.

언제 찾아가도 고모는 반갑게 맞아주셨다, 이종사촌 동생들과도 시간 가는 줄 모르고 놀다 오곤 했다. 아버지와 동갑이셨던 고모부는 그 시대 어른들답지 않게 개방적이셨고 정이 많아 고모 집에는 늘 시골에서 올라온 친척들이 몇 달씩 묵기도 했다.

어느 날인가, "동욱이 이제 장정이 되었네, 팔씨름해도 나를 이길 것 같은데." 하시며 고모부가 팔씨름을 하자고 했다. 팔목을 잡아주시고….

얼굴이 시뻘게지도록 용을 썼지만 역시 고모부는 셌다. 사촌 동생들이 나를 응원했지만 오래 못 버티고 지고 말았다.

자세를 고쳐 앉으신 고모부가 진지하게 말씀하신다. "동욱아 왜 사람을 똑바로 바라보고 얘기하지 못하고 늘 고개를 숙이고 말하냐."

"지금 좀 어렵다고 기죽을 필요 없다. 너 똑똑하잖아. 당당하게 자신감 갖고 살아."

그랬다. 언제부터인지 모르지만, 사람들 앞에 서면 괜히 주눅이 들고 스스로 초라하게 느껴져 고개를 잘 들지 못했던 것 같다. 꿈이 사라진 소년, 하루하루를 무의미하게 살아가며 자존감이 땅바닥 아래 깊숙이 처박혀 버렸던 것이다. 명랑하고 활기찼던 아이는 말 수가 점점 줄어들고, 공허한 상상과 사색의 시간이 늘어갔다.

1년이 지나지 않아 공장이 명동으로, 다시 남대문 시장으로 옮겨 다니다, 은평구 신사동으로 이사를 했다. 사장이 2층짜리 단독 주택을 사 이사하면서 옆에 딸린 창고를 개조해 공장으로 꾸민 것이다.

일요일이면 근처 교회에서 흘러나오는 음악 종소리[17]에 마음이 설레고 가족과 손잡고 교회에 가는 사람들을 보면 한없이 부러웠다.

'일요일에도 일해야 해서 가고 싶어도 교회 못 가는 나는 지옥에 가고, 노동자에게는 휴일인데도 일을 시키고 자기들은 교회 가는 저 사람들은 천당에 가는 것인가?' 그런 하나님이라도 믿어야 하는가? 하나님이 있기는 하는 것인지. 그런 의문을 품기도 했다.

고모부 소개로 직장을 옮겼다. 열여덟 살 때다. 일요일마다 쉴 수 있었고 월급이 조금 나은 작업용 면장갑을 만드는 공장이었다.

17) 이때는 종탑에 종을 달아매 치는 게 아니라 확성기를 통해 음악을 틀었다. '차임벨'이라고 했다.

청계천 옆 중부시장 2층에 있었는데, 기다란 2층짜리 목조건물로 1층은 건어물 상점들이 있었고 2층은 봉제공장들이 들어서 있었다. 직원이라 해봤자 전남 해남 출신으로 나보다 한 살 위인 친구가 한 명 있었고 며칠 안 돼 역시 한 살 위인 사장 조카가 더 들어왔다. 나이를 속여 나도 스무 살이라고 해서 우리 셋은 모두 친구가 되었다. 숙식 제공이었지만 잠은 공장 다락에서 잤고 밥은 셋이서 번갈아 가며 해 먹었다.

사장 조카는 군대 갈 때까지 일할 거라고 했는데 키도 크고 시원시원한 호남형이었다. 영화에 엑스트라로 출연한 적도 있다고 했다.

이 친구하고 죽이 잘 맞았다. 일하며 매끼 밥을 해 먹기가 번거롭기도 해서 1주일분 부식비가 나오면 한꺼번에 몰아서 시장에서 든든하게 사 먹고 나머지는 간단하게 라면으로 끼니를 때우자고 제안을 했는데 해남 친구는 빠지고 나와 둘이서만 밖에 나가 먹고 오기도 했다.

얼마 지나지 않아 해가 바뀌자, 공장을 확장하면서 성남으로 이사를 했다.

면사를 걸고 기계를 돌리는 기사 2명, 오바로꾸를 치고 미싱을 타는 여공들 3명, 서울에서 나와 함께 내려간 관리자 사장 조카 1명이 같이 일했다. 기계가 몇 대 더 늘었고 여공들이 들어와 직원이 두 배로 늘어난 것이다.

이사한 지 두세 달 지난 따뜻한 봄날, 산에는 진달래가 만발하고 귓불을 스치는 바람이 열여덟 살 젊은 가슴을 마구 뒤흔들던 봄날, 휴일이었다.

관리자는 애인 만난다고 나가고, 우리는 실 먼지 풀풀 날리는 공장에서 기계를 돌리고 있었다.

철그덕 철그덕 돌아가는 기계 소리가 힘에 겨워질 무렵. "휴일인데 이거 너무 하는 거잖아." "야. 우리도 문 닫고 나가자" "스위치 내려!"

나보다 서너 살쯤 더 먹은 기사가 소리쳤다.

미싱을 타던 아가씨들도 좋아했고, 나도 물론 땡큐다.

막상 공장 문을 닫고 나왔지만 갈 데가 없다. 미리 계획된 휴일도 아니고, 나를 빼곤 모두 성남 사람들이라 각기 집으로, 또는 친구 만난다며 가고, 나만 덩그렇게 혼자 남았다.

마침 골목길을 빠져나가는 자전거가 눈에 들어왔다.

"그래, 자전거나 타자"

휙휙~ 귓전을 스치며 바람이 뒤로 밀려난다. 옷자락이 활짝 부풀어 펄럭인다. 5월의 봄바람에 실려 어디선가 꽃향기가 날아든다. 콧노래가 절로 난다, 복잡한 도심의 골목길을 달리고 있지만 마치 푸른 초원을 달리는 듯한 환상에 빠진다.

저만치 달려오는 버스가 보인다. 부딪치지 않으려고 핸들을 급히 꺾었다.

아뿔싸, 꽈당.

자전거는 다리 위에 나뒹굴고 나는 붕 날아 다리 밑에 처박혔다. 족히 4m는 되는 높이다. 당시 성남 신흥동은 개천[18]을 가운데 두고 천

18) 확인해보니, 복정천이었다.

양쪽으로 차 길이 있었다.

다리 위에 사람들이 몰려서 있다. 일어설 수도 없고 어깨가 움직여지지 않는다. 누군가의 등에 업혀 근처 접골원에 갔다. 어깨탈골이었다. 뼈를 제대로 맞추자면 병원에 가서 수술해야 한다고 했다. 팔을 가슴 높이까지 들고 엑스레이를 찍어 보니 탈골된 뼈가 어깨뼈에 닿긴 한다.

“병원에 가서 수술하면 돈이 많이 드니 이대로 붙여보자” 접골원 원장의 말에, 달리 방도가 없으니 “네, 그렇게 해주세요”라고 말하고 뼈를 맞추고 깁스를 했다. 팔이 아래로 처지는 것을 막기 위해 베개만큼 두꺼운 막대기를 받친 채로. 이때 제대로 치료를 안 해 지금도 오른쪽 팔을 똑바로 들지 못한다.

근무 중에 공장 문 닫고 나가 놀다 사고가 났으니 공장에 더 있을 수 없었다. 보따리 싸 들고 공장을 나와 고모 집에서 묵으며 일자리를 알아봤다.

말씀은 안 하셨지만, 고모부가 그 공장에 나를 소개한 데에는 나름 당신 생각이 있으셨던 것 같았다. 내가 공장 돌아가는 공정을 완벽하게 익히면 공장을 차리실 생각도 하셨던 것이다. 고모부의 기대를 저버렸으니 고모 집에 마냥 붙어 있을 수도 없는 노릇이었다.

마침, 전에 다니던 공장 사장 사모님의 언니가 공장을 내며 사람을 구한다고 했다. 팔과 어깨에 깁스한 상태라 망치질은 못 하지만 땜질은 할 수 있으니 숙식만 해결해 달라 부탁하고 취직을 했다.

공장은 봉천동 산동네에 있었고 지붕에는 루핑을 얹은 키 낮은 집이었다. 부엌을 사이에 두고 방 두 칸이 있었는데 방 하나에 그 집 다섯 식구가 생활하고 남은 하나를 공장으로 사용하는 것이었다. 큰딸이 나와 나이가 같은 여고생이었는데 허리를 펴고 앉기조차 힘든 다락에 엎드려 공부했다.

아저씨는 청소 노동자였고, 아줌마는 동생 공장에서 만든 반지나 목걸이 등을 귀금속 상회를 돌아다니며 파는 나까마[19] 였는데 이윤을 더 남기기 위해 직접 만들어 팔려고 공장을 차린 것이다.

정말 열심히 사셨고 장사 수완도 좋았다. 공장 차린 지 얼마 안 된 다음 해에 봉천동 주택지역에 널찍한 단독 주택을 구입하고 지하실을 공장으로 차릴 만큼 사업이 커졌다.

내가 디자인한 브로치가 인기가 있어 불티나게 팔린 공도 없지 않아 있으리라.

숙식만 제공해주면 된다고 했지만 그러기에는 아줌마가 착해서 월급으로 3만 원인가를 받았다. 이때 처음으로 술을 마셨다.

내 처지가 너무 한심해서, 머릿속에 온갖 상념이 떠나질 않아 머릿속을 맴도는 복잡한 일들을 잊으려고 깡술을 마셨다. 한 잔, 두 잔…

상념이 지워지긴커녕 더 또렷해진다. '동생들은 잘 살고 있는지, 병든 아버지는 어찌 지내시는지…'

나중에 들은 이야기로, 동생들은 몇 차례 더 가출했다고 한다. 지금처럼 직업소개소도 없고 어린 나이인지라 무작정 서울역으로 가서 가출한 아이들을 노리는 어른들을 따라갔다고 한다. 이때 막내 동술이

19) なかま: 동지, 동류 등을 뜻하는 일본어. 한자로는 仲間으로 표기되기 때문에 물품을 중개하는 중간 상인들을 지칭하여 쓰였다.

가 팔려간 곳이 가방 공장이었는데 누나 여공들이 서로 동술이를 안고 자고 싶어 했다며 옛일을 회상한 적이 있다. 그 누나들 또한 객지 생활에 많이 외로웠을 것이고, 막내동생 같은 동술이가 안쓰러웠을 것이다.

한 병, 두 병…. 그러다 고꾸라져 잔다. 이렇게 혼자 술을 배워 지금도 술이 세다.

건설 노동자, 그리고 야학

쉬는 날 아버지를 보러 집에 왔다가 이웃집 사는 형이 노가다[20]를 해보지 않겠냐는 제안을 했다. 일단 벌이가 괜찮았다. 일당 5천 원이라는데 귀가 솔깃했다.

노동력을 완전히 상실한 아버지를 대신해 집안의 생계를 책임져야 하는 장남으로서 책임감도 있었고 동생들과 같이 살고 싶은 마음이 앞섰다. 당장 공장을 그만두고 집으로 들어왔다. 열여섯에 공장에 간 지 3년 만에 집에 돌아온 것이다. 내 나이 열아홉 살이었다. 이때부터 근 5년간을 건설 노동자로 일했다. 수원 삼성전자가 건설 노동자로서 마지막 일터였다. 거길 끝으로 다시 공장노동자가 되었으니…

건설현장의 노동자로 첫발을 내디딘 곳이 압구정동 한양아파트 신축 공사장이었다. 소위 퉁소쟁이로 불리는 배관공의 조수로 일을 시작했다. 눈썰미가 좋아 금방 일을 배웠고 조공, 준 기공을 거쳐 1년 만에 기공이 되었다. 일당도 만 원이 넘었다.

배관공으로 아파트 건설현장뿐만 아니라, 전국의 큼직한 건설현장을 두루 다녔다. 잠실 올림픽 경기장, 여의도 전경련회관, 울산 럭키

20) 도카타(土方 (토방), どかた): 공사장에서 막일하는 노동자를 칭하는 일본어

공단, 창원 한국중공업, 용평 스키장, 삼천포, 영광….

이 시절 서울의 현장에서 일할 때 야학을 찾았다. 영동 야학이다. 막내 동술이가 먼저 다녔고, 그다음 둘째 동인이가 다녔던 검정고시 야학이었다. 태어난 것은 내가 먼저지만 야학은 내가 맨 나중에 들어간 셈이다.

교사들은 내 또래의 서울대 학생들을 중심으로 짜여 있었는데 나와 죽이 잘 맞았다. 수업 도중 한국경제와 사회에 대한 비판적인 내용이 나의 노동 경험과 맞아떨어져 공감되었고 곧잘 어울려 술도 마시곤 했다. YH여공들의 신민당사 점거 농성 사건, 부마 민주항쟁 등 시국 현안에 대해서도 종종 이야기를 나누곤 했다. 돌아보면 이 야학이 나를 키운 학교였다. 마른 스펀지가 물을 빨아들이듯 뒤늦게 배우는 지식과 사회에 대한 정보를 빨아들였다.

원래 2년제 학과 과정이었는데 야학으로 쓰이던 건물을 강남구청에서 더 못 빌려준다고 해서 1년 만에 폐강하고 '나의 학교, 영동야학'은 문을 닫게 되었다.

아쉬움과 함께 마지막 기념공연을 하자고 하여 김민기 원작의 연극 '금관의 예수'를 학생과 교사들이 함께 준비했다.

"얼어붙은 저 하늘 얼어붙은 저 벌판
태양도 빛을 잃어 아 캄캄한 저 곤욕의 거리
어디에서 왔나 얼굴 여윈 사람들
무얼 찾아 헤매이나 저 눈 저 메마른 손길
오 주여 이제는 여기에, 오 주여 이제는 여기에, 오 주여 이제는 여기에 우리와 함께 하소서"

연극 중간에 나오는 노래 '금관의 예수'가 내 파트였다.

'공장의 불빛' '강변에서' 등 모든 노래가 우리들의 처지를 잘 표현하고 있어 깊이 공감하며 열심히 준비했다.

타땅! 한 발의 총성.

79년 10월 26일. 박정희가 죽었다. 다음날 10월 27일, 제주도를 제외한 전국에 비상계엄이 선포되었다. 집회, 시위가 금지되었다. 계엄령에 따라 공연장을 내어주기로 했던 교회가 장소를 빌려주지 못한다고 통보해 왔다. 우리의 야학 생활은 그렇게 독재자의 죽음과 함께 끝났다.

계엄령이 무엇을 의미하는지는 솔직히 잘 몰랐다. 기껏 준비한 공연을 하지 못하게 됐다는 아쉬움 외에 일상생활에 큰 변화는 없었다. 다니던 건설현장에서 후리가리[21]로 함께 일하던 노동자가 끌려가는 것을 보며 계엄령이라는 것이 이런 거라는 막연한 두려움을 느끼는 정도였다.

야학 교사 한 분이 건네준 원고를, 친구들과 함께 철필로 긁어 등사지를 롤러로 밀어 유인물을 등사해 준 적이 있다. '계엄령을 해제하라! 전두환은 물러가라!'라는 내용의 유인물이었다. "이거 발각되면 잡혀가는 것 아니냐?" 누군가 걱정스레 말했고, "우리가 한 것을 누가 알겠

21) 경찰이 실적을 쌓기 위해 강제로 사람을 잡아들이는 것을 지칭하는 은어

냐?" 누군가는 별일 아니라는 듯이 말했다.

걱정과 두려움보다는 나도 무엇인가 참여하고 있다는 뿌듯함과 함께 은밀한 일이 주는 긴장과 떨림이 교차했다. 처음 해보는 일인지라 손에 익지 않아 등사 잉크가 손은 물론 얼굴과 콧등까지 묻었다. 우리는 서로의 얼굴을 바라보며 은밀한 눈빛을 주고받으며 작업을 마쳤다.

며칠이 지나 그 교사는 온몸에 상처투성이로 야학에 나타났다. 유인물을 돌리다 연행돼 심한 구타를 당했다고 했다.

선배 교사 한 분이 뒤늦게 그 사실을 알고 화를 크게 냈다. "애들한테 그런 일을 시키면 되냐?" 하면서, 유인물 만드는데 사용됐던 도구들을 다 태워 없애 버리라고 했다.

"애들이라니, 자기랑 나랑 몇 살 차이나 난다고." "없앨 거면 자기들이 없애지 왜 우릴 시켜, 먹물들이란…." 투덜대며 야학에서 멀리 떨어진 곳에 가서 불태워 없앴다. 유인물을 만들 때보다 더 긴장되고 조심스러웠다.

그즈음, 특별한 상을 하나 받았다.

이 지역 강남구 '통일주체국민회의' 대의원인 백창현 씨로부터 모범 청소년 표창과 부상으로 라면 50박스, 연탄 1,000장을 받았다. '새 역사의 새 일꾼이 될 조짐이 보이므로 이에 표창함' 이라 쓰인 표창장과 함께. 내가 싹수가 좀 있었나 보다.

덕분에 야학 숙소에서 기숙하는 친구들과 한겨울을 배부르고 등 따습게 잘 지냈다.

해가 바뀌자 비상계엄이 해제되고 봄이 찾아왔다. '서울의 봄'이다. 김대중 씨가 복권되었고, 선거를 통해 민주적인 정부가 구성될 것이라고 했다. 민주주의가 다시 찾아오는 듯했다. 여전히 정부를 장악하고 있는 군부를 믿지 못하는 학생들의 시위가 폭발적으로 일어났다. '전두환은 물러가라'는 구호를 외치며 달리는 학생들의 모습을 차창 밖으로 바라보며 손뼉을 쳤다. 부러웠다. 비슷한 또래의 학생들이 민주화를 위해 저리 열심히 싸우는데 일자리에 메여 안온한 일상을 보내고 있는 나 자신이 초라하게 느껴졌다. 이후 다시 계엄령이 내려지고 5.18 광주학살로 이어졌다. 광주에서 수많은 사람이 죽었다는 흉흉한 소문들이 돌았고 사람들은 더욱 움츠러들었다.

서울의 봄은 학살로 막을 내렸다.

1년 남짓한 야학 생활, 그나마 지방을 전전하는 직업 탓에 꾸준하지 못했지만 얻은 것이 컸다. 함께 공부하던 친구들, 교사들과 어울리면서 무너졌던 자존감이 살아나고 아직 무엇인지는 모르겠지만 새롭게 인생을 개척해볼 수 있다는 의욕도 생겼다. 무엇보다 가장 큰 소득은 친구들이 생겼다는 것이다. 너무 일찍 고향을 떠나 친구가 없던 나에게 야학을 통해 맺어진 친구들은 죽마고우(竹馬故友)와 다름없었다.

영동 야학에는 비슷한 처지의 친구들이 많았다.

근육질 몸집이 탄탄했던 부산 사나이 암우, 애기 때 부르던 아명이 '똥바우'였다는데 출생신고를 하러 가서 이름을 묻는 동사무소 직원에게 "바우요" 했더니 유식한 이분께서 바위 암(岩), 어조사 우(于) 자를 써서 이름이 암우가 되었다 했다.

축구를 잘하고 기타도 잘 쳤던 선희, 여자 이름이지만 씩씩한 남자다. 검정고시를 보기 위해 서류접수를 하려고 주민등록을 확인해보니 여자로 되어있어 수정하느라 애를 많이 먹었다.

인정 많고 똑똑했던 종철이, 친구들 중 막내다. 선희와 네 살 차이가 난다. 어려웠던 시절 함께 뒹굴다 보니 나이를 떠나 모두가 친구였다.

"너희들 안정된 공간에서 모임을 할 수 있게 돈 벌어 오겠다"라며 열사의 땅 중동에 나갔던 영균이.

작은 체구지만 힘이 좋아 40kg짜리 시멘트 2포대를 등에 지고 달리듯 걸었던 용일이, 물정에 밝아 일찌감치 운전면허를 따서 트럭 기사를 했던 중석이.

셈에 밝았던 성진이. 셈 밝은 사람이 의리 있기는 쉽지 않은데 성진이는 의리있는 친구였다. 후일 도피 중인 나를 많이 도와줬던 친구다.

총명하고 추진력이 좋아 반장을 했던 귀란이. 몇 년이 흐른 뒤 모세미용실 점거 농성 사건[22]에 참여했던 귀란이를 후일 영등포 산업선교회에서 열린 노동자 집회에서 우연히 만나 서로를 알아보며 무척 반가워했던 기억이 생생하다.

초등학교 때 육상선수였다며 달리기를 무척 잘했던 두리.

일찍 유명을 달리한 용일이와 연락이 닿지 않는 여자친구들 외에 다른 친구들은 45년이 지난 지금도 당시 우리를 가르쳤던 교사들과 함께 '영동아카데미'라는 이름으로 만나고 있다.

22) 1986년 3월 생활임금 쟁취, 구속자 석방 등을 요구하며 가리봉동 소재의 미용실을 점거하여 농성한 사건

첫 파업, 승리의 짜릿한 추억

80년 말, 군 소집영장이 나왔다.

아버지는 병이 깊어져 노동력을 상실한 지 오래되었고 가족의 생계를 책임져야 해서 군 면제 신청을 해 두었던 터다. 구청에 가서 담당 공무원에게 문의한 결과 "심사가 늦어져 그러나 본대 입대하더라도 얼마 안 있어 면제 확정되고 귀가 조처될 겁니다."라고 한다. 그렇다면 괜스레 고된 훈련을 받을 필요가 있겠냐 싶어 잠시 징집을 피해 잠적했다.

도피한다고 한가하게 피할 곳이 없는 형편인지라 친구 중석이가 운전기사로 일하던 경기도 양평의 토목공사 현장으로 찾아 들어갔다. 남한강 물을 끌어와 산을 넘고 길을 건너 천서리, 송촌리, 계전리에 이르는 들에 물길을 내는 용수로 작업을 하는 현장이었다. 봄이 되어 농사를 시작하기 전 공사를 끝내야 하는 시간이 정해진 현장이었다. 산등성을 타고 넘어 용수로를 내는 작업이라 중장비 하나 없이 오로지 괭이와 삽질만으로 작업해야 했다. 양평은 유난히 추운 동네인데 겨울철에 언 땅을 파며 콘크리트를 치는 고된 작업이었다. 처음 얼마간은 질통을 메고 반죽이 된 콘크리트를 지어 나르는 일을 했는데 도면을 볼 줄 안다는 이유로 철근 넣는 작업에 배치되었다. 물이 줄줄 흐르는 질통을 메는 작업에 비해 훨씬 수월한 작업이었다.

한데 얼마 지나지 않아 철근 작업반장이 회사와 일당 문제로 다투다 그만두는 일이 발생했다. 악조건 속에서 하는 작업인 만큼 일당을 올려달라고 요구했다 거절당한 것이다. 철근 기술자가 없으니 작업이 중단될 거라 다들 생각하고 있었는데, 아뿔싸, 내가 화근이었다. 철근 작업의 책임이 나에게 떨어진 것이다. 회사가 배짱을 부리며 협상에 응하지 않은 것도 믿는 구석이 있어서였나 보다.

어찌할거나, 죽으나 사나 시키는 대로 하며 군 문제가 해결될 때까지는 여기 있어야 했다. 평탄한 능선에 암거를 설치하는 작업은 그다지 어렵지 않았는데 문제는 골짜기를 건너는 교각을 세우는 작업이었다.

경험도 없는 내가 물이 나는 골짜기 바닥에 교각을 세운다는 건 엄두가 나지 않는 일이었다. 공사 경험이 있는 감독관과 지혜를 모아 평지에 눕힌 채로 거푸집을 만들고 철근을 넣은 후 일으켜 세우기로 했다. 물이 나는 바닥은 시멘트를 부어 잠시 물길을 잡았다. 우여곡절 끝에 교각이 세워졌을 때의 뿌듯함이 어제 일처럼 선하다.

힘든 노동만 있었던 것은 아니다.

새참 때가 되면 머리에 새참을 이고 산허리를 돌아 올라오는 동그란 얼굴에 붉은 홍조를 띤 함바[23] 집 처녀 아이가 기억난다. 쌍갈래를 땋았던가. 밥을 비벼 먹고 싶다며 큰 그릇을 달라 하면 계란프라이를 남

23) 함바(はんば, 飯場): 건설현장 안에 지어놓은 간이식당을 부르는 말

몰래 밥그릇 바닥에 깔아주고 참기름을 듬뿍 쳐 주었던 아이. 멀리서 그 아이가 보이면 나도 모르게 가슴이 두근거리고 입에선 절로 콧노래가 흘러나온다. "봄이 오면 산에 들에 진달래 피고 진달래 피는 곳에 내 마음도 피어…" 아직 진달래가 피기에는 찬바람이 매서운 시절이었지만 노랫말과 함께 가슴에 꽃이 피어나는 듯했다.

지금과 달리 그때만 해도 농촌에 젊은 사람이 많았다. 결혼한 지 얼마 안 된 큰 형님뻘 되는 분은 어린 나이에 타지에 나와 고생한다며 집으로 불러 따뜻한 밥상을 차려주기도 했다. 생전 처음이자 마지막으로 그 집에서 뱀술도 받아 마셨다. 모두가 살기 어려웠지만, 인정이 넘치던 시절이었다.

일을 시작한 지 석 달이 지났는데도 월급이 나오질 않는다. 물어보니 농사 시작하기 전에 공사 끝내고 한꺼번에 준다는 것이다. 대부분 일꾼이 지역의 농민들인지라 "농사일 없을 때 노느니 일하는 건데 저금한다 생각하지." 하며 별 불만이 없었다. 이게 말이 되나.

공사를 맡은 회사는 '대한종합건설'로부터 하도급을 맡은 이름도 없는 영세한 회사인데 무얼 믿고 기다리나 생각했다. 기한 내 공사를 마치지 못하면 대금 결제도 안 될 것이고, 만에 하나라도 공사 끝나고 날라버리면 어쩌나. 온갖 생각이 머릿속을 맴돌았다.

막걸리 한잔 마시며 이러저러한 걱정거리들을 이야기했지만 씨알도 안 먹혔다. 피부도 하얗고 곱상한 어린 녀석이 시답지 않아 보였을 것이다. 답답한 가슴에 술독의 막걸리를 한 되, 2L짜리 주걱에 듬뿍 퍼서 벌컥벌컥 들이마셨다. 당시 천서리 정거장의 점방은 한편에 술독을 묻어두고 주막도 겸하고 있었다. 한 되의 술을 입도 안 떼고 들이키는 나를 눈이 휘둥그레 바라보던 사람이 "허 이놈 보게, 생긴 것과 딴판이네" 하더니 슬슬 말을 섞기 시작했다.

그렇게 서서히 이야기는 무르익어가고, 며칠이 지났을까.

술김에 한 친구가 현장사무실에 올라가 월급 내놓으라고 생떼를 쓰다 관리직원에게 폭행을 당하는 사건이 발생했다. 폭행 사건이 도화선이 되어 모두가 일손을 놓아 버렸다. "밀린 월급 다 내놓기 전에 일 못 해!" "폭행한 관리자 놈 당장 사과해." 폭행한 관리자는 서울로 내뺀 상태였고 누군가 책임을 지고 협상을 해야 하는 상황이 됐다. 자연스레 사람들은 나를 지목했으나 군 징집을 피해 피신한 처지의 나는 이 일을 감당해 선뜻 나설 자신이 없었다. 밤새 고민하던 중 예수님의 기도가 머릿속에 맴돌았다.

"아버지여 될 수만 있으면 이 쓴잔을 면케 해주십시오. 내 뜻대로 마시고 당신 뜻대로 하옵소서." (마태오 26:39)

그러나, 그러나, 난 예수가 아닌데.

아침에 방문을 나서는데 한 무리의 사람들이 연장을 들고 산으로 오르고 있었다. "저게 뭐야?" 소리치며 문밖을 나가니 일꾼들이 웅성거리며 모여 있다. 서울에서 급히 인력을 사와 현장에 배치하는 중이란다. '아차!' 싶었다. "저거 막아야 해" 소리치자 옆에 있던 윤 형이 "씨팔, 내가 할게" 하고 삽자루를 들고 산으로 튀어 올라간다. 윤 씨 성을 가진 형은 이천에서 소를 키웠는데 무슨 사연이 있었는지 얼마 전에 이곳에 온 사람이다. 잠잘 곳이 없던 형을 친구 용일이와 함께 내가 사용하던 방에 들였었다. 어깨가 떡 벌어져 힘이 장사였다. 한번은 밤중에 청개구리가 방에 뛰어들어 왔는데 냉큼 잡아 입에 넣고 꿀꺽 삼키는 통에 기겁한 적이 있었다.

얼마 지나지 않아 산으로 뛰어갔던 윤형이 휘적휘적 큰 몸을 흔들며 내려온다. 모두의 시선이 윤형에 쏠리며 "어떻게 됐어?" 한마디씩 한다.

씩 웃으며 "다 끝났어. 흐흐흐"

"뭐라 했기에?"

어깨를 으쓱하며 '내 돈 내놓고 올라가! 안 그러면 모가지 다 쳐죽일 거야.' 하고 으름장을 놓았단다.

아무리 덩치가 크다 해도 한 사람의 엄포에 쉽게 물러서지 않을 터인데, 현지 상황을 모르는 채 일당을 많이 준다고 해서 내려왔던 사람들이 험악한 분위기를 보며 내심 마음이 켕겼던가 보다.

뒤이어 산길을 따라 어슬렁어슬렁 내려오는 사람들이 보였다.

사람들은 격앙됐고 분위기는 고조됐다. 이제야말로 총대를 메야 하는 순간이 온 것이다.

트럭을 모는 친구 중석이는 말렸지만, 한방을 쓰는 용일이는 "네가 나서야 한다."며 부추겼다. 협상은 쉽게 이뤄지지 않았지만, 공사 기일을 맞추기 위해선 회사도 다급했던 터라 3일을 넘기지 못하고 항복했다.

환호!

축제!

누군가 남한강 기슭에 쳐놨던 통발에 들어온 물고기를 번쩍 치켜들고 달려왔고 함바집 사장은 푸짐한 안주와 술을 내었다.

술자리가 무르익고 너나없이 불쾌하게 취해 있는데 밖에서 "신동욱 씨" 하며 부르는 소리가 난다. 뭐가 잘못됐나?

뭉그적거리며 일어나 담 밖으로 나가 보니 우편 배달원이다.

군 면제 통지서가 나왔으니 이제 올라오라는 동생의 편지!

"오 하나님, 감사합니다."

공사판에 남아 십장[24]) 역할을 맡아달라는 회사의 요청이 있었으나 이제 이곳에 있을 이유는 없어졌다. 그간 함께하며 챙겨주고 도와줬던 사람들이 눈에 아른거리긴 했지만, 가족이 있는 집으로 돌아가야만 했다.

몸을 감싸는 햇살은 부드러웠고, 얼음이 풀려 개울물 흐르는 소리는 청량했다.

산등성이를 뱀처럼 휘감고 뻗어 나간 용수로가 보인다. 봄이 되면 저 물길을 따라 맑은 물이 철철 넘쳐 흐를 것이다.

24) 什長: 공사현장에서 일꾼을 직접 감독, 지시하는 우두머리의 하나

꿈을 비는 마음

| 제3장 |

인생의 갈림길, 방황의 시절

상경 후 야학 친구들과 선정릉으로 봄나들이를 갔다. 이미 사라진 야학이지만 예전에 함께 공부했던 친구들, 그 시절 우리를 가르쳤던 교사들 몇몇이 함께한 자리였다.

서로의 근황들을 이야기하다 보니 양평에서 겪은 내 일이 화제의 중심에 올랐다. 묵묵히 듣고 있던 교사 한 분이 넌지시 "네가 느끼는 사회문제에 대해 함께 공부해보지 않겠냐"는 제안을 해왔다. 영기[25] 형. 이날 처음 만났다. 내 막내 동생 동술이와 둘째 동인이를 가르친 교사로, 우리 형제들 모두에게 믿음직한 형이었다. 영기 형이 군대를 제대하고 이제 막 복학한 때였다. 그때나 지금이나 공부가 체질인 모양이다. 흔쾌히 동의했다.

지금은 변호사가 되었지만 이렇게 만난 영기 형과는 지금까지 친형제처럼 지내고 있다. 내가 긴 징역살이를 마치고 나오던 날, 형수와 함께 교도소 정문에서 기다리고 있다가 집에 데려가 재우고 다음 날 백화점에 끌고 가 새 양복을 사 입혔던 형이다. 결혼할 여자가 생겼다며 인사시켰을 땐 부모 없는 내 부모 대신으로 아내의 옷을 여러 벌 장만

25) 이영기: 변호사, 호루라기재단 이사장.

해주기도 했다.

이 무렵, 막내 동술이는 대학 입시를 준비 중이었다,

초등학교, 중학교, 고등학교 전 과정을 검정고시로만 통과한 영특한 녀석이다. 삼 형제 모이면 농담처럼 학교 졸업장[26]을 가진 건 큰형뿐이라며 싱겁게 웃곤 했었는데, 영특한 막내는 은근한 나의 자랑이었다.

대학 등록금이 만만치 않겠지만 그것만큼은 내 손으로 마련해 주고 싶었다. 일당을 꽤 잘 쳐준다는 조건에 경남 어디쯤 지방 현장으로 내려갔다. 현장과 숙소만을 오가며 잔업이고 철야고 일만 주어지면 죽어라 했다.

82년, 아버지 돌아가시고 두 달쯤 지나서 한양대학교에 합격했노라며 연락이 왔다. 가슴이 뛰었다. 고생했다. 내 동생!

그런데 등록금 납입기일이 코앞이었다. 월급날은 한참 멀었다. 가불이라도 해달라고 신청을 했지만 쉽지 않았다. 어찌어찌해서 등록금을 마련해 부쳤는데, 등록금 마감일을 놓치고 말았다. 막내는 결국 한양대 입학을 포기하고 다음 해에 한국외국어대학교에 장학금을 받고 입학했다.

막내에겐 미안한 일이 여럿 있다. 공장에 간 큰형, 가출한 둘째 형과 떨어져 혼자서 새엄마와 함께 긴 세월을 살아야 했다. 얼마나 외롭고 힘들었을까?

---

26) 그때까지 우리 3형제 통틀어 정규학교 졸업장은 내가 받은 초등학교 졸업장 하나 뿐이었다.

오래전 함께 가출해 산속에 움막 짓고 나란히 누웠을 때도 나뭇가지 틈새로 쏟아지는 별들을 바라보며 "형, 별이 참 이쁘다. 근데 너무 슬프다."하며 울먹이던 감성 여린 아이였다.

군을 제대하고 복학을 준비하며 등록금을 지원해 달라고 부탁하던 그런 동생에게 "자본의 개가 되기 위해 공부하려 하냐"면서 가슴에 대못을 박은 덜떨어진 형이 나였다. 당시 노동단체에 무보수 상근자로 일하던 내 처지에 돈을 마련할 형편도 안되었고, 주변의 동료들 또한 대학교 학업을 중단하고 학력을 속여가며 공장에 취업하던 시절이긴 했지만, 그 고생하며 거기까지 온 막내에게 할 소리는 아니었다.

이제 막내도 올해로 환갑을 넘겼다. 누구도 도와주지 않았지만 혼자 꿋꿋하게 살아준 동생이 고맙다.

나, 종철이, 선희, 그리고 영기 형까지 이렇게 네 명이 모여 소모임을 시작했다.

영기 형이 추천해 준 책과 글을 읽고 토론하며 세계와 사회에 대한 인식은 깊어져 갔다.

유동우[27] 선배가 쓴 '어느 돌멩이의 외침', 복사본으로 엮어진 광주의 이야기를 담은 '죽음을 넘어 시대의 어둠을 넘어', 한국 현대사를 다룬 '해방 전후사의 인식' 등 대학 학생운동 하는 이들이 보던 책을 읽었고, 후일에는 필사본으로 된 마르크스, 레닌의 원전도 함께 읽었다. 그

27) 유해우, '유동우' 씨 옛 본명. 삼원섬유노동조합 분회장, 한국기독노동자연맹(약칭 기노련) 초대 의장

야말로 '나의 대학'[28] 이었다.

특히 유동우 선배의 글이 감명 깊었다.

나와 같은 기독교인으로 '주일성수'[29] 조차 할 수 없는 노동환경에 분노하며 노동조건의 개선을 위해 투쟁했던 그의 용기와 결단이 큰 울림으로 다가왔다. 오래전 교회에서 흘러나오는 음악 종소리를 들으며 느꼈던 감정들이 되살아났다. 공부가 깊어 갈수록 지금의 나뿐 아니라, 일하며 만나온 노동자들의 처지는 개인의 잘못도, 부모의 잘못도 아닌 사회의 구조적인 문제라는 의식이 싹텄다.

가난, 저임금, 만성적인 체불, 노동자들에게 이는 천형처럼 씌워진 굴레라는 것. 이 굴레를 벗어나지 못하는 한, 평생을 이렇게 살 수밖에 없다는 것. 혼자 힘으로 아무리 열심히 노력해도 굴레를 벗어나기란 낙타가 바늘귀로 들어가기만큼 어렵다는 것.

굴레를 벗어나는 방법은 굴레를 깨뜨리는 길밖에 없었다.

우리에게 씌워진 굴레를 인정하고 순종하며 살 것인가? 맞서 싸울 것인가?

언젠가 공장에 다닌다는 나를 앞에 두고 "모난 돌이 정 맞는다. 절대 앞에 나서지 말고 윗사람 말 고분고분 잘 들으며 살어라."하시던 외할머니의 당부도 생각났다. 그 애정 어린 조언대로, 다람쥐 쳇바퀴 돌듯

---

28) 그 시절 본, 막심 고리키의 동명 소설이 있다.
29) 일요일은 주의 날로 생업을 위한 일을 중단하고 예배와 찬양으로 성스럽게 보내기 위해 교회에 가야 하는 것

기를 쓰고 달리며 희망 없는 노동의 굴레에 갇혀 일생을 보낼 것인가. 쳇바퀴 밖으로 뛰어나갈 것인가.

개천에서 용이 나듯 간혹 굴레를 벗어난 사람들의 이야기를 들은 적은 있다. 그때만 해도 공부해서 대학을 가면 계층 간 이동의 사다리가 아슬아슬하게 남아있던 시절이긴 했다. '나라고 용 못 되라는 법은 없지 않나?' 그렇게 사는 것이 맞는 것인가?

천서리에서 파업이 승리했던 순간, 짜릿했던 경험의 기억은 첫 키스의 달콤했던 기억만큼이나 나를 강하게 붙들고 있었다. 더구나 그즈음 내가 읽은 대부분의 책은 억압에 맞서 용기 있게 싸우는 것이 정의라고 가르쳤다. 예수님은 '내 이웃을 내 몸과 같이 사랑하라' 하셨는데, 나와 같은 처지의 노동자들인 내 이웃은 누가 돌볼 것인가?

십자가를 지고 고난의 길을 가야 한다고, 내 이웃, 내 형제들과 함께 굴레를 깨뜨리라고 가슴속 깊은 곳에서 말을 건네왔다.

예수의 길은 수난의 길이고 안정적인 생활을 포기하는 길이었다. 하지만, 마음에 걸리는 것이 많았다. 오랫동안 병중인 아버지, 배다른 동생들이지만 아직 어린 여동생 선희와 준희, 눈에 밟히는 가족들의 모습에 걸음을 내딛지 못하고 주저하며 일상을 소비했다.

그 시절, 마음이 갈피를 잡지 못하고 한동안 방황했던 날들이 눈앞에 주마등처럼 지나간다.

"어디로 갈꺼나 어디로 갈꺼나

내 마음은 어디에 어디에 있을까
이 강을 건너도 내쉴 곳은 아니오
저 산을 넘어도 머물 곳은 없어라"

야학에서 배운 민요 가락의 노래가 그 시절 허구한 날 흘러나왔다. 홍얼거리며 속울음을 울던 날들, 내 앞의 삶을 두려움으로 가늠하던 날들이었다.

그때, 내 속에 잠재된 저항 기질이 현실에 안주하려는 나를 강하게 밀치며 올라오고 있었다. 뭇 사람들이 나보고 '법 없이도 살 수 있는 사람' 이라고들 한다. 어지간한 일로는 사람들과 다투지 않고 상대방을 이해하려 하니 그렇게 볼 수도 있다.

그러나 나에겐 아주 못된 성질머리가 있다. 권위나 힘으로 무엇을 강요당하거나, 내 생각과 계획에 맞춰 일하고 있는데 뻔한 잔소리로 구박을 받으면 지나치리만큼 민감하게 반응한다. 아마 새어머니 밑에서 사춘기를 보내면서 형성된 저항감일 것이다.

이런 일도 있었다. 건설현장에서 배관작업을 하고 있는데 젊은 기사가 이래라저래라 잔소리해 댄다. '좆도 모르는 것'이...

손에 들고 있던 파이프렌치를 내던지며 "씨팔 네가 해" 하고 소리치며 일어섰다. 나보다 머리통 하나는 더 큰 기사가 "뭐 이런 좆만 한 새끼가" 눈을 부라리며 금방이라도 한 대 칠 기세다. "그래 새끼야, 나 좆만 하다. 고깃덩어리가 작으니까 한입에 삼킬 것 같냐"며 들이받았다.

지금의 나를 아는 사람은 내가 욕을 하는 걸 거의 본 적이 없을 것이다. 믿기지 않겠지만, 바닥을 뒹굴던 청소년 시절 난 욕을 입에 달고 사는 욕쟁이였다. 철없던 날, 내 자존감을 지키는 유일한 방법이 이것뿐이라고 생각했기 때문이었다.

쇠락한 양반 자투리였지만 꼿꼿함을 잃지 않았던 할아버지, 어린 나에게 녹두장군 전봉준의 이야기를 들려주던 할머니의 영향도 없지 않았을 것이다, 할머니가 전씨[30] 성을 가진 분이셨으니 먼 피붙이라도 되었을까?

할머니는 시집올 때 해오신 2층 장을 귀한 동백기름으로 닦으실 때도, 바느질을 하시거나 푸성귀를 다듬으실 때도 곧잘 노래를 부르셨다.

"새야 새야 파랑새야 녹두밭에 앉지 마라
녹두꽃이 떨어지면 청포 장수 울고 간다."

그렇게 내 피에 스며있는 반항적 기질이 사회적 저항 정신으로 변해가고 있었다.

잘못된 질서를 바로잡고 사회문제를 해결하기 위해선 큰 공장에 들어가 노동자를 조직해야 한다고, 그럴 준비를 해야 한다고 생각했고, 동기들과 의논도 했다. 내가 맞닥뜨려야 하는 현실이었다. 아직 마음의 준비가 완전한 것은 아니었지만 대기업 공장에 취업할 자격 조건

30) 할머니는 田씨고 전봉준은 全씨니 피가 섞였을리 없지만 어린시절 나는 그렇게 생각했다.

은 갖춰 두기로 했다. 적어도 중졸 학력은 있어야 했다.

검정고시부터 준비하기로 했다. 그러자니 돈벌이가 될 건설현장을 찾아 멀리 떠나지도 못하고 집 근처를 뱅뱅 돌며 이일 저일 닥치는 대로 하며 시간을 보냈다. 쥐포, 오징어, 군밤을 파는 노점상도 했고, 음악다방에서 판돌이[31]를 하기도 했다.

그즈음 배관 기술을 살려 대치동에 설비가게를 열었다. 아는 어느 목사가 가게 여는 돈을 댔다. 당시 강남 삼성동, 대치동, 도곡동 일대에는 단독주택들이 많아 일이 많았다. 낡은 연탄보일러를 기름보일러로 교체하는 일이 많았고, 누수, 동파 등 일거리가 끊이지 않았다. 친구들을 불러 일을 했고 저녁이면 회식도 잦았다. 으레 술자리가 벌어지곤 했다. 한동안 돈 버는 재미가 쏠쏠했다.

그런데, 돈을 댔던 사람이 가게가 잘 되자 마음이 변해 빈번한 술자리를 지적하며, "사탄이 우거하는 곳이 되었다"고 다른 사람에게 가게를 넘기는 바람에 오래 이어지지는 못했다. 그렇게 된 것이 잘된 일인지도 모르겠다. 아마 계속 가게를 운영했으면 돈맛이 들어 계속 그렇게 살았을지도, 신앙심 돈독한 여성을 만나 결혼도 하고 현실에 안주하며 살았을지도 모를 일이었다.

될 수 있으면 서울 근처를 벗어나지 않으려 했지만 배관설비 일을 접게되면서 일이 내 맘대로 되지 않아 다시 지방 공사현장을 나가게

31) 음악다방에서 손님이 청하는 음악 레코드판을 찾아 들려주는 'disc jockey'를 말한다.

되었다. 경기도 용평이었다.

82년 10월, 용평 스키장 공사현장에 내려가 있을 때다. 일을 마치고 현장 사무소로 내려오니 아버지가 돌아가셨다는 연락이 와 있었다.

서울로 가는 차는 이미 다 끊어졌다. 각방으로 수소문 해보니 건너 현장에서 자재를 내리고 서울로 올라갈 트럭이 있다 했다. 그 차를 얻어 타고 서울로 올라왔다.

올라오는 내내 가슴이 내려앉았다. '기어이 돌아가셨구나.' 아버지 나이 이제 쉰 하나, 똑똑했던 양반인데, 젊은 날 나름 좋은 직장도 다녔고[32] 교육자의 길도 걸으셨는데, 병마를 이기지 못했다. 제자들로부터 선물 받았던 그릇들이 가득했던 집안 풍경도 스치듯 지나갔다.

언젠가 나와 둘이서 밤길을 걷다가 휘영찬 달을 보며 "저기 엄마가 보인다." 하면서 먼저 간 아내를 못내 못 잊어 하며 사신 분이었다. ,

동네 분들 관공서라도 갈 일 있으면 그 멋진 필체로 온갖 행정서류 대필해 주시던 분인데, 행복했던 시간은 짧았고 말년에는 몸도 마음도 병들어 술 없인 하루도 못사셨던 분. 막내 대학에 가는 것이라도 보고 가셨으면 좋았을 텐데. 동술이는 아버지 돌아가시고 두 달 후에 대학에 합격했다.

새벽닭이 울기 전, 깜깜한 밤중에 집에 도착하니 문틈으로 불빛이 새어 나온다. 혹시 하는 마음으로 문을 두드리니 잠에서 깬 새어머니가 부스스 일어난다. 여동생 둘은 세상모르고 자고 있고. '별일 없는 건가?' '연락이 잘못된 건가' 잠시 기대가 스쳐 지나간다. "어찌 된 일이

---

32) 아버지는 대한중석과 철도청 직원으로 일하다가 뒤늦게 교사생활을 시작했다.

에요, 동술이는?" "응, 병원에 있어. 장례식장." 머릿속에 번갯불이 인다. "병원 어디요?" 다그치는 내 목소리가 갈라져 나온다. "시립병원"

뒤도 돌아보지 않고 냅다 달렸다. 텅 빈 병원을 막내 혼자 지키고 있을 생각을 하니 가슴이 미어졌다.

다행히 빈소에는 내 친구들이 함께 있었다. 부천에 사시는 큰집 사촌 맏형인 동복이 형도 와 계셨다. 집 근처 길목에서 쓰러지셨고 사인은 심장마비라 했다.

그토록 그리워했던 어머니와 함께, 이제 편히 지내시라고, 회현 선영에, 어머니 옆에 아버지를 모셨다.

아버지에 대한 짧았던 여러 기억이 스치듯 지나간다.

너무 일찍 옥산 외할머니 집으로, 회현 할아버지 집으로, 그리고 공장으로 돌아다닌 탓에 아버지와 많은 시간을 갖진 못했다. 초등학교 1학년 때, 전교 1등을 했다고 축하 선물로 책 3권, 소공녀, 암굴왕-몬테그리스도 백작, 보물섬 등을 사주시며 기뻐하시던 모습, 다섯 식구 온 가족이 군산 월명산으로 나들이 갔던 기억 등이 뚜렷하다.

당신이 대학을 나온 지식인이며 교육자셨음에도 정작 자식들에게 이렇다 할 교훈이 될 만한 말을 새겨 이야기하지는 않으셨다. 그럼에도 지금까지 내 삶의 중요한 기준이 되는 말씀이 한 번 있었다.

언젠가 폐와 기관지에 좋다 하여 봄날 햇살을 머금고 밤톨만 하게 자란 어린 솔방울들을 따다 술을 담아 드렸던 적이 있다. 친구 용일이와 함께 솔방울을 땄는데 키 낮은 소나무들은 주로 능선 부근에서 자라고 있는지라 따가운 봄 햇살을 피할 수 없었다. 이마에 흐른 땀이 눈가로 스며들어 쓰린 것도 참으며 속옷이 흥건히 젖을 때까지 솔방울을 땄다. 아마 두 자루쯤 될까. 이 솔방울로 담근 술을 꾸준히 드시면 아버지 건강에 조금이라도 보탬이 될 것이라 믿었다.

3개월쯤 지났을까, 술이 너무 독해 마실 수가 없다고 하시며 "소주를 몇 병 더 사다 부었으면 좋겠다." 하셨다. "네, 제가 할게요." 대답만 찰떡같이 했지 차일피일 미루다 지방으로 일을 나가는 바람에 까맣게 잊고 말았다. 술 항아리 안에서 솔방울이 농익어 흐물흐물 풀어질 때까지... 결국, 아버지는 그 술을 통째로 쏟아 버리셨다며 집에 들른 나를 앉혀 두고 이야기를 하나 들려주셨다. 그 얘기를 재구성하면 이렇다.

"시골에 사시는 시아버지가 올라오셨단다.

오랜만에 올라오시는 시아버지에게 맛있는 음식을 해 드리고 싶은 며느리는 전날부터 장을 보아 갈비도 찌고 생선도 굽고 온갖 반찬을 정성스레 준비하여 상다리가 휘어지도록 상을 차렸다.

"아버님 맛있게 드시고 오래오래 건강하게 사세요." 시아버지를 가운데 두고 온 가족이 즐겁게 식사했다.

한데, 시아버지는 젓가락만 왔다 갔다 할 뿐 제대로 드시는 것이 없는 것 아닌가.

걱정된 며느리는 "아버님, 반찬이 입에 안 맞으세요?" 물었지만 시아버지는 "아니다. 준비하느라 애썼구나. 어서들 먹어라" 하시고 밥을 드시는데 여전히 이 접시, 저 접시로 젓가락만 분주할 뿐 정작 드시는 게 별로 없었다.

상을 물린 후 디저트로 사과를 깎으며 며느리는 다시 조심스럽게 물었다. "아버님 어디 편찮으세요? 도통 식사를 못 드시고…."

그때서야 시아버지가 한마디 하신다. "거기 묵이 없더라"

아차, 이가 성치 않은 시아버지 생각을 못 했던 것이란다."

무슨 일을 함에 있어 상대방의 처지를 먼저 살피고 그에 맞춰 일해야 한다는 말씀이셨다.

아버지 돌아가시고 얼마 안 되어 살던 집, 삼성동 보육원 마을이 철거되며 보상으로 아파트 입주권이 나왔다. 생전에 아버지께서 "입주권 나오면 개별로 팔지 말고 함께 모아 좋은 조건을 찾아보자"시며 동네 분들을 규합하려 했던 일이었다. 그런데, 나하고 의논 한번 없이 새어머니가 당신이 파출부로 나가던 주인 아주머니에게 파셨다. 그 집 지하에 들어가는 조건으로…

한편으로 홀가분했다. 아직 어린 여동생 둘과 살아갈 거처라도 마련했으니. "잘하셨다"고 했다. 이제 가족에 대한 부담을 덜고 나의 길을 갈 수 있겠다 싶었다.

'한국의 페테르부르크'[33] 인천으로

사건은 많아도 일상은 이어졌다. 83년 8월, '고검', 고등학교 입학자격 검정고시에 합격했다. 함께 소모임을 했던 선희는 '정수직업훈련소'를 나와 대우자동차에 입사했고, 나도 이제 기업체에 입사할 최소한의 자격을 갖췄으니 공장에 들어가기 위해 인천으로 내려갔다. 부평역 인근 선희가 사는 자취방에서 생활하며 일자리를 구했다.

여기저기 알아보다 취직한 회사는 작전동에 있는 '한국후지카'였다. 열심히 공장에 다닐 요량으로 공장 근처 계산동에 방을 얻고 간편한 취사도구며 세간살이도 장만했다. 찻길에서 계단을 따라 내려와 좁다란 골목에 처마를 맞대고 다닥다닥 붙어 있는 집이었다. 작은 툇마루가 있었고 방 옆으로 역시 작은 부엌이 딸린 작지만 아담한 방이었다. 보증금 20만 원에 월세 3만 원. 처음으로 내 방이 생긴 것이다. 이날 이후로부터 구속될 때까지 10여 년을 혼자, 때론 동생들과 함께 사는 유랑생활이 시작되었다.

33) 당시 수도권의 가장 규모가 큰 산업도시 인천을 노동운동에 나서는 젊은 운동가들이 그렇게 불렀다. 러시아 혁명운동사를 읽으며 본, 산업도시 페테르부르크의 노동운동을 연상한 말이다.

한국후지카에서 처음 배정받은 작업은 가스레인지 상판을 유압 프레스로 찍어내는 작업이었다.

집채만 한 유압 프레스가 약 10초 단위로 올라갔다 내려오기를 반복한다. 한 사람은 뒤에서 재단된 철판을 집어넣고 나는 앞에서 프레스에 눌려 성형된 상판을 끄집어내는 일이었다. 프레스가 올라갔다 내려오는 사이 그 모든 동작이 이뤄진다.

조금이라도 동작이 굼뜨면 내려오는 프레스에 머리를 찧기 일쑤였다. 모든 건 자동으로 이뤄져 있고 간격(interval)을 조정할 수는 있으나 최대 생산량에 맞춰 고정돼 있었다. 이물질이 있으면 자동으로 작동을 멈추게 하는 안전장치가 있으나 이 또한 생산량을 극대화하기 위해 꺼둔 상태로 작업을 했다. 신입이라고 같은 작업반의 동료들과 인사를 나누며 악수를 하는데 열 손가락이 멀쩡한 사람은 나 하나뿐이었다. 순간 등줄기가 오싹해지며 소름이 돋았다.

매일 아침 작업 시작 전에 경쾌한 음악 소리에 맞춰 국민체조를 하고, 작업반원들이 둥그렇게 빙 둘러서 "생산목표 달성!" "안전 수칙 준수"를 외치며 파이팅을 한다.

'제기랄!'

윙윙 가쁜 숨을 토해내며 기계들이 돈다. '덜거덕 쾅! 덜거덕 쾅!' 박자 맞춰 떨어지는 프레스는 눈이 없어 내 머리통이 아래에 있어도 아랑곳없이 제 장단에 맞춰 내려온다. 간혹 성형된 상판이 바로 빠져나오질 않으면 허리를 굽혀 금형 안으로 몸을 디밀고 상판을 빼내야 한다. 덜거덕 쾅!

어이쿠, 또 머리를 찧었다.

1시간 정도 일을 하면 포마드를 바른 듯 머리칼이 번지르르하다. 기계에서 흘러내린 기름방울이 번진 것이다. 이러다 납작하게 잘 눌린 오징어포가 되는 건 아닌지 모르겠다. 살짝 겁이 났다.

두 달을 못 넘기고 도망치듯 회사를 그만뒀다. 세상을 바꿔보겠다고 큰 꿈을 품고 인천에 내려온 놈이 그깟 기계에 쫄려 도망치다니, 참으로 한심했다.

'영기 형한텐 뭐라 한담, 친구들에겐 또 뭐라 하고...' 걱정도 되었다. 동네 어귀에 있는 선술집에서 혼자 앉아 술을 마시자니 자책과 후회가 밀려온다. '못난 놈.'

초저녁부터 젊은 놈이 혼자서 술을 먹고 있으니 안돼 보였나 보다. 주인아주머니가 몇 번을 힐끔거리며 쳐다보더니 시키지도 않은 안주를 슬며시 밀어 내준다. 인심에 취해 또 한잔 들이키니 술이 달다.

술집을 나오니 찬바람에 술이 확 깬다. 집과는 반대인 회사가 있는 방향으로 터덜터덜 걸어 내려온다. 텅 빈 들판 가운데 '한국후지카'라는 글이 커다랗게 새겨진 높다란 굴뚝이 제왕처럼 우뚝 서 있다. 그 아래 조명등은 가물가물하고.

"예쁘게 빛나던 불빛
공장의 불빛
온데 간데도 없고
희뿌연 작업등만
이대론 못 돌아가지

그리운 고향마을

춥고 지친 밤

여기는 또 다른 고향"[34]

다시 직장을 구해야 했다.

일자리를 찾아 부평공단, 주안 5공단 등을 돌아다녔다. 공장의 대문 앞이나 전봇대, 공단 군데군데 있는 게시판에 A4 크기로 복사된 구인 광고가 붙어 있었다.

주안역 뒤로 해서 5공단으로 내려가다 공단 게시판에 붙은 구인광고가 눈에 들어왔다. '주야 2교대' '야근 수당 지급' '중학교 졸업 이상의 학력 소지자' '군필자' 딱 맞았다. 주야 맞교대면 노동강도는 꽤 셀 것이나 그만큼 벌이는 괜찮을 것이다. 한번 가보자. 5공단 안에 있는 '서울금속'이라는 알루미늄 라디에이터를 생산하는 공장이었다. 서류를 들고 면접을 보러 들어가는데 입구부터 지게차들이 알루미늄 단괴(團塊)를 들어 나르며 분주히 움직였고 공장 안쪽에는 용광로에서 시뻘건 불길이 혀를 날름거리고 있었다. 뜨거운 열기가 훅 느껴졌다. 정문 좌측에 있는 2층 자리 건물로 들어가 서류를 제출하자 한번 쭉 훑어보고는 내일부터 출근하라 한다. '야호!'

첫 출근하니 라디에이터 조립 라인의 마지막 공정에 배치되었다. 완성된 라디에이터의 양쪽 구멍을 막고 공기압을 가득 채워 물에 담가 새는 부분이 없는지 확인, 점검하는 일이었다. 무거운 라디에이터를 들었다 내렸다 하며 온종일 물에 손을 담그고 일하다 보니 고무장

34) 2024년 세상을 뜬 김민기 선생의 노래 '공장의 불빛' 가사다. 그 시절 많이도 불렀다.

갑을 꼈지만, 저녁이 되면 손이 퉁퉁 부풀었다.

말이 2조 2교대지 다음 조가 들어와도 퇴근 없이 줄창 같이 일하는 건 다반사였고 심하면 다음번 우리 조 작업시간까지 해서 서른여섯 시간을 꼬박 일한 적도 있었다.

서류 접수하면서 본 시뻘건 불길이 치솟던 용광로는 '용탕'이라 불렸는데 1년 365일 불이 꺼지지 않고 쇳물을 녹여 토해냈다.

입사하면서 세웠던 실천 계획이 하나 있었다. '하루도 거르지 않고 술을 먹는다. 매번 사람을 바꿔가며 먹는다' 열심히 동료들을 만나야 뜻 맞는 동지를 구할 수 있으리라 생각했다. 그런데 처음부터 이 계획은 날아갔다. 술 먹을 시간도 없었다. 그래도 틈틈이 시간만 되면 동료들과 어울렸다. 주간조일 때는 저녁에 퇴근하며 한잔, 야간조일 때는 아침에 퇴근하며 한잔, 주안역 앞 시장의 닭집에 외상 수첩을 걸어두고 출석부 적듯 성실히 기록해 가며, 마시고 어울렸다. 한번은 월급 타서 순서대로 외상술값 갚으며 오다 보니 정작 월급봉투에 월세 낼 돈이 남지 않았던 적도 있었다.

좋은 동료들이 많았다. 축구를 기막히게 잘했던 황 형, 서너 명은 거끈히 제치며 드리블하다 슛을 때리면 빨랫줄처럼 골문 안으로 날아가곤 했다. 헤딩슛도 일품이었다.

서울의 명문고를 나와 문학을 좋아했던 박 형, 박형 집에는 노동자들의 자취방에선 좀처럼 보기 힘든 책들이 꽤 여러 권 꽂혀 있었다. 막 상경한 촌놈처럼 수더분했던 채 형, 제대하고 처음 얻은 직장이 이곳이라 했다. 혼자 사는 자취방 책상 위엔 제대하면서 받은 야포 모형이 떡하니 올려져 있었다. 포병 출신이란다. 소개로 여자를 만났는데 남산에 놀러 가기로 했단다. 혼자 가기 어려우니 같이 가자고 했다. "내가 왜 채 형 데이트하는데 끼냐"며 "누구 개밥에 도토리 만들려 하냐"고 한사코 거절했으나 거의 애원하다시피 하는 통에 두 연인 틈에 끼어 남산 나들이를 한 적도 있다.

웃음 많고 얼굴 선한 공 형, 결혼한 지 얼마 안 되는 신혼이었는데 내가 해고됐을 때 부인이 쌀이며 김치며 라면 등을 우리 집 문 앞에 두고 가곤 했다. 스물일곱이라 했던가 여덟이라 했던가, 나이보다 훨씬 늙어 보이고 다섯 살 난 딸 아이가 있다는, 이 회사에 들어온 이유가 야근이 많아 월급을 많이 받을 수 있기 때문이라는 이 형,

황형이 '엄마'라 불렀던 여장부 김 씨 아줌마. 용탕에서 일하는 남편과 함께 부부 노동자로 출근하는 얼굴이 동그스름한 한 씨 아줌마. 해고된 뒤에 종종 한 씨 아줌마댁에 불려가 밥을 얻어먹곤 했다. 닭발 볶음을 잘해 술안주로 내놓곤 했다.

젊었을 때는 한 미모 했을 윤 씨 아줌마. 윤 씨 아줌마는 담배를 태우신다. 당시만 해도 여자가 담배 피우는 걸 곱지 않게 보던 시절인지라 가끔 내가 담배를 피우고 있으면 곁에 앉아 구수한 담배 향을 음미하곤 했다. 장난삼아 한 모금 힘껏 빨아 훅~ 하고 불어 내면 스읍 ~ 들이마시고 방긋 웃으시던 미소가 눈에 선하다.

한번은 야간작업 도중에 윤 씨 아줌마가 보루방[35]에 장갑이 말려 들어가 손등의 피부가 벗겨지는 사고가 있었다. 꽤 큰 상처였는데 병원도 데려가지 않고, 작업장에 비치된 구급약으로 대충 소독약만 발라

35) 드릴링머신을 말한다.

주고 말았던 적이 있다. 마음으론 격하게 항의하고 싶었지만, 항의한다고 그 시간에 열었을 병원도 없을 것 같았고, 내 딴엔 큰 뜻을 품고 있는지라 사소한 일로 주시를 받을 순 없어 꾹꾹 눌러 참았다. '염병할 큰 뜻'

기껏 한다는 짓이 아침에 퇴근하며 아줌마 데리고 가 통닭 사드리는 것으로 스스로 위안했다.

나 역시 섬뜩섬뜩한 위험에 처했던 적이 한두 번이 아니었다, 이곳의 공정을 살펴보면 용탕에서 알루미늄 단괴를 녹여 압출 라인으로 흘려보내면 라디에이터의 몸통이 될 알루미늄 봉을 압출하여 조립라인으로 들여온다. 여기서부터가 우리 작업장이 하는 일이다.

위와 아래를 가로지르는 사각 몸통을 자르고, 위아래를 연결해 수직으로 배열할 날개가 달린 둥근 파이프를 자른다. 네모난 몸통에는 배열할 파이프의 숫자에 맞게 구멍을 뚫고 둥근 파이프의 접합 면 날개는 용접하기 좋도록 2.5cm 정도 날려 준다.

윤 씨 아줌마가 보루방에 손이 말렸던 공정은 몸통에 구멍을 내는 작업을 하던 중이었다. 그 어림해서 나는 파이프의 날개를 날리기 위해 수직 절단용 대형 콘타머신을 작동해 파이프 몸통은 보호하며 제거할 날개 지점에 홈을 내주는 공정을 담당하고 있었다.

아무리 타이밍을 먹고, 커피를 들러 마셔도 밤샘 작업을 하다 보면 졸리기 일쑤, 의자에 앉아 수직 톱날에 대고 파이프를 빙빙 돌리다 꾸벅, 번쩍 고개를 들면 코앞에서 톱날이 쉭쉭 움직인다. 정육점에서 커다란 소뼈를 톱날에 쓱쓱 밀어 자르던 모습이 연상돼 모골이 송연해진다. 안전커버라도 있으면 좋을 텐데 그런 것도 하나 없었다.

아직 겨울이 끝나지 않아 먼 산에는 잔설이 남아있던 꽤 추웠던 날, 그날도 아침에 출근해 저녁 퇴근을 하지 못하고 계속 작업을 했다. 야식으로 빵을 한 개 먹고 난 후니 새벽 한두 시쯤 되었을 것이다. 용접한 부위를 매끄럽게 하는 샌딩 작업을 하던 중 핸드그라인더 날이 튀어 왼손 손목을 그었다. 작업자 방향으로는 그라인더 날이 부러져도 튀지 않도록 안전커버가 달려 있으나 구석구석 샌딩을 하려면 커버는 장애가 되므로 안전커버는 당연하게도 제거된 채 지급된다. 피가 뚝뚝 떨어지는 손목을 붙들고 응급실에 실려 갔는데, 당직 의사는 자리를 비우고 없고 간호사들만 있었다. 당직 의사를 호출했지만 연락 불통. '뚜뚜뚜…' 간호사가 든 전화기 소리가 내 심장에서 들리는 듯했다.

안 되겠다며 경험 많은 간호사가 봉합 수술을 했다.

간호사들끼리 농담하는 소리가 들렸다. "왜 이렇게 가죽이 두껍냐, 바늘이 잘 안 들어간다." '이런 제길, 지들이 실력이 없는 건 아니고…?' 생각했다.

손목 세 군데가 찢겨 나가 상등병 계급장처럼 두툼한 흉터를 남기고 봉합 수술은 끝났다. 동맥을 안 다친 게 천만다행이라 했다. '휴~'

공상[36]처리돼 한 달가량 쉬고 회사에 다시 출근했다.

봄이 찾아와 공단으로 들어가는 길목에 노란 개나리가 피어나던 시절이었다.

야근, 철야, 전쟁 같은 노동이 기다리고 있었지만, 자취방에서 나와 인천교를 건너 주안 5공단으로 가는 발걸음은 가벼웠다.

36) 산업재해 보상법에 따라 보상과 휴직이 보장되는 제도.

"전쟁 같은 밤일을 마치고 난
새벽 쓰린 가슴 위로 찬 소주를 붓는다
아! 이러다간 오래 못 가지 이러다간 끝내 못 가지
서른세 그릇 짠 밥으로 기름투성이 체력전을
전력을 다해 바둥치는 전쟁 같은 노동 일
아! 오래 못 가도 어쩔 수 없지
끝내 못가도 어쩔 수 없지
어쩔 수 없는 이 절망 벽 깨뜨려 솟구친
거친 땀방울 피눈물 속에서
숨 쉬며 자라는 우리들의 사랑 우리들의 분노
희망과 단결을 위해 새벽 쓰린 가슴 위로 찬 소주를 붓는다
노동자의 햇 새벽이 오를 때까지"[37)]

소사장제가 본격적으로 도입되기 전이었으나 회사는 생산성을 높이기 위해 라디에이터 조립라인을 하도급으로 돌렸다. 당연하게 노동강도가 세지고 근무환경이 나빠졌다.

자연스럽게 불만이 쌓여갔고 회사와 직접 협상을 시도했다. 협상을 위한 대표로 내가 선출됐다.

이왕 요구사항을 내걸고 협상을 시작하는 김에 세게 나갔다. 하도급을 철폐하고 2조2교대 완전 실시를 요구한 것이다. 12시간 노동도

37) 박노해 시인의 동명 시에, 최창남 씨가 작곡한 노동가요. 1980년대 노동운동가들 사이에 많이 불린 명곡이다.

모자라 24시간씩 일을 하는 게 다반사다 보니 안전사고에 대한 불안이 컸고, 당연히 내놓을 만한 요구였다.

생산량을 늘리기 위해 하도급까지 준 마당에 회사가 이를 들어줄 리 만무했다. 회사가 협상에 성의를 보이지 않자 노동자들은 작업 속도를 줄이며 태업 투쟁에 돌입했다. 회사에서는 불법적인 쟁의 행위에 가담하면 해고할 수도 있다며 으름장을 놨다.

"신동욱 어딨어!" "이 새끼 때문에 우리가 다 짤리게 생겼어!" 한 노동자가 알루미늄 봉을 휘두르며 달려왔다. 소사장 밑에서 경리 일을 보는 여직원의 고향, 경상북도 영주 출신인 친구다. 순간적으로 일이 벌어졌다. 그 친구가 달려오는 길목에 있던 황 형이 냅다 튀어 올라 박치기를 날린 것이다.

저녁 일이 끝나고 모인 술자리에 이 녀석을 불러냈다. 술 한잔 따라주며 무릎 꿇고 사과하라고 황형이 으름장을 놨다. 그런데, 거기까지 기대하진 않았는데 정말로 무릎 꿇고 사과를 했다. 자기도 어쩔 수 없었다고, 여자친구를 통한 압력이 너무 세서 순간적으로 벌인 일이었다고 했다. 착한 녀석이다.

태업이 길어지며 한 씨 아줌마 남편을 통해 용탕에까지 번질 기미를 보이자 회사가 협상에 응해 왔다. 하도급은 철회할 수 없지만 2조 2교대는 완전하게 보장하겠다고 했다.

완벽한 승리는 아니었지만 이쯤에서 타협해야 했다. 작은 승리를 통해 노동자는 더욱 강해지고 단결은 높아가는 것이라고 믿었다. 처음 집단행동에 나선 우리 역량도 살펴야 했다.

이때 기억에 남는 일 중 하나. 초기에는 우리들의 투쟁에 동조하지 않던 이 형이 막상 벌어진 태업투쟁에는 적극적으로 참여했다.

왜 그랬는지 물으니 이 회사 들어오기 전 여러 달을 놀았다 한다.

아침에 눈을 뜨면 어린 딸아이가 "아빠, 오늘 일 안 가?" 하고 묻던 모습이 눈에 밟혀 네 말이 맞는 줄 알면서도 동조하지 못했다는 것이다. 그런데, 난 기억하지 못 했지만, 자신이 심한 감기로 오들오들 떨며 일하고 있는데 "이형 어디 아파?" 하고 물은 내가 회사 밖으로 달려나가 공단에서 꽤 먼 약국을 찾아 감기약을 사다 주었고 퇴근 후 버스 정류장까지 어깨를 감싸고 바래다 준 적이 있었다 했다. 참 따듯했노라며, 뒤늦게 공치사를 해주었다.

승리의 기쁨도 잠시, 눈엣가시일 수밖에 없던 나를 회사는 기어이 해고했다. 해고통지도, 해고사유도 없었다.

아침에 출근하는데 사람들이 사내 게시판 앞에서 웅성거리기에 가보니 '0월 00일로 신동욱 해고'라는 공고가 붙어 있었다. 공고를 확 뜯어 들고 사무실로 쫓아 올라가 "이건 부당노동행위다" "당장 해고 철회하라"라고 소리쳤지만 다들 소 닭 보듯 한다.

이날부터 지난한 해고무효 및 복직 투쟁이 시작되었다. 먼저 노동부 인천지방사무소에 부당해고 철회 요청서를 접수하고 매일 아침 회사 앞으로 출근해 동료들을 만났다. 점심시간 동료들이 축구시합을 하러 가면 거기 가서 공도 같이 차고, 퇴근 후에 모이는 술자리도 빠짐없이 참석했다. 두 달 만에 부당해고가 인정되어 노동부로부터 복직명령이 떨어졌다.

복직되어 출근하는 날 전엔 얼굴도 보기 힘든 관리 이사가 정문 앞까지 나와 '신 선생님' 이라 부르며 반갑게 맞아준다. 서운한 감정 털고 열심히 일해보자 했다. '제기랄…'

용탕을 거쳐 지나가는데 한 씨 아줌마 남편분이 엄지손가락을 치켜세우며 씽긋 웃는다. 조립 라인으로 들어서자 동료들이 모두 일어서 손뼉을 치며 맞아준다. 뭐라도 된 듯 어깨가 으쓱했다. 모두 감사했다.

고졸 검정고시를 봐야겠다는 생각을 갖게 된 게 이때다. 복직한 후 들은 이야기로 내가 밖에서 해고 투쟁을 벌이고 있을 때, 회사 관리자들이 동료 노동자들에게 "중학교 밖에 안 나온 놈 따라다니냐"라며 자존심을 긁어댔다는 것이다.

속상했고 동료들에게 미안했다. "그래, 까짓것 고졸 학력 따지 뭐!" 얼마 후 고등학교 졸업 검정고시에 합격할 수 있었던 건 그 덕이라고 해야 하겠다.

복직 후에 몇 달을 더 다니다가 85년 초, 대우자동차에 입사할 준비를 하기 위해 서울금속을 퇴직했다.

앞서 대우자동차에 들어간 친구 선희가 총파업을 준비하며 "파업이 진행되면 많은 활동가가 구속되고 해고될 것이다." "애써 꾸려 놓은 현장을 잘 지키려면 유능한 활동가들이 필요하다."며 나에게 대우차에 들어올 것을 권유했다.

서울금속에서의 투쟁도 마무리되었고, 한번 찍혔기 때문에 언제든 꼬투리를 잡아 해고될 수도 있어 선희의 권유에 따라 대우자동차에 들어가기로 했다. 영기 형도, 당시 방을 같이 쓰며 살던 용대[38] 형도 흔쾌히 동의했다.

함께 일하며 마음껏 지지하고 믿어준 동료들에게는 미안했지만 더 큰 일을 위해선 어쩔 수 없는 선택이라고 스스로 위안했다.

선희에게서 대우자동차 직업훈련소에서 훈련생을 모집한다는 연락이 왔다. 정비, 판금, 도장 3개 반이 있었는데 판금 반에 지원했다. 지원자격은 중졸 이상이었지만 합격자 중에 중졸자는 나 한 명뿐이었다. 검정고시 출신이라는 점이 가점으로 작용했다고 했다.

직업훈련소 생활은 즐거웠다. 같이 공부하던 친구들과 여행도 다녔고, 대기업에 다니게 될 것이라는 기대도 컸다.

점심시간, 훈련소에서 생산 공장을 가로질러 10분 정도 걸리는 꽤 먼 거리인 구내식당까지 가다 보면 본사 노동자들이 질서 있게 무리를 지어 달리며 투쟁 구호를 외치는 장면을 볼 수 있었다. 대오를 맞추어 달리는 모습이 멋있었다.

입소 동기 중 한 명이 그 장면을 바라보는 눈빛이 심상치 않았다. 뭐랄까, 동경의 눈빛이랄까? 아니나 다를까 며칠 지나지 않아 원장실로 불려간 이 친구는 그날로 퇴소 처리됐다. 조봉호. 후일 나와 친구가 된 대학 졸업자였다. 그 역시 노동운동에 뜻을 두고 대학 졸업 학력을 감추고 들어왔던 것인데 뒤늦게 들통난 것이다. 행동에 조심, 또 조심해야 했다.

---

38) 이용대, 당시 경동산업에 다니고 있었고 후일 민주노동당 정책위 의장을 지냈다. 민주노동당 시절 뇌출혈로 쓰러져 몇 년째 재활 투병 중이다.

대우자동차 직훈 시절 동료들과 캠핑.

그런데 전혀 다르게 눈에 띄는 존재가 되었다. 훈련소 입소 후 치른 첫 시험에서 1등이라는 성적표를 받았다. 배관공 시절 열관리 공부를 했던 적이 있고, 쇠를 다루는 일을 오랫동안 해와서 공부가 어렵지는 않았지만 1등을 할 줄은 생각도 못 했다. 거기에 더해 8월에는 고등학교 졸업 학력 인정 검정고시에도 합격했다.

판금 제작에도 능숙해 담임 선생의 지시로 훈련소 원장의 차량용 공구함을 만들어 주기도 하고, 훈련소 수료 직전엔 '제관·판금 기능사' 시험에 합격하여 자격증도 땄다.

뭐든 하기로 마음먹으면 집중해서 최선을 다하는 내 성향이지만 이게 화근이었다.

6개월간의 훈련소 교육을 마치고 정식으로 대우자동차에 입사해 정직원이 되었다.

직훈 수료 기념 사진. 폼나게 보이려고 'TQC 수료'라고 썼다.

훈련소 수료하던 날 쫑파티를 하며 돌아가며 노래를 했는데, 송창식의 노래 '우리는'을 불러제쳤다.

"우리는 빛이 없는 어둠 속에서도 찾을 수 있는
우리는 아주 작은 몸짓 하나로도 느낄 수 있는 우리는
우리는 소리 없는 침묵으로도 말할 수 있는
우리는 마주치는 눈빛 하나로 모두 알 수 있는
우리는 우리는 동기
기나긴 하 세월을 기다리어 우리는 만났다
천둥 치는 운명처럼 우리는 만났다
오 오 바로 이 순간 우리는 만났다
이렇게 이렇게~~ 우리는 친구"

노래 가사 중 '연인'을 동기와 친구로 바꾸어 큰 박수를 받았다.

한잔 술에 거나해진 담임 선생은 흐뭇하게 바라보시다 말미엔 벌떡 일어나 내 어깨를 감싸며 노래를 같이 불렀다.

그리고 근무처 배정이 있었다.

'아뿔싸!', 정작 내가 가려했던 부평공장과는 완전히 다른 곳, 대우자동차 내에서 노동자들이 가장 선호한다는 서울 양평동 정비사업소로 발령이 났다. 담임 선생이 나를 워낙 잘 봐서 특별히 추천한 것이었다. 검정고시 출신이기에 고생하며 자랐을 것은 말 안 해도 알 일이고 착실하고 똑똑하기까지 하니, 다들 선호하는 곳으로 가라는 배려였던 셈이다. 그런데 정작 양평 정비사업소는 대우자동차 내에서 노동조합 조직이 안 되기로 유명한 작업장이었고, 부평공장에 비해 상주 인원도 적어, 노동운동에 뜻을 둔 내게는 썩 달갑지 않은 배정이었다.

대다수의 직훈 동기들이 양평동을 선호해 1지망으로 써냈지만 나는 본사 차체부를 1지망으로 적어 냈는데, 배려해준다는 게 내 뜻과는 핀트가 완전히 어긋났다.

정비사업소는 업무의 특성과 고객들과 직접 접촉하게 된다. 정비를 맡기는 차량은 많고 특히 판금 반은 사고로 손상된 차체를 수리하는 곳이다 보니 시간이 오래 걸린다. 고객들 처지에선 조금이라도 빨리, 깔끔하게 수리된 차량을 인도받고 싶은 것이 당연지사. 잘 부탁한다고 음료수를 사 오는 것은 기본이고 뒷돈까지 찔러 준다. 정비사업소에 근무하는 노동자들 대다수는 이렇게 생긴 뒷돈을 용돈으로 사용하며, 월급은 손 안 대고 집에 가져다줄 수 있었다.

회식이라도 할라치면 본사 노동자들은 삼겹살이 최고인데 여긴 값비싼 횟집도 부담 없이 드나들곤 했다. 나도 몇 번인가 조장이 나눠주는 용돈을 받곤 했다.

집이 부평. 당시 자취하던 집은 산곡동인데 "서울로 이사하기에는 동생들도 다 그 근처의 직장에 다니고 있어 서울로 이사하기도 어려웠다. 출퇴근에 시간이 너무 많이 소요된다."는 등 이러저러한 사유를 들어 본사로 전근을 요청했다. 다들 이해하기 힘들다는 표정들이었다. 사실 내가 생각해도 궁색했다. 그래도 계속 요청했으나 번번이 거절당했다.

어느 날 예비군 중대장으로부터 호출이 왔다.

서울금속에서의 해고 투쟁 경력이 드러난 것이다. 이력서에 서울금속 근무 경력은 집어넣지 않아 본사의 신원조회에서는 문제가 없었는데 직장 예비군 중대장 간의 정보망에 걸린 것이다.

부르더니 하는 말, "다 좋다는 여기 놔두고 본사로 가겠다는 건 불순한 의도가 있는 것 아니냐?" "당신 고생하며 살아온 것 봐서 여기 보낸 것 같은데, 내 상부에 보고는 안 할 테니 딴생각 말고 열심히 일해. 돈 벌어 결혼해야지."

제기랄, 본사로의 전근은 물 건너갔다. 그렇게 본사의 투쟁을 이어받으려던 계획도 물 건너갔다.

고민이 깊어 갔다. 돈 벌기 위해 현장에 들어온 것이 아닌데, 무의미한 직장생활을 계속해야 하나 하는 회의가 뭉게구름처럼 피어오른다.

여길 그만둔다면, 그 다음은?

현장에 재취업하기도 이젠 쉽지 않을 텐데, 미래도 불확실해졌다.

입사할 때 일정 금액 이상 재산세를 내는 사람의 보증이 필요해서 군산에 계신 큰아버지의 보증을 받아 제출했었다. 대기업에 들어간다고 그렇게 좋아하시던 큰아버지의 실망은 또 어찌 감당할까.

세상을 바꾸기 위해 노동자들을 조직하겠다던 내 꿈은 여기서 막을 내려야 하는 것인가. 결단해야 하는 데 쉽지 않았다.

'하나님, 갈 길을 밝히 보이소서.'

그즈음 한명희 선배가 찾아왔다. 기노련[39] 사무국장이었다. 함께 일하자는 것이었다. 1984년, 기노련 창립 때부터 연관이 전혀 없었던 것은 아니나 현장 활동을 중요시했던 나는 공개적인 대중단체와는 일정한 거리를 두고 있던 터였다.

"지금 상황은 구로 연투[40], 대우차 파업 이후 공안 탄압이 심해져 현장 조직 활동이 어려워지는 시기이므로 현장도 중요하지만, 현장의 노동자들을 지원하기 위한 공개 대중단체의 역할이 어느 때보다 중요한 때"라고 역설하며 '서울기노련'을 만드는 작업에 합류해 달라고 요청했다. 집요했다. 작금의 내 처지를 알고 가능성을 보았는지 몇 번을 찾아왔다. 열 번 찍어 안 넘어가는 나무 없다 했던가.

---

39) 〈한국기독노동자총연맹〉의 약칭. 1980년대 노동단체가 없던 시절 기독교운동의 지원을 받아 노동문제를 사회적으로 이슈화하는 한편, 진보적인 교회의 노동청년들을 조직하던 노동운동 단체다.

40) 1985년에 있었던 구로동맹파업, 구로지역 노동조합 연대투쟁의 약어.

지역의 일상 생활을 공유하던 동지들과 논의를 했다. 성환 형[41]은 반대했지만, 영기 형이 동의했고, 다른 동지들 역시 대중단체 사업도 필요한 일이니 해보라는 의견이었다. 특히 원모 형[42] 의 적극적인 지지가 있었다.

이렇게 나의 현장 노동자로서 생활과 투쟁은 막을 내리고 공개 노동운동 단체의 일꾼으로 새로운 도전이 시작된다.

41) 김성환. 한독금속 해고 노동자. 후에 삼성 일반노조 위원장이 되어 얼마 전 운명하실 때까지 거대재벌 삼성과 싸움을 멈추지 않았다.

42) 라원식. 미술평론가로 문화 운동을 했다. 후일 기노련 활동 중에 민중미술 역량의 많은 도움을 받았는데 모두 원모 형의 도움이 있었기에 가능했다.

하나님 나의 하나님

| 제4장 |

용산교회 산업부와의 만남

1983년, 아직 인천으로 내려가기 전의 일이다. 건설현장에서 일하던 동료가 검정고시를 준비하러 야학에 다닌다기에 따라가 보니 용산교회에서 운영하는 '용산 야학'이었다. 나 역시 검정고시를 준비하고 있던 터라 혼자 공부하는 것보다 같이 하면 도움이 될 거라 싶어 야학에 편입했다. 국어, 영어, 수학… 오랜만에 하는 학교 공부가 재미있었다.

야학에 다닌 지 몇 달 안 돼 검정고시는 합격했다. 그래도 학생으로 등록했으니 그해 겨울 졸업할 때까지는 충실히 야학을 나갔다. 그러면서 단순히 검정고시 준비 만이 아닌 야학 학생, 곧 노동자들의 삶에 필요한 다양한 지식을 전해줄 수 있는 야학으로의 변화를 교사들과 함께 논의했고, 다음 해부터는 나 역시 교사로 참여하게 되었다. 그걸 검정고시 야학과 다르다는 뜻으로 생활 야학, 노동 야학이라고 불렀다. 그 용산교회 생활 야학에서 노동법 강좌와 학생들 생활지도 상담을 맡았다.

용산야학에 발을 들여놓고 얼마 안 되어 교회 안에 노동자들만으로 꾸려진 '산업전도부'라는 조직이 있다는 것을 알게 되었다.

어떤 이야기들을 할까? 호기심도 발동했고, 오래전 마음속에서 지웠던 교회와 다르게 보이기도 해 산업부의 문을 두드렸다.

용산교회 산업부는 남영동 일대의 소규모 공장에 다니는 노동자들이 주축을 이루었고 교회의 공식적인 모임인 대학부, 청년부, 여신도회 등에 낄 수 없었던 청년 노동자들의 모임으로 자리 잡고 있었다. 예배 역시 본당의 주일예배와 별개로 노동자들이 참석하기 쉬운 시간을 택해 별관 지하에 있는 산업부 실에서 전도사님의 집도로 드리고 있었다.

교회에서 사회선교의 일환으로 꽤 중시하는 모임이기도 했다. 교회의 간섭을 받지 않고 독립적인 예배와 모임을 갖고 있었고 교회는 이를 존중하는 풍토였다. 담임을 맡은 김영락[43] 전도사님의 교회 내 지위와도 관계가 있는 듯했다. 아버님이 용산교회에 영향력 있는 장로이셨고, 주일학교 시절부터 용산교회에서 성장한, 서울대학교에서 원자력을 전공한 탄탄대로가 보장된 수재였으나 목회의 길을 택해 다시 신학대학에 입학한 분이셨다. 그러니만큼 용산교회 교인들은 김영락 전도사님을 모두 잘 알았고 그분의 이야기를 존중해 주신 듯했다. 용산야학을 세우신 분도 이분이셨다.

나는 야학 교사를 하면서 용산산업부를 김영락 전도사님과 함께 이끌게 되었다. 소모임과 교육 활동을 강화했고, 용산교회 외에도 양평동교회, 연동교회, 시흥교회, 도림교회, 무학교회 등 타 교회의 산업전도부와 연대 활동도 활발하게 했다.

84년 양평동교회에서 열린 기노련 창립대회에는 용산산업부 친구

---

43) 김영락 목사. '한국교회환경운동연구소' 소장을 하시면서 환경과 반핵 평화운동을 열심히 하셨다.

용산교회 산업전도부 동료들과 어울리던 한 때.

들이 준비한 연극을 공연하기도 했다. 전국에서 모인 2,000여 명의 노동자들이 함께 한 꽤 큰 행사였다. 그 시절 노동운동을 백안시 하는 전두환 정권의 철권통치가 무르익었던 시절에 노동운동의 정당성을 사회와 교회에 알리는 의미가 작지 않은 집회이기도 했다.

다음 해 기노련 주최로 동막에서 열린 '기독노동자 여름수련회'에 산업부 노동자뿐 아니라 야학의 학생들까지 대거 참여했고, 1년에 한 번씩 열었던 산업부 여름 수련회에는 약 30여 명의 노동자가 함께했다.

교회에서 소외되었던 노동자들은 비슷한 처지의 동료들과 모이면서 생기를 되찾았고, 억눌린 자들의 하나님, 소외된 이웃과 함께하는 하나님을 이곳에서 발견하였다.

"우리들에게 응답하소서
혀 짤린 하나님
우리 기도 들으소서
귀먹은 하나님

얼굴을 돌리시는 화상 당한 하나님
그래도 내게는 하나뿐인 민중의 아버지

하나님 당신은 죽어버렸나
어두운 골목에서 울고있을까
쓰레기 더미에 묻혀버렸나
가엾은 하나님

얼굴을 돌리시는 화상 당한 하나님

그래도 내게는 하나뿐인 민중의 아버지"[44]

예배와 소모임을 통해 노동자들의 의식은 차츰 성장했고, 기독교인으로서의 정체성도 확립되어 갔다. 나의 어려움을 개인의 문제가 아니라 사회의 문제로 바라보는 안목이 형성되었고, 각자 노동자들 개개인의 문제 해결을 위해 노동자 자신뿐 아니라 교회와 사회의 연대가 필요하다는 생각도 형성되어 갔다.

지금 돌아보면 안타까운 건, 이렇게 의식이 성장한 노동자들이 변하지 않는 사회의 질곡을 버거워하다 지쳐 스스로 목숨을 끊은 친구들이 적지 않았다는 것이다.

그 이름 다시 부르며 그들의 명복을 빈다.

김광주, 항상 투쟁의 선봉에 섰던 친구다. 그날도 시위를 마치고 한강 변에서 친구들과 뒤풀이하다 너무 덥다며 강물에 뛰어들었는데 익사했다. 그의 유골을 친구 맹성호의 집 뒷산, 지금은 소각장이 들어선 과천 갈현동 제비울에 뿌렸다.

이윤형, 똑똑한 친구였다. 용산 야학의 반장도 했던 것으로 기억한다. 내가 한때 일했던 봉천동 반지공장에서 일하고 있어서 오랜만에 그 댁 사장님과 가족들을 만나볼 수도 있었다. 야학을 같이 다니던 친구와 결혼도 하고 행복한 가정을 꾸리는 듯했는데 스스로 목숨을 거

44) 83년 즈음 발표되어, 주로 민주화운동에 앞장서는 기독인들 모임에서 많이 불리워진 노래. <민중의 아버지>라는 곡이다. 당시 연세대 학생이었고, 후일 빈민운동에 앞장섰던 고 김홍겸 씨의 노랫말에 주위 학생들이 곡을 붙인 집단창작곡으로 알려져 있다.

두었다.

이수진, 5·18 때 광주에서 총상을 입어 국가 유공자로도 지정받았고, 보상금으로 받은 돈으로 조명가게를 차려 열심히 일했었다. 남영동에 있던 가발공장 '미성사' 노동조합 위원장이었던 유미와 결혼하여 아이들도 낳고 참 부지런히 살았는데 홀연 앞서갔다.

권상만, 세상에 대한 분노가 가득 찼지만, 친구를 좋아하고 동료를 사랑했던 녀석이다. 시를 썼고 등단도 했는데, 원주에서 홀로 지내다 고독하게 생을 마감했다.

정수진, 서울대를 나온 재원이었고 용산 야학 교사를 하며 산업부 활동을 측면 지원했었다. 중학교 교사를 하며 전교조 활동도 열심히 했는데 죽기 며칠 전 한밤중에 "형 보고 싶다."라던 전화기 너머로 들려온 목소리가 그의 마지막 목소리였다. "조만간 한번 보자"고 약속했는데 끝내 살아서 다시 보지 못하게 되었다.

그대들 만큼이나 젊은 나이에 세상을 등진 신동엽 시인의 시 한 편을 바친다.

"그리운 그의 얼굴 다시 찾을 수 없어도
화사한 그의 꽃
산에 언덕에 피어날지어이.

그리운 그의 노래 다시 들을 수 없어도
맑은 그 숨결
들에 숲속에 살아갈지어이.

쓸쓸한 마음으로 들길 더듬는 행인(行人)아.
눈길 비었거든 바람 담을 지네
바람 비었거든 인정(人情) 담을 지네.

그리운 그의 모습 다시 찾을 수 없어도
울고 간 그의 영혼
들에 언덕에 피어날지어이."[45]

---

45) 신동엽 시집 「阿斯女」(아사녀, 1963)에 실린 시, '산에 언덕에'. 부여 금강 변에 시비가 있다.

서울기노련 실무자로 시작해 총연맹 의장까지

그때나 지금이나 누구의 요청을 잘 거절하지 못 한다. 그것이 어려운 일이고 누군가 해야 하는 일이라면 더욱 그런 것 같다. 대우자동차 양평 서비스센터를 다니다가, 한명희 선배의 수차례에 걸친 요청에 회사를 사직하고, 서울기노련 준비위에 합류하게 된다. 노동단체 실무자. 그러니까 전업 노동운동 활동가로 나서는 셈이었다. 1986년, 봄이 오기에는 아직 이른, 아직은 바람이 차가운 겨울의 끝자락이었다.

준비위에 모인 사람들과 첫 만남이었던가, 누군가 "태환 씨" 하고 부른다. 누구를 부르나 하고 어리둥절한 표정으로 있는데 나를 바라보는 것 아닌가. "오잉?" 벗어서 걸쳐놓은 외투를 가리키며 "이 옷 태환 씨 것 맞잖아요?" 삐딱하게 접혀 있는 외투 안쪽으로 금빛 자수로 새겨진 최태환이란 이름 석 자가 빼꼼히 보인다. 부평성당의 바자회에서 500원을 주고 사 입은 검정 바바리코트였다. 그날부터 나는 '최태환'이 되었다. 많은 활동가가 수사기관에 인적사항이 드러나는 것을 피하기 위한 목적으로 가명을 쓰던 시절이었고, 경찰의 추적에 쉽게 노출될 여지가 많은 공개단체 활동가들은 다들 그렇게 쓰는 거라 해서 나도 따랐다.

한명희 선배를 필두로 대일화학 해고자인 김순희 누나가 함께 했

서울기노련 시절. 푸르던 날이다.

다. 순회 누나는 이전에 용산산업부에 초빙해 대일화학 투쟁 이야기를 들은 적 있어 안면이 있었다. 민요연구회에서 활동하던 임영숙, 도림교회 산업부를 이끌던 김기수, 대우자동차에 다니고 있던 도림교회의 유광준, 그리고 무학교회 산업부, 연동교회 산업부의 동지들이 모여 있었다.

교회 안에 대중적 기반을 갖는 공개 대중조직으로 서울기노련의 창립 준비는 순조롭게 진행되었다. 공식 명칭은 '한국기독노동자 서울지역연맹'으로 하고 약칭은 서울기노련으로 하기로 했는데 이후 지역의 노동자들은 '서기노'라고 불렀다. 초대 회장은 한명희, 사무국장으로 김순회가 선출되었다.

나는 교육부장이란 직책을 맡아 노동자들을 교육하고 소모임을 이끌었다. 현장 활동에 비전이 없던 대우자동차를 사표 낸 터라 거의 상근하다시피 서울기노련 실무를 보았다. 한명희 회장은 거의 모든 회의나 현장에 나를 대동하고 다녔다. 어려운 현장의 요청을 받으면 거절하지 않아 거의 두 달에 한 번꼴로 대중집회를 만들어 냈고, 많은 집회를 앞에서 이끌었다. 한명희 선배는 집회에 필요한 비용을 만들어 내느라 당신 표현대로 '미친년처럼' 돌아다녔다. 시도 때도 없이 발생하는 쟁의 현장을 찾아다녔고 즉석에서 대응할 방침을 상의하곤 했다.

한번은 성수동에 있는 아남전자에서 분규가 발생하고 노동자들이 회사 밖으로 밀려나 농성을 하고 있다는 소식이 전해졌다. "태환 씨 성수동 가야 해" 끌고 나서며 간략한 현장의 상황을 설명하곤 서둘러 성명서를 작성하라는 거였다. 지금처럼 노트북이 있길 하나, 달리는 버스 안에서 볼펜 굴려 가며 성명서를 써 내려갔다. 현장에 도착하자마자 기다리던 누군가에게 건네 타이핑을 부탁했고, 그렇게 서울기노련 명의의 노조탄압 규탄 성명서가 발표되었다. 거의 이런 식이었다. 긴박하고 열정 넘치던 시절!

1987년, 새해 벽두에 박종철 군 고문치사사건이 터졌다. 남영동 대공분실에서 서울대학교 학생 박종철 군이 물고문을 당하다 죽은 것이다. "탁하고 치니 '억' 하고 죽었다"라는 경찰의 발표는 누구도 믿지 않았다. 전국이 들끓었고 구로, 영등포 지역의 노동자들은 영등포 성문밖교회에서 박종철 군 고문치사사건의 진상을 밝히라는 요구와 함께 고문경찰 규탄대회를 열었다. 규탄대회를 마친 노동자들은 영등포 시내로 진출해 규탄시위를 하기 위해 대오를 갖춰 행진을 시작했다.

교회가 있는 골목을 빠져나와 큰길로 나가려는 순간 전투경찰이 길목을 가로막고 행진을 막아섰다.

"폭력경찰 물러가라" "박종철 군 고문치사사건의 진상을 밝혀라" 구호를 외치며 노동자들은 거세게 행진을 막아선 경찰을 밀치며 항의했다. 한참 몸싸움을 하는 와중에 옆에서 귀에 익은 목소리가 들린다. "폭력경찰 물러가라" 외치는 소리에 고개를 돌려보니 친구 경옥이었다. 만삭의 몸으로 맨 앞에서 경찰과 부딪치는 경옥이의 모습이 위태로웠다. 남산만큼 부푼 배가 전경들의 방패에 밀쳐지고 있었다. 저러다 큰일 나지 싶어 얼른 경옥이를 잡아끌었다.

"너 미쳤어. 그러다 잘못되면 어쩌려고" 내 손에 이끌려 대열 뒤로 빠지며 "동욱 씨, 나 괜찮아. 처음부터 앞에 있었던 것은 아닌데 가다 보니 앞이 됐네" 변명하듯 말하며 환하게 웃는다.

경옥이는 이 바닥에서 내 본명을 아는 몇 안 되는 사람 중 하나다. 활달하고 거침없는 성격을 가진 친구는 꼭 내 이름 뒤에 '씨' 자를 붙인다. 경옥이를 통해 알게된 다른 친구들은 다 '야, 자' 하며 말을 놓는데 경옥이는 40년이 지난 지금까지도 꼭 '동욱 씨' 다. 어쩌지 못하는 성품이다.

박종철 군 고문치사사건은 만삭의 여인도 몸을 사리지 않고 싸움에 나서게 할 만큼 온 국민을 분노에 떨게 했고 전두환 정권의 폭압에 항거하여 떨쳐 일어나게 하는 기폭제가 되었다. 그렇게 촉발된 국민적 항거는 6월항쟁으로 이어져 결국 전두환 정권은 6.29선언을 통해 국민적 요구였던 직선제 개헌을 받아들일 수밖에 없었다. 박종철 군 고문치사사건이 터진 날부터 6월항쟁까지 거의 날마다 거리에서 살았던 것 같다.

불심검문을 피하고자 사무원처럼 보이도록 흰색 와이셔츠로 옷차림을 하고 유인물을 배에 두르고 다니며 시민들께 나눠주기도 했다.

바나나를 처음 먹어본 것도 이때다. 연세대학교에서 열리는 집회에 참석하기 위해 신촌 로터리를 지나는데 경찰들의 검문이 심했다. 학생 같아 보이면 무조건 불심검문을 하고 가방을 뒤져대고 있었다. 어떻게 뚫고 지나갈까 궁리하는데 함께 가던 한명희 선배가 도로변 손수레에서 바나나를 파는 것을 보고는 "태환 씨 우리 저거 사 먹으며 가자" 한다. '이 상황에서 웬 바나나를 사 먹자 하나' 싶어 멀뚱히 바라보는데 두말할 필요 없이 바나나를 사서 내게 나눠 주는 것이었다. 자그마한 '몽키 바나나'였다. 사이좋게 바나나 껍질을 벗겨 먹으며 데이트하는 연인처럼 팔짱을 끼고 경찰들의 검문을 피해 연세대로 들어갈 수 있었다.

한명희 선배의 기지가 놀라웠다. 생전 처음 맛본 바나나는 뭔 맛이었는지 기억도 안 나지만…

6월항쟁 기간 중에는 국본노위[46]에도 실무자로 파견되어 종로5가 기독교 회관을 제집처럼 드나들었다. 구로지역 어느 단체에서 파견됐는지 영기 형의 애인 우연 씨도 와 있어 잠시 함께했던 적이 있다. 장래 형수가 될 분과 같이 일하게 되니 어쩐지 든든했다.

---

46) '국민운동본부 노동위원회'를 말한다. 6월항쟁 초기에 조직되어서 그해 연말 대통령 선거 때까지 노동문제를 공론화하고 재야민중운동과 함께 여러 노동문제 해결에 앞장선 반공개 조직이다.

6월항쟁이 전국적으로 번져가던 시절, 한번은 봉고 승합차 옆에 타고 유인물을 시위 현장에 공급하는 임무를 맡았던 적이 있다. 을지로, 서울역, 신촌, 영등포 등을 이리저리 돌며 임무를 마쳤다. 다 끝나고 편안한 마음으로 뒷좌석 바닥을 보니 쇠파이프 등 시위용품이 즐비하게 실려 있었다. 걸렸으면 영낙없이 끌려들어갈 뻔했다는 생각에 가슴이 철렁하며 안도의 숨을 내쉬었다.

6월 민주항쟁에 이어 7월에 접어들면서는 노동자들의 투쟁이 들불처럼 일어나기 시작했다. 울산 현대미포조선소에서부터 시작된 투쟁은 삽시간에 전국으로 확산하였다. '789 노동자 대투쟁'[47]이다.

그런 대투쟁이 전개되던 초기, 6월항쟁의 기운이 완연하던 때 서울지역 노동자들의 단합과 전진을 위한 수련회가 조직되었다. 서울기노련과 여노[48]가 공동으로 준비하고 주최한 행사였다. 서울지역의 노동자들이 함께 모여 공동으로 수련회를 하는 것은 한국전쟁 이후 처음 있는 일이었다. 어쩌면 단군 이래 처음일지도 모를 일이었다. 그런 만큼 준비를 잘해야 했다. 준비된 행사 일정 외에도 여러 요소를 끼워 넣어 단결과 축제의 장으로, 교육과 훈련의 장으로 만들자고 단단히 다

---

47) 87년 7월초부터 9월말까지 이어진 전국적으로 전개된 노동운동의 대폭발을 말한다. 군사정권의 통제에 억눌려 있던 요구는 6월항쟁을 계기로 분출하기에 이르러, 그 기간동안 전국에 3,000개가 넘는 노동조합이 일시에 조직되었고, 전국 각지에 노동자들의 농성투쟁이 연일 이어졌다.

48) 한국여성노동자협의회를 말함. 기노련과 함께 5공정권 시절 노동문제를 공론화하는 공개단체로 쌍을 이루어 활동했다. 현재 한국여성노동자회라는 조직으로 남아 있다.

짐하며 준비했다.

여노 뿐 아니라 서울 동부지역 등 여러 곳에서 파견된 실무진들과 매일 점검회의를 했고, 한 달 이상을 영등포산업선교회 회관에서 숙식을 해결하며 사실상 합숙방식으로 준비했다.

수련회 장소는 한신대 교정이었다. 조별로 분반을 나누고 조장의 인솔 아래 2박 3일간의 일정을 소화하도록 편제를 짰다. 서울뿐 아니라 멀리 지방에서 온 노동자들도 골고루 섞어 친목을 다지도록 했다. 파업 상황에서 질서를 엄격히 지키는 훈련을 위해 숙소인 오산 한신대 기숙사 주변으로 규찰대를 세웠고 각 조별로 워키토키를 지급했다.

숙소 및 식당 주변에는 민미협[49]의 지원을 받아 오윤의 〈칼〉 그림을 비롯한 김봉준, 이철수 등 민중미술의 대표적 판화들을 전시했다. 노동자 공동창작으로 대형 걸개그림을 그리는 걸 행사 프로그램으로 넣기도 했다. 창작 작업을 돕기 위해 이한열 열사도를 그린 최병수와 남규선[50], 또 다른 여성 한 분이 전문가로 참여했다. 대형 그림을 그리기 위해선 대형 캔버스가 필요한데 미처 준비하지 못해 최병수와 내가 근처 공사장에서 판넬을 구해 조립해서 메꾸기도 했다.

걸개그림을 만드는 데 비용이 적지 않게 들었다. 몸으로 떼우는 다른 순서들과 달리 여러 재료비가 충당되어야 했다. 그런 이유로 한명희 회장이 빼고싶어 하는 걸 수련회에 참석한 노동자들의 공동창작 작품으로 꼭 집어넣자고 내가 우겼다. 지금도 가끔 명희 누나는 그때 일을 회

---

49) 민중미술협의회를 말함. 군사독재에 항거하는 미술인들의 운동단체다.

50) 민가협 총무, 현재 국가인권위원회 상임위원. 그날 이후 변함없이 민가협 시절 함께 일했던 동인이를 도와주고 있다.

상하며 “수련회 경비 마련하느라 미친년처럼 뛰어다니는데 속도 모르는 태환 씨가 어찌나 우겨대던지.” 하며 핀잔을 주기도 한다.

수련회 마지막 날 밤, 300여 명의 노동자가 운동장에 나와 커다란 모닥불을 피우고 사물 장단에 맞춰 대동놀이 한판을 벌였다. 기쁨과 즐거움에 취한 얼굴들, 얼마나 뛰었는지 땀으로 흥건한 얼굴들이 불빛에 반들거리며 빛이 났다. ‘이제 끝났다.’ 수련회 내내 팽팽했던 긴장감을 떨치고 나도 그 무리 틈에 끼여 덩실덩실 춤을 추며 도는데 누군가 내 어깨를 감싸며 붉게 상기된 얼굴로 소리친다.

“형 고마워요. 이렇게 멋진 수련회 만들어 줘서…” 영등포 산업선교회(이하 산선)에서 몇 번 마주친 적이 있는 여성 활동가다. 수련회를 준비하며 쌓인 피로가 한순간에 봄눈 녹듯이 사라지는 듯했다. 우리는 늘 이렇게 서로에게 감사하며 힘을 주는 동지였다.

87년 개운사에서 열린 노동자 대회[51])도 구로와 인천의 여러 단체와 조직에서 파견된 실무자들과 함께 밤을 새워가며 준비했다. 87년 노동자 대투쟁이 불꽃처럼 전국으로 번지고 있던 시절이었다. 그해 여름 노동자 투쟁의 정점에서 준비되는 집회였다. 당연하게 노동운동 내 각 정파의 입장들[52])이 준비과정에서 표출되었다. 선언문을 몇 번을

51) 고려대학교에서 개최될 예정이었으나 경찰의 봉쇄로 인근에 있던, 명진 스님이 주지로 계시던 개운사에서 대회를 열었다.

52) 6월항쟁을 전후해서 노동운동의 진로, 이후 민중운동의 방침 등을 둘러싼 여러 주장이 봇물처럼 터져나와 백가쟁명의 시기였고, 자기 주장을 관철하려는 집단들 간의 경쟁도 치열했다.

수정해가며 쓰고 문장을 다듬었다. 명문장은 못되어도 무난하기는 했던가 보다. 준비팀에 모인 동지들의 최종 검토를 통과하고 노동자 대회에서 유동우 선배가 천만 노동자를 대표해서 선언문을 낭독했다.

보라, 들불처럼 번지는 노동자 대투쟁의 함성을!
천만 노동자여 단결하라!

당시 구로지역의 단체나 활동가들 사이에서 '걸어 다니는 서기노'라 칭해졌고, 이름을 잘 모르는 분은 '서기노 씨' 라고 불렀던 적이 있기도 하다.

당시 서울기노련은 기독 노동자 대중조직을 표방하고 있었지만, 예장 교회의 산업전도부와 일부 민중교회 노동청년회를 제외하곤 기독 노동자 대중조직으로서의 튼튼한 기반을 갖추지는 못했다. 여기에는 교회 안에서 활동할 전문적 인력의 부재와 당장 시급한 노동현장의 절실한 요구에 부응해야 한다는 시대적 소명이 앞섰기 때문일 것이다. 교회 안팎의 부정적 시선도 작동했으리라. 6월항쟁 이전까지 교회나 기독교의 도움이 필요했던 노동운동이 7~9월 노동자대투쟁을 거치며 독자적인 대중공간을 확보하고 독립하기 시작했고, 그러면서 이전의 기독교와 연계된 활동에 대해 백안시하는 태도도 나타나기 시작했다. 반면 이런 노동운동의 분위기를 감지한 기독교계에서는 역으로 노동운동을 '걸음마 시작하자마자 등지고 떠난 세력'이라고 서운해하고, 경계하기도 하는 풍토도 생겨났다. 혜화동 '작은이들의 집'에서 청계 피복 노동자들에게 노동법 등을 교육하다 조승혁 목사님께 쫓겨

〈호외〉 기 노 련 신 문 1987년 6월 16일

기노련신문

창간일 : 1986년 8월 1일

한국기독 노동자 총연맹
발행·편집 : 류 동 우

서울 종로구 연지동 136-46
기독회관 810호
☎ (서울) : 744-2035

한국기독 노동자 인천지역 연맹
☎ (인천) : 763-2987

한국기독 노동자 전남지역 연맹
☎ (광주) : 54-7330

한국기독 노동자 서울지역 연맹
☎ (서울) : 867-6128

호 외

투쟁소식

군포 금성전선 중기공장 전 노동자
1200명 파업농성 ·승리

10만평 공장 어깨걸고 돌며 시위도

쇳물을 부어 만든 조형물로부터 착암기로 금형가루를 떼어내고 있다

◈ 금성전선

• 럭키금성그룹의 계열회사

• 안양·구미에 전선사업부공장, 군포에 중공업사업부 중기공장

• 주 생산품 - 전선 (국내 전선 독점), 농기계, 공조기, 궤도, 주조물, 단조물, 성형사출기, 플랜트설비 등

• 일본 히다찌전선과 합작회사 - 총주식의 1/3을 일본 히다찌사 소유

• '86년도 매출액 - 3,653억원 (국내 26위), 순이익 32억원

• 노동조합 - 안양공장과 구미공장에는 노동조합이 있으나 군포중기공장에는 노조가 없음.

◈ 금성전선 군포중기공장

• 시흥군 군포읍 당정리 200

• 한국 중공업으로부터 세금면제와 금융특혜를 받아 83년 10월 금성전선이 인수해 문어발식 확장(회사인수과정 : 현대양행 설립 → 대우중공업 → 한국중공업 → 금성전선)

• 노동자 : 기능직 1,200명, 사무직 400명

• 임 금 : 최저일당 4,720원, 평균일당 7,140원, 상여금 : 기본급의 550%

• 잔 업 : 월 70~80시간

• 87년도 4월 임금인상율 : 8%

• 작업환경 : 먼지, 소음, 고열, 매연 속에서 작업

• 산업재해 : 무재해기록판이 한자리 숫자를 넘지 못해 올 4월에는 기록판을 철거해 버림. (그동안 용광로 폭발, 크레인 사고 등으로 해마다 수명씩 죽어나가고 지금도 안양 「서울병원」에는 많은 노동자들이 산재를 당해 누워 있음)

• "인화단결"이라는 사시를 내걸고 있으나 실제로는 "이유는 없다"는 식으로 노동강요 및 억압 계속

• 노동자들의 투쟁

80년 봄 : 현대양행 당시 3일간 파업으로 체불임금쟁취

• 86년 8월 : 일상적 요구투쟁을 계속 해온 노동자 1명을 해고시키자 3명의 노동자가 식당에서 해고 반대 항의하다 같이 해고되어 복직투쟁 계속함.

• 87년 : 노사협의회를 중심으로 투쟁열기가 모아지고 있다.

금성전선 군포중기공장 노동자 1,200명 전원이 지난 6월 1일 12시 회사내 본관건물 앞 광장에 모여 "저녁 식사시간을 잔업시간에 포함시켜라"는 등의 요구조건을 내걸고 파업농성을 벌여 저녁 8시 30분에 이를 관철시켰다.

발단

지난 5월말경 「연장근로를 60시간으로 제한하라」는 지시가 노동부로부터 내려오자 회사측은 노동자가 뽑은 노사협의회 노동자측 대표를 무시하고 「9시까지 하던 잔업을 8시 30분까지로 한다. 잔업수당은 저녁 식사시간 중 10분만을 포함시켜 2시간 40분으로 계산한다」고 일방적으로 결정해 버렸다.

이에 노사협의회 노동자측 대표들은 "87년 임금인상율도 8%밖에 안되는데 잔업시간마저 3시간에서 2시간 40분으로 20분 줄이면 실제 임금인상율은 1.7%밖에 안된다"고 하면서 저녁 식사시간 30분을 전부 잔업시간에 포함시킬 것을 주장했다.

그리고 5월 30일 회사측이 노동자 대표를 무시하므로 더이상 노사협의회 위원직을 수행할

87년 6월항쟁, 노동자대투쟁 시기에 이런 유인물을 만들어 시민, 노동자들에게 나누어주었다.
자료 제공 민주화운동기념사업회.

〈호외　　　　기 노 련 신 문　　　　1987년 6월 16일

수 없다고 하면서 노사협의회 노동자측 대표들은 사퇴를 하겠다고 식당에다 공고를 내붙였다. 그러자 노동자들은 분노, 술렁이기 시작했다.

경과

6월 1일 아침 공장 전체 월례조회가 있었다. 이 자리에서 공장장은「저녁 식사시간 30분 중 10분만을 임금으로 계산해 주고 바쁜 부서는 추가잔업도 시키겠다」는 내용의 회사측의 일방적 결정을 발표했다.

그러자 노동자들은 "추가잔업은 근로기준법 위반 아니냐?"며 항의하는 한편 "노사협의회 노동자 대표들의 말을 들어보자"며 그 자리에 주저앉아 농성태세를 보였다.

그런데도 공장장은 "이것을 받아들이지 못하면 유보하겠다"고 계속 무성의한 태도를 보이다가 노동자들의 항의가 거세지자 "다시 노사협의회를 열겠다"고 했다. 그리하여 9시40분경 노동자들은 "12시에 다시 모여 노사협의 내용을 듣기로 하고 일단 작업장으로 들어 갔다.

12시 점심시간 1200명의 전 노동자들이 식사도 거른채 회사 본관건물앞 광장 아스팔트 위에 모여 앉아「선구자」「진짜사나이」등의 노래를 부르며 농성을 시작했다. 이 농성에는 2명의 노동자가 앞에 나서 이끌어 나가고 반장들 까지도 완장과 모자를 벗고 동참했다. 잠시후 노사협의회 노동자측 대표가 나타나 "일단 1시30분까지 이곳에 모여 기다려 달라"고 했으며 노동자들은 노래와 구호를 외치며 사기를 드높였다.

1시30분이 되도 노사협의회가 열리지 않았음을 알고 노동자들은 더욱 분노, "우리가 보는 앞에서 노사협의회를 하라"고 요구하는 한편 의자와 탁자까지 농성장 앞에 갖다 놓고 3시까지 노사협의회를 열지 않으면 어깨를 걸고 전 공장을 돌며 시위하기로 결의했다.

2시경 몇명의 노동자들이 현장으로 달려가 공장 문을 따고 현장에서 소음이 심해 사용하는 메가폰 2개를 마련해 오자 노동자들이 환호성을 울렸다.

2시의아스팔트위는 찌는듯 했고, 심한 갈증이 났지만 노동자들은 자리를 이탈하지 아니했다.

그때 한 노동자가 2컵의 음료수를 가져와 앞장선 노동자에게 마시라고 주었지만 "우리는 하나니까 나혼자 마시지 않겠다" "다 고생하는 데 함께 마시자"며 2컵의 음료수를 몇 십명이 나눠마셨다. 그리고 노동자들은 "우리만이 이런 정을 가질 수 있지 가진자들이 이렇게 할 수 있는가"라고 하며 뜨거운 동지애를 느꼈다.

3시가 가까이 되도 노사협의를 열지않자 노동자들은 "옛날(80년 봄 3일간파업)에 공장을 돌았는데, 해본지도 너무 오래 되었다" "우리 한 번 돌자" "7년전에 했던 사람이 앞장서라"하며 4명씩 어깨를 걸고 시위를 준비, 3시정각 메가폰의 싸이렌을 울리자「진짜사나이」를 부르며 천정 높이가 10m도 더되는 산업기계공장을 시작으로 부지 10만평의 공장을 돌기 시작했다.

지난 겨울 그렇게 발이 시렸던 공장도, 관리자의 멸시적인 눈초리속에서 용광로 쇳물에, 크레인에 치여 죽어나가야 했던 주조공장도, 쉼새없이 돌아가던 선반도 멈추었고 오직 우리 노동자들의 으쌰, 으쌰"하는 함성만이 군포벌을 뒤흔들었다. 처음과 끝이 보이지 않는 1200명의 대열, 전노동자는 한마음임을 확인했다.

곧바로 노동자들은 안양공장과의 차별 대우를 해결하기 위해 정문을 뚫고 안양공장으로 진출하려다가 일단 회사정문에 멈춰 농성을 계속하였다. 이때 근로 감독관이 해산을 종용했지만 노동자들은 단호하게 거부하고 "저녁식사시간을 잔업시간에 포함시켜라"등을 포함 16가지 요구조건을 추가로 모으고 투쟁을 계속했다. 정문 바로 옆, 기아산업 하청업체인「대기산업」노동자들도 일손을 놓고 작업장 밖으로 나와 박수를 치며 응원을 했다.

6시가 가까와서야 노사협의가 열렸다.

6시30분, 노사협의회 노동자대표가 나타나「철야자는 다음날 12시까지 하루근무로 인정」하는 안건은 해결되었지만, 잔업시간 문제는「2시간 45분으로 5분만을 더 계산해 준다」는 협의 내용을 발표했다. 그러자 노동자들은 "지금 우리는 6시간 30분을 이렇게 농성해왔다. 5분을 위해서이렇게 해왔는가" 하면서 "30분 전면관철을 고수하자며 이것이 관철되지 않을 때는 본관을 점거하며 철야농성으로 들어가기로 결정, 농성을 계속했다.

한편, 경찰은 전경들을 주위에 배치시키고 사복형사들을 투입했으나 노동자들의 투쟁의지에 놀라 속수무책으로 지켜볼 수 밖에 없었다.

7시경, 다시 본관앞 광장으로 옮겨 농성을 계속 하였다. 이때 또다시 근로 감독관이 나와 앞장서고 있는 노동자 2명에게 "노사협의 하는데에 올라가서 대표로 참석하라"고 했다. 그러나 근로감독관의 말이 앞장선 노동자를 분리시키기 위한 술수임을 간파하고 노동자들은 "메가폰을 잡았다고 대표가 아니다" "우리하고 똑같은 사람이다""특정인으로 만들지 말라" "근로감독관 물러가라"외치며 근로감독관을 몰아냈다.

그리고는 노동자들은 3명의 대표를 뽑아 노사협의장에 보내 같이 협의케 하는 한편, 노동자들의 요구가 관철되지 않으면 본관 건물을 점거키로 재차 결의하였다.

저녁 8시 노사협의회 노동자대표가 농성장에 나타났다. "저녁식사시간 30분을 전부 잔업시간에 포함시키기로 했다" "철야자는 다음날 12시까지 일을하면 하루 근무한 것으로 된다." "그리고 앞장선 노동자의 신변은 보장된다."는 내용의 합의사항을 발표했다. 드디어 노동자들의 요구가 관철된 것이다. 전부 일어나 박수를 치며 환호했다.

곧이어 관리부공장장이 나와「우리는 큰 용단을 내렸다. 다시는 이런 불미스런 일이 있어서는 절대로 안되겠다」고 했다. 그러자 한 노동자가 일어나「좀전에 우리가 불미스럽다고 했는데 오늘 일이 불미스러운가」묻자 전 노동자들은「아니다」라고 대답했으며「그렇다, 오늘 우리 일은 절대로 불미스런 일이 아니다. 우리는 정당한 요구를 했던 것이다. 만약 불미스런 일이 있었다면, 그 원인이 있지 않는가. 회사측에서 다시는 이런 불미스런 일이 안생기도록 노력하라」고 반박했다.

승리를 쟁취한 전노동자들은 모두들 손에 손을 잡고「수고했읍니다」「수고했읍니다」하며 승리의 기쁨을 나누었다.

그동안 럭키금성은「베풀어주는 것 외에는 절대로 양보하지 않는다」하면서 노동자의 요구를 묵살해왔다. 그러나 이번 금성전선 노동자의 승리는 회사로부터 은혜를 받은 것이 아니라 노동자 스스로 단결하여 쟁취한 것이다. 앞으로 금성전선 노동자들은 권리쟁취를 위해 이번 승리를 바탕으로 더욱더 굳센 단결로 힘을 합하고 있다.

난 예도 그 하나일 것이다.

이후 작은이들의 집 실무를 보았던 명노선 목사님은 구로동에 '새움교회'라는 작은 교회를 개척했고, 목사님의 요청으로 새움교회에 살면서 '새움 야학'의 설립과 노동자들의 생활을 도왔다.

이 무렵, 서노련 사건으로 도피 중이던 이옥순 선배와 잠시 한 공간, 새움교회에 함께 거주하기도 했는데, 옥순이 누나가 나를 참 많이 신뢰하고 아껴줬다. 옥순이 누나 사후에 부군이신 권낙기 선생님 말씀에 "느 누나는 신동욱이 말이라면 팥으로 메주를 쑨다고 해도 믿더라." 하시며 "옜다, 술이나 한잔 받거라." 하신 적이 있다.

이 무렵 조심하라는 신호가 왔다.

기청[53] 회장을 하던 정해동 형이 안기부 요원들을 만날 일이 있었는데 "서기노의 최태환이란 자가 누구냐"며 꼬치꼬치 캐묻더란다. 당시 수배 중이었던 박노해일 가능성을 두고 의심을 하고 있다는 것이었다. 최태환 이란 이름으로 지역 내 노동자들의 활동 뿐만 아니라, '87년 노동자 대투쟁'을 분석한 글을 명지대 학보사에 청탁을 받아 기고한 적도 있고, 서울지역 노동자 수련회에 동행 취재했던 이대 학보사 기자들이 쓴 기사에도 최태환이란 이름이 수차례 등장하곤 했으니, 뿐만 아니라 서울기노련 이름으로 뿌려지는 각종 유인물과 성명서는 최태환이 작성한 것으로 의심을 하고 있던 터였다. '글 좀 쓰는 공돌이'를 주시하며, 당시 시집 '노동의 새벽'으로 문명을 날리던 그와 동일 인물일 수도 있다고 보고 수사 대상에 올려놨을 거란 생각을 했다.

53) 한국기독교장로회(기장) 청년회를 말함.

한번은 고양시 금곡에 있는 평화의 집에서 노동자들 교육을 마치고 새벽에 혼자 나오다 잠복하고 있던 형사들에게 연행당한 적도 있다.

밤 늦게까지 모임을 하느라 지쳤는지 모두 곤하게 자고 있었다. 제멋대로 뒤섞여 잠에 곯아떨어진 모습이 너무도 평화롭다. 그 모습을 잠시 바라보다 깨지 않도록 조용히 방문을 열고 나섰다. 여름이지만 도시에서 멀리 떨어진 시골의 새벽 공기는 제법 서늘했다.

평화의 집을 나서 정거장이 있는 큰길로 터벅터벅 걸어가는데 건장한 사내 넷이 부채꼴 모양의 방사선 진을 치고 다가온다. 느낌이 안 좋다. 슬쩍 뒤를 돌아보니 좌측에 있던 사내가 바싹 조여온다. "경찰입니다." "같이 가 주셔야 하겠습니다." 날 기다리고 있었던 것이 분명했다. 연행당하는 차 안에서 아무리 머리를 굴려봐도 걸릴 만한 건은 없다고 여겨졌다.

여호와께서 너를 지키실 것이니, (시편 18:2)

담대해지자!

슬쩍 고개를 들어 차창 밖을 보니 낯익은 거리다. 영등포 로터리를 막 돌고 있다.

영등포경찰서 옥상 취조실로 끌려갔다, 부서 이름도 안 붙어 있는 별도의 공간인 것으로 보아 대공분실 정도 될지도 모르겠다는 생각을 했다.

신원을 확인하던 경찰의 눈빛이 흔들린다. 번지수 잘못 집은 것이 분명하다는 생각이 순간적으로 뇌리를 스치고 지나간다.

직업을 묻기에 영등포 산업선교회(이하 산선)의 실무자라 둘러댔다. 노동운동단체 기노련보다는 산선의 뒷배가 더 든든했다.

당시 산선의 총무는 이근복 목사님이셨는데 이들이 확인해봤자 당연히 "우리 실무자가 맞다."고 하실 것이고 오히려 나를 구하러 달려오실 거라는 믿음이 있었다.

불법 연행이라고 항의도 해보았지만, 당시 시국에는 통할 리가 없었다.

그 당시 평화의 집 앞으로 넓은 논이 이어져 있었고 건너편 마을까지는 한참 떨어져 있었는데 밤새 우리가 움직이는 모습들이 다 사진으로 찍혀 있었다. 야간에도 찍히는 적외선 망원렌즈가 달린 카메라가 있었나 보다. 여기저기 찍힌 내 모습을 들이대며 "당신 맞지 않냐"고 들이댄다.

"그래, 맞다. 뭐가 문젠데"

"여긴 왜 갔냐, 무엇을 했냐." 본격적인 심문이 시작된다. "성문밖교회 노동자들과 엠티 간 거다. 교인들이 엠티 가서 뭐 하겠냐. 예배드리고, 친교 다지고" 아주 난감한 눈치였다.

가방을 뒤져봤자 나온 것은 그날 저녁에 노동자들과 함께 보기로 한 '다시 쓰는 한국 현대사'란 책 한 권 달랑 나왔다.

별다른 혐의점을 찾지 못했는지 "노동자들에게 이런 것 마구 교육하지 말라"는 엄포를 놓곤 저녁 늦게 풀려났다.

모임 시간보다 한참 늦게 영등포 산업선교회에 도착하니 시간이 지나도 오지 않는 나를 기다리며 여성 노동자들이 "돌아오리라 돌아오리라 이 억센 두 주먹 불끈 쥐고…."[54] 노래를 힘차게 부르며 기다리고

54) 신경림 시 문홍주 곡 민중가요 〈돌아가리라〉 가사.

있었다.

이 모임에서 함께 공부했던 여성 노동자 중에 한글을 못 쓰는 친구가 있었다. 공부할 내용의 발제를 시켰는데 아무것도 준비를 해오지 않아 호되게 야단을 쳤다. 잠시 쉬는 시간에 다른 친구가 다가와 "태환이 형, ○○이가 글을 읽기는 하는데 쓸 줄을 몰라요." 한다. 아차 싶었다. 노동자들의 더 나은 삶을 위해 일한다는 놈이 함께 공부하며 뜻을 세우고자 하는 동료들의 처지를 헤아리지 못한 것이다. 입으로 아무리 거창한 소리를 늘어놓으면 뭐하냐. '못난 놈…' 이라 자책하지 않을 수 없었다.

그는 미싱사였는데 총명했다. 원단에 적혀있는 영문 알파벳은 어떻게 읽고 구분했느냐는 내 물음에 "그림으로 외웠어요"라며 멋쩍게 웃던 얼굴이 눈에 선하다. 내가 징역 살고 나와 청향란원을 개업한 후에도 이것저것 먹을 것을 사 들고 찾아오곤 했다.

87년 12월 대통령 선거가 치러졌다.

87년 대통령 선거는 6월 항쟁의 성과로 직선제 개헌이 단행되고 처음 맞는 선거였다. 국민의 민주화 열망이 그 어느 때보다도 뜨겁게 분출하던 시기에 치러진 선거였다.

피 흘려 만든 기회를 도둑맞으면 안 되었기에 선거 부정행위를 감시하는 시민과 노동자들의 자발적인 움직임도 활발했다. 투표가 거의 종료되어가던 시점, 구로의 한 투표소에서 정체불명의 투표함이 섞여 들어갔다는 소문이 퍼졌다. 기억이 정확하지는 않으나 독산동 어디쯤 투표소였던 듯하다. 사람들이 몰려들었고 개표소인 구로구청으로 이동하는 투표함을 따라 벌떼처럼 몰려든 노동자와 시민들이 호위하며 행렬이 길게 이어졌다. 한참 뒤에는 소식을 들은 학생들, 특히 서울 남부지역을 담당하던 서울대 학생들이 대거 합류했다.

구로구청 마당은 몰려온 노동자들로 발 디딜 틈이 없이 꽉 차 있었고 즉석에서 농성과 부정 투표를 규탄하는 집회가 열렸다.

그렇게 이틀이 지났을까, 경찰들의 움직임이 심상치 않았다. 구로국본에서 활동하던 종현 형과 저녁을 먹으며 "오늘 밤이 고비일 것 같다." '잘 지켜야 한다.'며 각오를 다지고 지역주민들과 노동자들이 모여 있는 구청으로 들어갔다.

예상은 빗나가지 않았다. 사방이 칠흑 같은 어둠에 잠기자 '빠바방!' 페퍼포크 차 최루탄 발사소리와 함께 물대포가 날아들었다.

담장을 넘어 들어온 백골단의 곤봉이 휘둘러지고 여기저기서 비명소리가 터져 나왔다. 젊은 학생들과 노동자들은 시간을 벌기 위해 맨몸으로 맞서 싸웠다. 그렇게 쫓기는 인파에 밀려 구청 옥상까지 올라왔다.

최루탄이 귓전을 스치며 날아와 펑 하고 터진다. 하얀 분말이 온몸을 뒤덮는다. 연이어 물대포의 차가운 물줄기가 온몸을 강타한다. 최루탄 파편에 맞아 피 흘리며 쓰러진 사람들이 여기저기 보인다.

우리에게도 무기를!

옥탑 위의 지붕 기왓장을 쓸어내렸다. 떨어져 내린 기왓장을 깼다. 최루탄을 쏘아대는 전경들을 향해 힘껏 던졌다. 다윗과 골리앗의 싸움이지만 젖 먹던 힘까지 짜내어 기와를 깨트리고 던졌다. 동쪽 하늘이 희뿌옇게 밝아오고 있다. 여명이다.

곧 날이 밝을 것이다. 소식을 들은 시민들이 달려올 것이다. 조금만 더 버티면 우리가 이긴다.

민주주의 만세!

"동해 물과 백두산이 마르고 닳도록…"

누군가 낮은 목소리로 노래를 부른다. 모두가 눈물 콧물 범벅이 되어 따라 부른다.

"하느님이 보우하사 우리나라 만세…."

옥탑으로 올라오는 계단에 친 방어선이 무너졌다.

백골단이 몽둥이를 휘두르며 뛰어 올라왔다.

모두 무릎이 꺾여 꿇려 앉았다. 바닥은 최루액과 물이 흥건했고 깨어진 기왓장 파편, 최루탄 파편들이 즐비하다. 옆에 꿇린 노동자인지 학생인지 여자아이가 오들오들 떨고 있는 것이 보였다. 목도리를 풀어 둘러줬다.

"이 새낀 이 판국에 연애질이야."

쌍심지를 켜고 내리치는 곤봉이 아프지도 않았다.

굴비 두릅처럼 엮여 경찰서로 끌려갔다. 그제서야 긴장이 풀리며 온몸이 쓰리고 아프다. 하루가 지나서 영등포 구치소에 수감 됐다. 뱀이 허물을 벗듯 온몸의 허물이 벗겨졌다.

갑작스레 끌려온 사람들로 구치소가 넘쳐났다. 한 방에 20여 명을 몰아넣었다. 발 뻗고 잘 수도 없었다. 철문을 두드리며 항의했다. 모두 끌려나갔다. 오리걸음을 시킨다.

누구의 입에서 먼저 나왔을까?

한 걸음 걸으며 '독재 타도!'

두 걸음 걸으며 '민주 쟁취!'

교도관들도 어쩔 수 없었는지 방으로 돌려보냈다.

그리고 나를 부른다. 주동자라나, 누군가는 희생양이 필요했겠지, 그 방에서 내가 나이가 제일 많았다. 소위 먹방이라 불리는 징벌방에 처넣어졌다. 온몸은 가죽으로 된 계구[55]를 채우고 꽁꽁 묶였다. 햇빛 하나 들어오지 않는다. 손이 묶여 있어 식구통을 통해 들어오는 밥은 개처럼 핥아 먹어야 했다. 아무것도 먹지 않았다.

"하나님 이 나라와 이 백성을 버리시나이까?"

숨죽여 소리 없이 노래를 부른다.

"내 머리는 너를 잊은 지 오래
오직 한 가닥 타는 가슴속 목마름에 기억이
네 이름을 남몰래 쓴다
살아오는 저 푸른 자유의 추억
되살아나는 끌려가던 벗들의 피 묻은 얼굴
떨리는 손 떨리는 가슴 치 떨리는 노여움에
네 이름을 남몰래 쓴다
타는 목마름으로 타는 목마름으로
민주주의여 만세"[56]

---

55) 戒具: 교도소의 피수용자에 대하여 질서를 문란하게 하는 행위를 직접 방지하기 위하여 신체에 물리적 구속을 가하는 기구.

56) 김지하의 시 '타는 목마름으로'에 곡을 붙인 민중가요. 80년대 민주화운동 현장에서 많이 불렀다.

두 볼을 타고 눈물이 흐른다,

며칠이 지났을까? 아니 얼마 안 지났을지도 모른다. 먹방에서 풀려났다. 밖에는 흉흉한 소문이 돌고 있었다. 옥상에서 많은 사람이 죽었다고 했다. 떨어져 죽은 사람도 있다 하고, 최루탄에 맞아 죽은 사람도 있다 한다. 내가 목격한 참상도 충분히 그럴 수 있었다. 피를 흘리며 신음하던 이들의 모습이 아직도 눈에 아른거린다. 실제로 옥상에서 떨어져 불구가 된 사람이 있다. 양원태, 당시 서울대 학생이다.

잠시 나도 죽었다는 소문이 있었나 보다. 분명 마지막까지 최태환이 현장에 있는 걸 본 사람들이 있는데 구속자 명단에 없으니… 뒤늦게 내 본명을 아는 한명희 누나가 사람들을 안심시켰다 한다.

검찰 조사를 받았다. 군밤을 파는 노점상인데 길을 가다 우연히 사람들이 몰려있어 구경하다 여기까지 끌려왔노라고 둘러댔다. 기노련 일은 입 밖에 내지 않았다. 실제로 생활비를 벌기 위해 틈나는 대로 독산동 코카콜라 앞에서 노점상을 했었다. 손수레를 보관하는 위치도 불러 주고, 주민등록상 주소지인 삼성동 집에도 수사관을 보낸 모양인데 거기서 나올 것은 아무것도 없었다. 기소유예로 풀려났다.

구속 당시 입고 있던 옷은 최루탄 냄새로 찌들어 도저히 입을 수가 없어 동인이가 새 옷을 넣어주었다.

기소유예로 나온 나에게 신철영 선생이 보자고 연락이 왔다. 유동우 선배와 한명희 선배가 '교계 사정으로' 기노련 일을 계속하기가 어려운 사정을 설명하며 "태환 씨가 서울기노련을 맡아 줬으면 한다."는 부탁이었다. 굳이 설명 안 해도 상황을 모르지 않았다.

기독교 간판을 걸고 온갖 과격한 투쟁에 앞장서는 기노련이 당시 목사님들 눈에 곱게 보였을 리 만무했다. 나 역시 용산교회 산업부 시절 담임목사실에 불려가 내가 쓴 글에 빨간 줄을 그어놓고 추궁당한 경험이 있던 터였으니. 그 일로 인해 결국 용산교회에서 성문밖교회로 출석하는 교회를 옮기지 않았던가. 유동우, 한명희가 기독교를 앞세워 혁명을 획책하는 사람들로 보였을 것이다.

또 설득당했다.

공석이 된 서울기노련 회장을 뽑는 총회가 소집되었다. 당시 서울기노련의 활동을 마뜩잖아 했던 구로민교연합[57]에서는 신명교회 노동청년회 회장이던 김건호 동지를 회장으로 밀었다. 그러나 "서울기노련 회장은 최태환이 적임자"라는 김건호 동지의 양보 덕에 투표 없이 서울기노련의 2대 회장으로 추대되었다.

이제 공인이 되었으니 본명을 써야 했다. 신동욱. 2년 만에 다시 찾은 이름이다. 최태환을 뽑았는데 신동욱이라니. 그래도 이런 사정을 두루 아는 회원들이 아무런 논란 없이 받아들였다.

출범 2기를 맞은 서울기노련은 교회 내의 대중적 기반을 공고히 하며, 지역과 사회로부터 요구받는 시대적 소명을 감당해야 하는 상황에 직면하고 있었다.

---

57) 구로지역의 민중교회 연합단체다. 80년대 노동운동을 지원하고 노동자들의 교회공동체를 만들고자 세워진 여러 민중교회들이 있었고, 이들 교회를 이끄는 젊고 진보적인 목회자들의 연합활동이 일상적이었다.

시급하게는 여전히 불신의 눈길을 거두지 못하는 목사님들을 설득하고 기독인 단체로서의 정체성을 확인시켜야 했다. 보수적인 대형교회 목사님들은 몰라도 최소한 민중 목회를 하는 민중교회 목사님들로부터 인정을 받아야 했다.

서울기노련의 회장이 된 신동욱이 어떤 놈인지, 앞으로 서울기노련을 어떤 방향으로 이끌 것인지 알아보려고 구로민교연합의 회장이었던 김광훈 목사님이 사무실로 찾아오셨다. 오랜 시간 정성을 다해 진솔하게 대화를 나눴다. 대화가 길어지고 밤이 늦자 당신 집으로 데리고 가 사모님께 소개하고 저녁도 차려 주셨다.

진정성이 어느 정도 통했는지 구로민교연합의 간사였던 정초능 선배를 서울기노련의 사무국장을 맡아 일하도록 보내주고 전폭적인 지지와 협력을 약속했다. 영등포 산업선교회에서도 실무지원을 해 주어 일을 할 수 있는 체계를 갖추었다. 정기적으로 기관지 〈일하는 예수〉를 발행했고, 노동교실 등 일상 활동을 안정적으로 수행할 수 있었다. 노동현장에 대한 지원과 연대 활동에도 성심을 다했다.

1년에 한 번씩 개최되는 서울기노련 여름 수련회에는 민중교회 노동청년회를 비롯해 100명 이상의 기독 노동자들이 참석하여 기독 노동자들의 단합과 전진의 기반을 다지곤 했으니 이만한 조직력을 가진 단체가 흔치 않았다.

89년, 정초능 선배가 건강상의 이유로 사퇴하고 노민영[58] 동지가 후임 사무국장을 맡아 일을 했다. 함께 일했던 실무자 뿐 아니라 서울기

58) 노항래. 국민참여당 정책위 의장을 지냈고 지금은 협동조합 은빛기획 일을 한다.

** 대회진행표 **

시간＼날짜	30일(토) 사귐 마당	31일(일) 통일 마당	1일(월) 대동 마당
7.		기상 · 세면 · 체조, 명상시간	기상 · 세면 · 체조, 명상시간
8.		아침식사	아침식사
9.		예배	
10.		* 노동조합에 대하여 1. 강의, 질의 2. 조별 토론	대별 자유시간 (소감·평가 등)
11.	도착		
12.	접수, 조 편성		고 회별 시간
1.	점심식사	점심식사	점심식사
2.	조별 모임	물놀이 정비 간식	대동제
3.		* 노동자와 조국통일 1. 슬라이드 상영 2. 강의, 질의 3. 조별 토론	맺음 의식
5.	대별모임(조 소개)		
6.	발대식		
7.	저녁식사	저녁식사	
8.	연극 "횃불"	"횃불제"	
9.	조별 토론		
10.			
11.	대별 장기자랑		
12.			

** 진행 안내 **

시간	행사	내용
7.30 11:30	도착.	접수, 회비 내고, 안내책자 받기. 조와 방을 확인하고 짐정리.
12:30~1:30	점심식사	같은 조원과 함께 인사하고 식사(식사 당번: 백두대)
1:30~ ~4:30	조별모임	좋은 자리 차지하고 서로 본격적으로 소개한 후 조장 뽑기. 조 구호, 이름, 노래를 정합니다. 그리고 저녁에 발표할 장기자랑을 준비합니다. 장기자랑 주제) 1. 노동현장에서 일어난 일, 2. 교회생활에서 일어난 일. 3. 부정 비리. 4. 통일.
4:30~ ~5:30	대별모임	대장, 대이름, 대구호를 소개하고, 빛나게 살릴 대 선동대와 대 노래를 정합니다. 그리고 대별로 함께 하는 시간을 확인합니다.
5:30~ ~7:00	발대식	대깃발을 올려세우고 모두 「알뜰」에 모여 수련대회 시작을 높이 외칩시다. 대회진행에 대한 안내, 각 대 소개 때는 힘차게 단결력을 보여주며!
7:00~8:00	저녁식사	늦게 도착한 조원들과 함께. (식사 당번: 한라대)
8:00~9:00	연극 "횃불" 공연	극단 '현장' 패의 공연. 「운동장」에서.
9:00~10:00	조별토론	일단, 대별로 자리를 정하고, 그 주위에서 조별로 모여앉아 "횃불" 소감을 같이 나눕니다. 이 열기를 몰아 장기자랑 준비를 늦게 도착한 조원과 함께 다시 한 번 맞추고…
10:00~ ~12:00	대별 장기자랑	다시 대 전체가 둘러앉아, 각 조의 장기를 발표하며 서로의 놀라운 숨은 실력을 맘껏 펼치고, 대장과 함께 화기애애한 시간 갖기.

시간	행사	내용
12:00~	조별평가회	못다한 얘기, 궁금한 것, 필요한 것을 부담없이 털어놓고, 오늘 행사에 대한 설문지를 집단적으로 작성합니다. 그리고 잠잘 준비 ——
1:00~	잠	방식구들과 잠자리를 잘- 분배하고, 규찰대의 헌신성에 어둠을 맡기고, 쉬잇 ——
	조장 모임.	각 조장은 조 일지를 세밀히 써서 대장과 함께 쑥닥쑥닥.
1:30~	집행위원회	조원들의 의견을 잘 받아들여 내일은 좀더 알차고 일사불란하게 움직이기 위한 실무회의.
7.31 6:50~	기상	방정리하고, 세면도구 챙겨서 「운동장」으로 ——→
7:00~	명상의 시간 체조. 세면	하루를 준비하는 명상! 덜깬 잠을 체조로 풀고 약수물에 눈곱닦고 ——
8:00~ ~8:	아침식사.	하루를 잘 지내려면 아침을 잘먹어야지! (식사 당번: 금강대)
8:40~ ~9:30	예배	경-건하게 「알뜰」에 모여 오늘의 기도길을 새겨봅시다. 우리의 이웃을 위해 쓰여질 헌금도 준비!
9:30~ ~10:30	「노조」 강연	노동조합의 강력한 힘을 대한민국 ○○○ 위원장과 함께 확인하는 시원한 시간. 질문환영
10:30~ ~12:30	조별토론	「안내책」 속에 있는 자료를 한번 훑어보고, 나의 직장, 나의 고민을 털어놓고 허심탄회하게 함께 얘기해 보자! 노동자의 길에 대해…
12:30~1:30	점심식사	든든히 먹어야 놀라지지 않으리! (식사 당번: 태백대)
1:30~ ~2:30	물놀이	물속에서 뛰어놀 수 있는 옷신발이 필요합니다. 의리없이 혼자서 먼저 가지 말고 「운동장」에 모여 같이 갑시다. 사정이 있어 물에 못들어가는 사람들 좀 봐주시고… 대장님! 눈크게 뜨고 살피길~

시간	행사	내용
2:30~3:30	정리. 간식	간식먹고 젖은 옷 널고 「알뜰」로 ——→
3:30~4:30	「통일」 슬라이드	충격! 감격! 의 소용돌이.
4:30~5:30	「노동자와 조국통일」 강연	(서강 노동문제연구소) 장명국 씨. 평소 궁금하고 감이 안잡히던 것은 몽땅 질문하십시요.
5:30~7:00	조별토론.	빼곡히 자리잡고 차근차근 풀어갑시다.
7:00~8:00	저녁식사.	갈길이 멀으니 절대 굶으지말것! (식사 당번: 백두대)
잠깐!		* 오늘저녁과 내일 아침에 일찍 가야하는 분은 미리 조장에게 알려주십시요. (식사 전까지.)
		* 여유 있을때 대자보와 각 조 토론결과 발표물을 충분히 읽으면 조별토론에 큰 힘이 될것입니다.
8:00~	횃불제	각 대의 대표작(장기자랑) 발표! 굿패의 한 판 벌림과 함께 '조국통일'의 횃불이 타오르고, 사상, 모닥불점화, 집단 신명풀이, '그날이 오면' 노래로 끝맺음하는 방식들을 온몸 메우게 됩니다. 그리고 모닥불 주변에서 벌어지는 뒷풀이는 수련대회의 둘째날을 뜨겁게(!) 해 줄 것입니다. (간식 당번: 한라대)
11:30~	조별평가회	우리의 건강과 안전을 위해 목에 힘주고 다니는 규찰대를 방해하지 말고, 이제 정리하고 잡시다.
2:00~	잠.	
	조장 모임.	조원의 변동상황을 잘 알려주십시요!
2:30~	집행위원회.	
8.1 6:40~	기상	규찰대와 조장은 졸고있는 분들을 챙겨주세요.

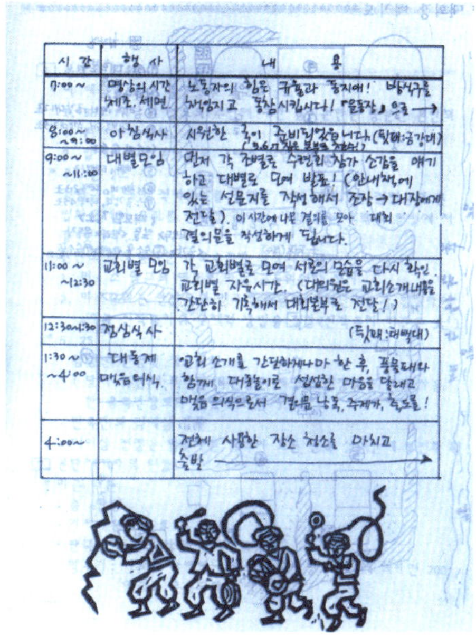

시간	행사	내용
7:00 ~	명상의 시간 체조, 세면	노동자의 힘은 규율과 동지애! 방식구를 챙엉지고 동참시킵시다! 「운동장」으로 →
8:00 ~ ~9:00	아침식사	시원한 국이 준비되었읍니다 (당번: 금강대)
9:00 ~ ~11:00	대별모임	먼저 각 조별로 수련회 참가 소감을 얘기하고 대별로 모여 발표! (안내책에 있는 설문지를 작성해서 조장 → 대장에게 전달). 이 시간에 나온 결의를 모아 대회 결의문을 작성하게 됩니다.
11:00 ~ ~12:30	교회별 모임	각 교회별로 모여 서로의 모습을 다시 확인. 교회별 자유시간. (대의원은 교회소개내용을 간단히 기록해서 대회본부로 전달!)
12:30~1:30	점심식사	(당번: 태백대)
1:30 ~ ~4:00	대동제 마침의식.	교회 소개를 간단하게나마 한 후, 풍물패와 함께 대동놀이로 섭섭한 마음을 달래고 마침의식으로서 결의문 낭독, 주제가, 축도를!
4:00 ~		전체 사용한 장소 청소를 마치고 출발 →

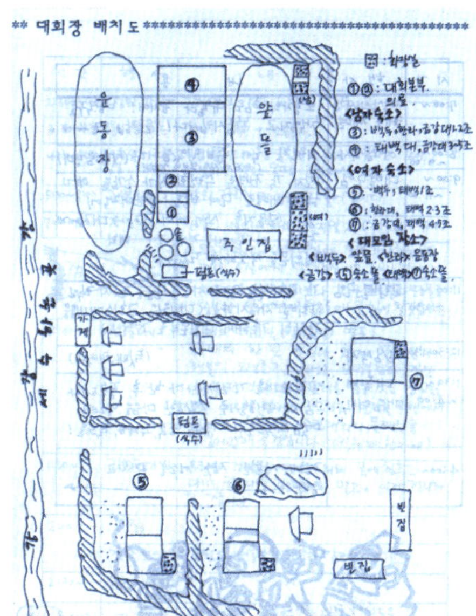

1988년 서울기노련 행사의 진행표. 참여한 동료들이 너무나 열심이어서 '이런 게 천국 아닌가' 여기며 뿌듯해했다. 자료 제공 민주화운동기념사업회.

노련의 회원들은 노민영 동지의 소탈한 성품과 따뜻한 마음씀을 좋아하고 따랐다.

노민영 동지와 처음 만나던 날, 한명희 선배가 회장으로 있던 때다. 당시 서울기노련 사무실은 구로동 삼립빵 앞, 산돌교회 안에 자리하고 있었다. 산돌교회 담임이시던 김용복 목사님이 공간을 내어주셨기에 갈 곳 없던 서울기노련이 작으나마 거처를 마련할 수 있었던 것이다.

어느 날인가, 그날도 여느 때처럼 한명희 회장, 순회 누나가 사무국장직을 그만둔 뒤 사무국장직을 이어받은 영숙이 누나, 그리고 나, 이렇게 셋이서 회의를 하고 있었다. '똑똑' 문 두드리는 소리가 나고 곧이어 선한 얼굴을 한 청년이 들어왔다. "저희가 쓴 글인데 한번 읽어봐 주십시오" 구십 도로 허리를 굽혀 인사하며 정중하게 팜플렛을 건넨다.

생경했다. 비합법 단체의 유인물을 돌리는 친구들은 남들 눈에 띄지 않게 몰래 사무실 문 앞에 던져두고 후다닥 자취를 감추는 것이 보통인데 노민영 동지는 당당하게, 정중하게 인사하며 문 안으로 들어와 유인물을 전달한 것이다.

비합법 단체인 서울지역민주노동자회 준비위에서 발행한 유인물이었다. 얼핏 훑어보니 딱히 문제 될 내용이 있는 것도 아니다.

"노동자들에게 전하고 싶은 말, 펼치고 싶은 일, 합법적인 대중단체에 들어와 직접 하시면 어떻겠냐"고 제안했다.

얼마 후 노민영 동지는 서울기노련의 노동자 교육을 맡아 일하기로 하고 합류했다.

당시 나를 통해 자신들의 주장을 펼쳐 보고자 접근해오는 언더조직[59] 활동가들이 많이 있었다. "이러지 마시고 나와서 직접 하시라, 원한다면 적합한 단체에 소개해 자리도 만들어 보겠노라." 권유했지만 실제로 그리하신 분은 몇 분 안 된다.

기독 노동자를 규합하고 교양하는 일과 더불어 한편으로는 대한광학, 신애전자 등 투쟁 현장에 대한 지원 활동과 노운협, 기사련[60] 등의 연대 활동에도 적극적인 참여와 노력을 기울였다.

신애전자 노동자들의 투쟁을 응원하기 위해 기독교 청년 학생들과 기노련이 공동으로 준비한 집회에는 오충일 목사님과 당시 KSCF 총무이셨던 황인성[61] 선배가 달려와 신애전자의 인권유린적인 노동환경과 노동조합 탄압을 규탄하며 노동자들에게 힘을 실어 주시기도 했다.

89년이었던가? 기억이 분명치는 않은데 이른 봄이었다.

'노동악법 철폐 및 노동법 개정'을 위해 노동단체 대표들이 명동성당에서 단식투쟁에 돌입했다. 노동단체 대표들의 단식투쟁을 지지하며 철거민 연합회와 학생들이 대거 동조 단식에 참여했다.

갑작스레 들어간 단식투쟁인지라 초기 며칠은 정말 힘들었다. 투쟁의 와중에도 눈앞에 먹을 것이 어른거리고, 그 와중에 격려 방문을 온 ○○형이 "힘이 있어야 싸우지 배가 고프면 못 싸운다."라고 말하며

---

59) 비합법, 비공개 활동을 하는 지하 조직.
60) 전국노동운동단체협의회, 기독교사회운동연합 등 조직의 약칭.
61) 노무현 정부 청와대 시민사회 수석.

가방에 넣어온 우유와 빵을 보여준다. 이런 젠장, 유혹은 달콤했으나 그래도 내가 가오가 있지 이깟 배고픔을 못 견뎌서야 되나? 마음은 고맙지만, 정중히 돌려보냈다.

단식 중에도 매일 아침 성당의 화장실은 붐빈다. 먹는 게 없는데도 쌀 것은 있나 싶었는데 그게 아니었다. 화장실 세면대 앞 조그만 거울 앞에 서서 가꾸고 꾸미는 여학생들로 가득했다.

단식 중에 화장하면 피부에 안 좋다고 주의를 주었지만, 깔끔하고, 단정해 보이고 싶은 여성의 본능은 막을 수 없었다. 투쟁이 꼭 진지하고 힘겨운 것이어야만 할 이유는 없을 것이다. 생기발랄한 그 모습이 보기 좋았다.

일주일간의 단식을 마치며 명동거리를 행진한 후 해산하는 것으로 방침이 결정되었는데, 단식투쟁을 총괄했던 최한배 선배가 선두에 서서 대형 태극기를 펼쳐 들고 가는 역할을 나보고 맡으라고 한다. "아니 이걸 왜? 선배님이 하셔야죠" 사양을 했지만, 대표가 해야 하는 일이라며 극구 권하시는 통에 서노협의 김경은 부의장님과 나란히 앞에 서서 태극기를 펼쳐 들고 행진을 했다.

그 와중에 김경은 부의장님은 초콜릿을 사와 건네주며 "경찰들이 가로막으면 기운이 있어야 버틸 수 있다"라고 말하며 권하신다.

갑자기 뱃속에 들어간 초콜릿으로 속은 쓰렸지만, 덕분에 힘든지 모르게 행진을 마쳤다.

많은 집회와 투쟁, 5.18 광주 순례 등에 회원들이 적극적으로 참여하며 중추적인 역할을 수행한 것은 단위 사업장을 제외한 노동단체 중 가장 많은 회원을 가진 대중단체였기에 가능했던 일이라 생각한다.

이와는 별개로 기독학생회 출신 중 노동현장으로 투신할 뜻이 있는 청년들을 교육하고 현장에 취업하도록 안내하며 민중교회 등 지역의 교회에 출석하도록 인도한 것도 의미 있는 일이었다.

1990년, 광주민주화운동 10주기를 맞아 전국의 노동자들이 광주 순례를 조직했다. 서울지역 역시 노동자들을 조직해 순례단을 꾸렸다. 노동단체를 대표한 나와 노동조합을 대표한 유구영 선배가 공동으로 순례단장을 맡았다. 관광버스를 예약하고 집결지를 정해 모든 지침이 전달되었다.

출발 하루 전날, 정보를 입수한 경찰의 압력으로 모든 관광버스 예약이 취소되고 집결지였던 한양대는 봉쇄되었다. 급히 방침을 수정했다. 수원역 아래 병점역에서 출발시간이 정해진 호남선 열차에 동시 탑승하도록 했다. 작은 시골 역이었던 병점역에 그만한 인파가 몰린 것은 역사가 생긴 이래 처음이었을 것이다. 미리 역사에 들어가지 않고 열차가 도착할 시간을 기다리며 주변을 서성이는 노동자들의 눈빛은 긴장감보다는 설렘과 호기심이 가득했다. 기차가 수원역을 떠났다는 연락, 멀리 기차가 들어오고 있다는 신호와 함께 노동자들은 봇물 터지듯 역사로 뛰어 들어갔다. 열차를 세우고 모두 탑승 완료!

검표를 맡은 승무원들도 사정을 알고는 동조의 인사를 건넨다.

열차에서 내려 집결지인 조선대학교까지 뛰었다. 학교 강당에 들어서자 전국 각지에서 올라온 수많은 노동자가 운집해 있었다.

"서울지역 순례단 도착하여 입장하고 있습니다!"

서울기노련 시절. 교회 노동청년회 활동과 노동운동 지원활동으로 시간을 쪼개며 일했다.

장내 사회자의 목소리가 마이크를 타고 나오자 우레와 같은 박수와 함성이 쏟아진다.

누군가 뒤로 다가와 두 손으로 눈을 가린다. “누구?” 말이 없다. 눈을 가린 두 손이 따뜻하다. 여기서 이런 행동을 할 사람이 누구지? 도대체 감이 안 온다. 귓가에 느껴지는 숨결, 익숙하다.

손을 풀고 돌아서니 그녀였다.

나와 헤어지고 울산으로 내려갔던 동지, 오랫동안 잊지 못했던 여인, 여전히 쾌활한 모습 그대로였다. 잘 지냈냐는 인사에 “응, 형도 그대로인 것 같다. 보기 좋다.” 하면서 울산의 노동자들과 함께 올라왔다며, 다가올 때처럼 불쑥 가버렸다. 이별을 통보하고 떠나던 날 그랬던 것처럼… 내 사랑 이야기다.

조직을 꾸리고 운영하다 보면 꾸준히 시간을 투자하며 해야 하는 일상적인 일과 긴급하게 대처해야 하는 일들이 있다. 기독 노동자를 조직하고 대중적 기반을 확산하는 사업은 시일이 오래 걸리고 성과도 당장 눈에 드러나지 않는다. 반면에 긴급히 대처해야 하는 일들은 눈에 금방 드러난다. 긴급한 일을 쫓아다니다 보면 장기적이고 일상적인 일에 소홀할 수도 있게 된다. 서울기노련이 그랬다.

그러다 보니 91년에 들어서면서 기노련의 영성 문제가 다시 등장하고 지역 특성에 맞게 서울기노련을 둘로 나눠야 한다는 주장이 대두되었다. 이는 기노련의 운동성을 약화시키고 교회 안의 노동청년회 연합 수준으로 기노련의 위상을 낮추려는 시도로 판단되어 반대의견을 굽히지 않았다.

나를 설득하러 찾아온 당시 구로민교 정책실장이었던 임진철 목사님과 긴 논쟁을 거듭했다. 임 목사님은 “둘이 되는 것은 하나보다 더 넓게, 지역 실정에 맞게 일할 수 있으므로 결국 기노련이 확대 강화되는 것이다.”라고 이야기했고, 나는 “둘로 쪼개자는 것은 결국 기노련의 운동성을 제거하여 민중교회의 그늘 아래 두려는 것 아니냐.”며 맞섰다. 한참을 논쟁하다 눈앞에 보이는 단단한 돌을 내리쳐 둘로 쪼개 보이며 “이 돌이 더 단단해 보입니까?”라며 들이댄 적도 있다. 당시 이사장이셨던 홍근수 목사님이 적극적으로 편을 들어주었지만, 이 역시 역부족이었다.

내가 회장직을 그만둔 이후 서울기노련은 남부기노련과 동부기노련으로 분화했다가 몇 년 후 해산하게 된다.

돌이켜 보면 아쉬움이 많다. 열정이 앞서다 보니 마땅히 해야 할 일에 소홀했던 점도 많다. 나의 부족함을 상대방 탓으로 돌리고 대척했던 점들은 두고두고 후회했다.

그때나 지금이나 변치 않는 믿음이 있다. 교회는 억눌린 자, 소외된 자의 벗이 되어야 하고 쫓기는 자들의 피난처가 되어야 한다. 비록 교회의 외피를 빌려 입고 교회가 가진 물적 기반을 활용하더라도 하나님의 품은 그 모두를 품을 수 있을 만큼 넓고 깊은 것이라 믿는다. 천방지축 뛰어다니던 미숙한 나를 감싸주며 함께해 주신 분들께 참으로 고맙고 죄송하다.

서울기노련 회장이 되자 양말을 선물하시며 “많이 걷고 많이 뛰어.” 하시던 큰누나 같은 정경심 누나,

일 잘 벌리는 내가 빠트리는 것 늘 챙겨주며 궂은일 도맡아 처리했던 임영숙 누나,

큰 형님처럼 든든했던 기길동 형,

기노련과 구로민교 사이에서 마음고생이 적지 않았을 정초능 형,

목사님 아들답게 반듯하고 마음 따뜻한 노민영,

욕심 많은 서울깍쟁이 같지만 정 많고 활달했던 김준영.

청소만 해도 좋으니 노동자들 곁에 있고 싶다며 날 따라온 용산 야학 교사 조미옥,

내 청춘의 시절, 그대들과 함께여서 참으로 행복했었다.

홍근수 목사님 관련하여 일화를 하나 소개할까 한다. 공석이 된 서울기노련 이사장을 맡아 주실 것을 여러 목사님께 부탁드렸으나 번번이 거절당했다. 그러던 중 사선[62] 총무이신 임흥기 목사님이 홍근수 목사님께 부탁드려보라고 추천을 해 주셨다. 당시 홍 목사님은 캐나다에서 귀국하신 지 얼마 되지 않아 일면식도 없는 분이었는데 향린교회 담임목사로 시무하고 계셨다. 무작정 찾아가 노동자들이 처한 상황과 기노련의 활동 등을 말씀드리고 노동자와 기노련의 든든한 우산이 되어 주시길 간곡히 부탁드렸다.

내 말을 경청하던 홍 목사님은 "노동자들에게 도움이 될 수 있다면 무슨 일이든 해야지요. 이 일을 할 수 있게 해 주어 고마워요." 하시며

62) 한국교회사회선교협의회의 약칭. 80~90년대 기독교운동권의 한 중심역할을 하며, 한국교회의 사회선교를 독려하고 이끈 조직이다.

흔쾌히 수락해 주셨다. 후일 홍근수 목사님이 구속되었을 때 우리 회원들이 기독교 회관에서 몇 날 며칠씩 퇴근 후에 모여 밤샘 농성을 벌였던 것도 홍근수 목사님에 대한 애정과 고마움에서였다.

서울기노련 회장이 되면서 총연맹 의장을 겸직해야 한다는 이야기가 자연스럽게 나왔다. 당시 총연맹 산하에는 서울을 비롯한 인천, 수원, 광주에 지역연맹이 결성되어 활동하고 있었다.

인천기노련은 서울과 비슷하게 지역 내 민중교회 노동청년회를 기반으로 조직이 구성되어 있었다. 정동근 선배가 회장을 맡고 있었으며 지역의 타 노동단체들과도 긴밀한 협력과 연대를 이루고 있었다.

수원기노련은 교회 노동자들의 기반은 부족했으나 기독교인이 주축이 되어 기노련 이라는 이름을 달고 결성된 노동단체였다. 도영호 선배가 회장을 맡아 지역 노동운동의 선도적인 역할을 하고 있었다.

광주기노련은 지역 내 몇몇 교회와 야학 출신 노동자들이 중심이 돼 지역연맹 중 가장 먼저 만들어진 조직이다. 정봉희 동지가 초대 회장을 맡았고, 정봉희 회장 구속 이후에는 대행 체제를 유지하면서 노동운동뿐 아니라 지역내 시민사회 운동에서도 중요한 역할을 수행하고 있었다.

이미 조직화된 지역연맹 외에 대구, 순천, 익산 등 몇 개의 지역에서 지역 기노련 결성 움직임이 있었다. 그러나 80년대 말 이때쯤에는 지역 노동운동의 공간도 넓어지고 노동조합의 진출 또한 활발해지고 있던 시기여서 그런 모색이 지역 노동상담소나 노동인권단체 결성으로 옮겨가고 있었다. 그런 시대적 흐름을 모르지 않아, 상담과 지역 실사 등을 통해 핵심 활동가와 구성원들의 성향과 목적에 비추어 독자적인 지역 기노련 결성보다 지역 노동운동 단체로의 전망을 갖도록 하는 게 옳다는 판단을 내리고 그리하시도록 권고하곤 했다.

교회가 가지고 있는 네트워크를 통해 '기노련신문'과 '만화신문'을 전국적으로 배포하며 숨죽이던 노동현장에 활기를 불어넣던 총연맹은 유동우 선배의 사퇴 이후 개점휴업 상태에 처해 있었다. 시급한 과제는 사무국을 정상화하는 일이었다.

교회와의 협력을 위해 기독교 회관에 사무실을 마련하고, 새문안교회 출신으로 인천에서 노동운동을 하던 박윤길 동지가 사무국장을 맡고, 사무국 간사를 한 명 채용하면서 일할 수 있는 채비를 조금씩 갖추었다. 총연맹 간사로 시작했던 준영이는 시간이 지나면서 실질적으로는 서울기노련 실무자로 일을 옮겨왔다.

각 지역연맹 회장과 사무국장으로 구성된 총연맹 중앙위에서는 나를 총연맹 의장으로 추대했다. 총연맹의 활동은 기사련 등 교회와의 연대사업과 지역연맹의 지원, 새로운 지역연맹의 조직화 정도로 최소화할 것을 결정하였다. 90년, 박윤길 동지가 사퇴한 이후에는 인천의 정희윤 선배가 사무국장직을 수행했고, 내가 의장에서 물러난 이후에는 도영호 선배, 정동근 선배가 번갈아 가며 총연맹 의장직을 맡아 줬다. 엄혹했던 시절, 하나님의 이름으로 십자가를 높이 들고 노동자들과 함께했던 기노련은 그렇게 시대적 소명을 다하고 문을 닫았다.

고난받는 노동자들의 편이 되어주셨던 많은 분이 계셨다. 때론 이사로 참여하시기도 하고 때론 뒤에서 후견인 역할도 하시며 격려하고 응원해 주신 분들을 잊을 수 없다.

문익환 목사님, 박형규 목사님, 오충일 목사님, 김상근 목사님, 이해동 목사님, 김동완 목사님, 홍근수 목사님, 임흥기 목사님, 이정학 목사님, 이근복 목사님, 이춘섭 목사님, 이재정 신부님, 김찬국 선생님, 박용길 장로님, 이우정 선생님, 이효재 선생님…

기억을 더듬다 보니 이미 세상을 떠나신 분들이 너무도 많다.

너무 늦었지만, 어르신들이 계셔서 항상 든든했고 당당할 수 있었다고, 내내 감사했다고 인사드린다.

통일의 길

| 제5장 |

노동운동 내에 통일운동의 깃발을

현장 활동에 뜻을 둔 뒤부터 내내 머리를 짓누르는 숙제가 있었다. '레드컴플렉스'다. 걸핏하면 '빨갱이'라는 소리를 들었고 사소한 노동자들의 권리를 주장해도 경계의 눈빛을 보이는 사람들을 대하면서 이 문제를 넘지 못하면 한 발짝도 못 나가겠다는 생각을 했다. 나조차도 아무 대가 없이 노동자들을 돕는 사람들을 보면 혹시라도 북한과 관련이 있지 않을까 하는 생각을 했던 적이 있고,[63] 초등학교 입학하며 등교할 때부터 보아온 학교 건물에 붙은 커다란 글씨 '반공' '방첩'이 내 몸에 각인되었다고 하지 않을 수 없다.

머리에 뿔 난 도깨비, 국민학교 2학년 때 사생대회에서 그린 내 그림이다. 상도 받았던 것으로 기억한다.

레드컴플렉스를 극복하기 위해선 북한에 대해 알아야 했다. 가볼 수는 없으니 관련 서적들을 읽고 여러 자료를 보았다.

충격이었다. 거기도 사람 사는 곳이었고 나와 비슷한 정서를 가진 우리 민족이었다.

---

63) '신동욱 모두진술'에서 인용.

더욱 충격적이었던 것은 일본이 버리고 간 낡은 기계로 인해 노동자들의 인명사고가 빈번히 발생하자 이를 폭파하라고 지시한[64] 대목이었다. 전후 복구를 위해 철강재의 수요가 절실했던 시점에서 이런 조치를 할 수 있다니, 노동자의 안전보다는 생산성을 높이는 게 더 중요해 산재 사고가 빈번히 일어나도 안전장치조차 제거하는 우리의 노동현장과 너무도 비교되는 사건으로 강하게 각인되었다. 증오와 적대를 넘어 화해와 평화가 살길이었다.

'칼을 녹여 보습을 만들어야' 했다. (이사야 2:4)

북한 바로 알기 등 통일운동에 적극적으로 나섰다. 구로, 영등포 지역의 야학, 독서회 등 노동자 소그룹 등에서 강의 요청이 많았다. 성심껏 했다. 노동운동, 민족민주운동[65] 내에서 자연스레 북한 바로 알기 운동, 노동자 통일운동의 대표적 인사로 지목받았고 그런 역할을 자랑스럽게 생각하며 수행했다.

1989년 세계청년학생축전(이하 평양축전)이 평양에서 열렸다. 정부 당국도 초기에는 학생들의 참가를 허용할 듯한 분위기였는데, 갑자기 태도가 돌변하여 불허하는 것으로 방침을 선회했다. 그때 가톨릭노동청년회관(JOC)에서 열리고 있던 전국노운협[66]회의에 연대사업국

64) 강선 제강소에서 행한 김일성 주석의 조치.

65) 80년대 중후반 이후 민주화운동, 또는 재야운동은 스스로를 민족민주운동으로, 야당 등 제도권 정치세력과 구분해서 '전선운동'으로 부르곤 했다.

66) 전국노동운동단체협의회의 약칭으로, 80년대 말 ~ 90년대 초 노동운동 단체들의 전국 연합체다.

당시 민족민주운동의 큰 집회에 자주 나설 기회가 많았다.
학생들의 평양축전 행사 출정식에 격려인사를 했다. 사진 박용수, 제공 민주화운동기념사업회.

장을 맡고 있던 신계륜(전 국회의원) 선배가 학생들의 요청을 들고 왔다. 평양축전에 참가하는 청년학생들을 지원·엄호하기 위해 남측 위원회를 조직하는데 노동 분야에서 2명의 지도위원을 추천해 주었으면 한다는 것이었다.

갑론을박이 이어졌다. 학생들의 투쟁을 엄호하기 위해서, 조국 통일의 열망에 함께하기 위해 요청을 받아들여야 한다는 주장과 노동자의 통일에 대한 자각이 아직 성숙 되지 않았기에 부담스럽다, 노동현장에 악영향을 끼칠 수도 있다 등등의 의견으로 열띤 논쟁이 계속되었다. 나는 평소 소견대로 적극 지원하자는 입장을 밝혔다. 이날 처음 본 안노회[67] 회장인 정성희 동지의 적극적인 발언이 인상 깊었다. 그

67) 안양민주노동자회 약칭. 안양지역에서 대중노선을 표방하며 활동했던 노동운동 단체.

중앙위원 후보 명단

전국노동운동단체협의회	25명	장민수 강전석 김문청 김승호 노재열 문성현 민종덕 박순희 박주철 신동우 신철영 오두희 오순부 이영순 이총각 전 성 정성희 정인숙 조상호 최연봉 최한배 (외 4명)
전국농민운동연합 준비위원회	23명	김상덕 이봉구 소영호 최형곤 임순기 이재만 김병철 최명식 김창유 윤금순 이명집 이병우 장기갑(외 10명)
한국여성단체연합	2명	이우정 이미경
자주·민주·통일 국민회의	2명	이우재 오세철
민주교육실천협의회	1명	유상덕
기독교사회운동협의회 준비위원회	1명	박영모
천주교사회운동협의회	1명	문국주
민족자주·통일 불교운동협의회	2명	지 선 여익구
민주·통일 민중운동연합 본부	1명	김희택
서울 민족민주운동협의회	11명	윤길수 서동석 김준기 최경락 박종혁 김영준 이범영 이재오 김희선 최상우 김정환
인천지역 민족민주운동연합	4명	이호웅 곽한왕 송경평(외 1명)
경기북부 민족민주운동연합 준비위원회	1명	김오일
경기남부 민족민주운동연합 준비위원회	2명	정금채 김쾌상
강원 민족민주운동연합 준비위원회	4명	홍재경 천기준(외 2명)
충북 민족민주운동연합 준비위원회	3명	김희식 김철근 차윤재
대전·충남 민족민주운동연합	4명	이명남 임성대 양봉석 김필중
대구·경북 민족민주운동연합	5명	손현락 이대완 김병구(외 2명)
부산 민족민주운동연합	5명	임정남 김재규 배준홍 김영수 허영철
광주·전남 민족민주운동단체 대표자회의	7명	이춘문 임채복 이학영 이현희(외 3명)
전북 민족민주운동연합	4명	한상렬 강기종 노병환 손인범
민주쟁취국민운동 제주본부	2명	오만식 오옥만
총 110명		

민주화운동기념사업회가 가지고 있는 자료집에서 내 이름이 포함된 전민련 중앙위원 명부를 찾았다. 자랑스러운 역할이었다고 여긴다. 자료 제공 민주화운동기념사업회.

날 이후 정성희 동지와는 깊은 친분을 유지하며 오늘까지도 경기 중부지역의 활동을 함께 해오고 있다.

한 명의 위원을 파송하는 것으로 결정하고 가톨릭노동사목의 정인숙 선배가 추천되었다. 그런데 이건 또 웬 물귀신, "수락하긴 하겠는데 혼자는 못 해, 신동욱 동지가 같이한다면 할게." 한다. 노동자 선배들은 나를 참 많이 사랑하나 보다. 이렇게 끌고 다니고 싶어 하니 또 따라나서지 않을 수가 없다. 당시 노동운동의 상층부에 학생 출신 활동가는 많았지만, 노동자 출신 활동가는 그리 흔치 않던 시절에 노동자 출신이라는 출신 성분이 작용했으리라.[68] 토의과정에서 뱉은 말이 있는지라 뒤로 물러서지도 못했다.

평양축전 개막에 맞춰 한양대에서 청년 학생들의 행사가 열린다고 연락이 왔다. 행사 당일 경찰의 봉쇄로 출입이 막힐 수 있으니 지도위원들은 전날 미리 들어와 달라는 부탁과 함께. 전국노운협의 실무자들과 함께 한양대에 들어가 축전 준비위 본부로 갔다. 신창균[69] 선생님이 와 계셨고 몇몇 낯익은 얼굴들이 보였다.

행사가 시작되었다.

지도위원이랍시고 연단 위에, 신창균 선생님 옆에 앉아있었다. 전대협 의장인 임종석의 인사말에 이어 전대협 조국통일위원장을 맡은 전문환의 발언이 이어졌다.

"평양축전에 우리 청년 학생을 대표하여 임수경 학우를 파견하였다."

---

68) 언젠가 노동목회 하시는 목사님이 "왜 노동자들은 활동가로 성장하지 못하는 거지요?"하고 물어 온 적이 있다. 질문에 베어 있는 노동자를 얕잡아 보는 듯한 느낌을 받아 좀 냉소적으로 답했다. "잘 아시잖아요. 활동가로 성장하기 위해선 오랜 시간의 훈련과 투쟁의 경험이 쌓여야 하는데 스스로 생계를 해결해야 하는 노동자들에겐 그런 여유가 없잖아요." "두고 보십시오, 노동운동이 더 발전하고 노동조합이 성장하면 그 안에서 훌륭한 활동가들이 배출될 겁니다." 운동도 경제적 뒷받침이 되어야 지속 가능한 것이었다.

69) 김구 선생님의 비서였고 해방정국에서 김구 선생님을 모시고 38선을 넘으셨던 원로 선생님이셨다.

우레와 같은 함성과 박수가 운동장을 가득 메웠다. 그 순간, 장내가 소란스러워지며 경찰들이 학교 정문을 통해 진입하고 있다는 소식이 전해졌다. 옆에 있던 신창균 선생님을 부축해 내려오는데 학생들 두 명이 달려왔다. "저희를 따라서 오십시오." 돌발 상황에 대비해 이런 조처까지 마련해둔 학생들의 배려가 미더웠다.

학생들의 안내를 받아 학교 건물을 돌고 돌아 사근동 주택가 골목으로 빠져나왔다.

그해 여름 8월 15일, 성문밖교회 노동자들과 지리산 등산을 마치고 돌아오는 길에 구례역에서, TV로 생중계되는 임수경의 귀환 모습을 지켜봤다. 판문점을 넘어 환하게 웃으며 손을 흔드는 앳된 학생, '통일의 꽃'[70]을…

그해 여름이었던 것으로 기억한다. 충남 대천의 춘장대 해수욕장에서 서노협[71] 수련회가 열렸다. 통일문제에 대해 강의를 해달라는 요청이 왔다. 작열하는 태양, 황금빛 모래사장 위에서도 노동자들의 표정은 진지했다.

분단 현실이야말로 노동자들의 권리를 짓누르고 단결과 전진을 가로막는 주요한 원인이라고, 방위비에 투입되는 예산을 노동자와 서민의 복지예산으로 돌리면 우리의 생활은 지금보다 훨씬 나아질 것이라고, 노동자가 역사발전의 주체이듯 통일운동의 주체가 될 때 통일된

70) 그때 임수경 학생을 민족민주운동의 선배, 어르신들이 그렇게 불렀다.
71) 서울지역노동조합협의회의 약칭. 87년 이후 신규로 조직된 노동조합들의 지역단위 협의체. 이후 민주노총 서울본부로 이어지는 조직이다.

한반도에서 주인으로 우뚝 설 것이라고, 힘껏 이야기 했다.

강의를 마치자 서노협 실무자들이 "통일 얘기도 신 회장님이 하니 다르게 다가오네요" 하며 인사를 건넨다.

저녁 시간 주변을 산책하다 '대우자동차 하계휴양소'라는 현수막이 눈에 들어온다. 혹시라도 아는 얼굴이 보일까 기웃거리는데 누군가 반갑게 손을 흔들며 다가온다. 이름은 기억나지 않지만, 양평동 정비사업소에서 일하던 직훈 동기의 형이었다.

"대우차노조 사람들과 같이 왔다고 한다. 정비사업소에서도 노동조합 활동에 참여하고 있다는 것이 새삼 반가웠다. 황무지에서도 새싹은 돋아나고 있었다.

1990년 8월, 청년 학생들이 중심이 된 '국토순례 통일선봉대'에 노동자 통일선봉대를 조직해 참가시켰다. 전국노동운동단체협의회의 의장을 맡고 있던 김승호 선배에게 제안해 전국노운협의 사업으로 만들었다.

한양대에서 가진 조촐한 발족식에는 김승호 의장이 참석해 "이번에는 몇 명 안되는 인원으로 통일선봉대를 만들었지만, 내년에는 더 크게 조직해 참여하자" 하시며 선봉대원 한 사람 한 사람 일일이 악수를 건네며 격려해 주셨다.

부산에서 출발해 동쪽으로 올라온 통일선봉대와 목포에서 출발해 서쪽으로 올라온 통일선봉대가 대전에서 합류했다. 대전으로 내려가 국토의 반을 종단하며 걸어온 그들을 맞이했다. 검게 탄 씩씩한 얼굴들… 노동자 선봉대의 일원으로 참여한 세연이[72]는 "청년 학생 선봉대의 안전을 책임진 대장이 해병대 후임이어서 도움을 많이 받았다", "학생들의 공치사를 거듭해서 들으니 농땡이를 칠 수도 없었다."며 지친 기색 하나도 내비치지 않는다. 대전의 노동단체에서도 격려차 찾아와 행군 과정에서 있었던 이야기를 들으며 밤늦도록 담소를 나누었다.

다음 날 아침, 길을 떠날 채비하는 통일선봉대와 남은 여정을 함께 소화하고 싶었지만 올라와 준비해야 할 일들이 많아 아쉬움을 남기고 서울행 열차에 몸을 실었다.

영등포 성문밖교회에서 연세대학교에서 열릴 8.15행사에 참여하기 위한 노동자 출정식이 열렸다. 국토를 종단하고 올라온 노동자 통일선봉대의 환영식과 함께였다. 전야제에 참석하기 위해 출정식을 마친 후 곧바로 연세대로 가기로 결의했다. '가자 연세대로!', '통일의 함성으로!'

경찰들이 정문을 봉쇄해 연세대 진입이 어렵다는 연락이 왔다.

행사의 진행을 맡았던 터라 노동자들의 이목이 나에게 쏠렸다. 행동지침을 내려야 했다. 누군가 묘책을 내놓았다 "연세대 뒷산을 넘어 진입하면 어떨까요?" 이탈자 없이 모두가 안전하게 들어갈 수 있을지 걱정은 됐지만 달리 뾰쪽한 방법이 없었다. 입에서 입으로 소리 없는 눈빛으로 방침이 전달되었다. 낙오자 없이 거의 모두가 진입에 성공했다.

산을 넘는 험난한 길.

해냈다는 자신감에 뿌듯한 얼굴들,

통일로 가는 길은 그러했다.

---

72) 조세연. 인애교회를 함께 출석했던 후배다. 후일 롯데알미늄노동조합 위원장을 지냈다.

중부지역당 사건과 구속

기노련을 그만둔 후 앞으로의 진로를 고심하고 있었다. 공개된 단체의 대표직을 거듭한지라 노동현장으로 다시 돌아가기는 쉽지 않았다. 그러던 차, 서울노운협을 맡아 일하는 것은 어떻겠냐는 제안이 왔다. 당시 서울노운협은 실무진의 공백으로 활동이 위축돼 있던 상태였다. 해보겠노라고, 사무국장직을 맡아 해보기로 했다.

"대표를 지냈던 분인데 사무국장 해도 되겠냐?" 대표분들 중 한 분이 물으셨지만, 대표건 사무국장이건 역할의 차이지 지위의 높고 낮음은 아니라는 생각이 있었기에 "아무 문제 없다. 뭐가 대수겠냐" 말하고 업무를 시작할 준비에 들어갔다. 노동조합 활동이 자리 잡고, 노동단체의 역할이 많이 축소됐다고 하지만 여전히 노동조합의 울타리 밖에서 노동단체의 역할은 필요하다고 보았기 때문이다. 뜻을 같이할 동지들을 모으며, 장명수[73] 동지와도 의논하고는 했다.

장명수 동지와는 서로를 '신 형', '장 형'이라 호칭하며 오래전부터 속 깊은 이야기를 나눠오던 사이였다. 장 형은 영등포산업선교회의 실

73) 장창호 동지다. 서울기노련 회장 시절 그가 영등포 도시산업선교회가 있던 성문밖 교회에서 노동자 교육사업을 담당하던 때부터 가까이 사귀던 동지로, 후일 조직사건에 함께 연루되게 된다.

무자로 일했었는데 그때는 산선 실무 일을 그만두고 구로동에 뜻맞는 동지들과 함께 '참사랑 노동자회관'[74](이하 참사랑)을 열고 교육, 문화 활동을 해오고 있었다. 나 역시 공식적인 직함을 갖진 않았으나 참사랑의 설립과 운영에 깊이 관여하고 있던 터였다.

그러던 어느 날, 장 형이 뜻밖의 이야기를 꺼냈다. 한민전[75] 선생님을 알고 있다는 것이었다. 그리고는"'한민전'에서 신형을 오랫동안 지켜봐 왔다. 이제 한민전의 성원이 되어 조국의 통일을 위한 사업을 함께 하자."

머리를 홍두깨로 맞은 듯 정신이 번쩍 들었다. 한민전이라니, 정말로 실재하고 있었단 말인가?

당시 사회변혁 운동을 하던 사람들은 한 번쯤은 들어봤을 이름이다. 나라의 민주화와 한반도의 통일을 위해 오랫동안 지하에서 활동하고 있는 비밀결사조직으로 실체가 드러난 적이 없는 조직이었다. 엄혹한 군사독재정권 치하에서 활동을 이어오면서도 한 번도 실체가 드러난 적이 없다면 둘 중 하나였다. 실제로 존재하지 않고 이름만 있는 조직이 아니라면, 뛰어난 조직규율과 보안을 유지하며 높은 수준의 생명력을 지닌 조직이어야 했다.

지하조직은 직접 그 조직의 조직원이 아니면 아무도 알지 못해야 하는 것이 생명력을 유지할 수 있는 근본이기에 조직 일부가 노출되지 않는 이상 그 존재 여부를 확인할 방법은 없는 것이다. 장 형을 통해

---

74) 90년대 초반 구로지역에 만들어진 노동자교육, 문화활동을 하던단체다.
75) 한국민족민주전선의 약칭.

소문으로만 듣던 한민전의 실체가 나에게 다가온 것이었다.

그런데, 왜 하필 나인가? 평화와 통일에 대한 신념과 열정은 차고 넘쳤지만, 비밀 결사조직인 한민전의 성원이 된다는 것은 너무도 위험한 일이었고 부담스러웠다. 그러나 마음 한편에선 '통일운동을 훌륭한 선생님들과 함께 체계적이고 조직적으로 할 수 있다면…' 하는 생각도 없지 않았다.

이 무렵 즐겨 부르던 노래가 있다.

"세상에 태어나 생의 먼 길을 쉼 없이 걸어갈 때
인간에게서 한없이 소중한 참된 삶이란 무엇인가
조국에 바친 청춘이던가 나를 위한 안락이던가
동지들이여 대답해보라 참된 삶이란 무엇인가"[76]

두려운 마음도 있고 스스로가 부족하다고 여겨졌지만 조국의 통일을 위해 내가 해야 할 일이라면 받아들이기로 마음을 다잡았다. '오시기로 한 이가 당신이냐?'며 끝내 예수를 믿지 못했던 세례자 요한의 길을 되밟을 수는 없다고 생각하기도 했다.

정식으로 조직의 성원이 되기 위해서는 가입식 등 몇 가지 절차가 있으나 준비가 되면 날을 잡도록 하겠다며, 서울을 비롯한 수도권과 강원, 충청지역에서 통일운동을 광범위하게 확장하기 위해 우선 일부

76) 80년대 말 통일운동이 활성화할 때 전대협 노래패 등을 통해 보급된 '참된 삶이란 무엇인가'라는 제목의 노래다.

터 시작하자고 했다.

그러면서 "신 형의 역할은 충청북도 지역에 통일운동 역량을 구축하는 임무를 담당할 것이고 충청북도 조직책을 맡게 될 것."이라고 했다. 따라서 지금까지의 모든 활동을 중단하고 활동할 지역으로 내려갈 준비를 해라. 본인도 참사랑 활동을 정리하고 내려갈 것이라고 했다.

당혹스러웠다. 모든 운동은, 모든 역사의 변화는 이전의 삶의 축적된 결과들이 모여 한 단계 더 발전하는 것인데, 단절이라니?

우선 지역 사정도 파악하고 분위기도 익힐 겸 청주에 다녀오라고 했다. 가는 김에 조직의 홍보우편물을 보낼 지역 주민들 주소도 수집해 달라고 했다.

고민은 차차 하기로 하고 '까짓 그 정도 일, 뭐 어려운 일이라고.' 하는 마음에 청주를 다녀왔다. 청주 시내 골목을 돌아다니며 수집한 주소 30여 개를 건네고,[77] "청주 시내를 관통하는 상당천이라는 개천이 있는데 풍물 시장이 열려 인파가 북적대더라."라고 너스레를 떨며 청주에 다녀온 소감을 나누기도 했다.

한편 함께할 동지들을 조직해 달라며 몇 사람을 추천해 달라고 부탁해왔다. 그때 가장 먼저 거명한 사람이 안노회 회장을 하던 정성희 동지였다. 정성희 동지와는 노운협 활동을 함께하며 가깝게 지내던 사이였다.

그러나 사실 내 마음은 처음 '한민전' 조직 이름을 듣는 순간부터 마

77) 이일이 내가 유일하게 국가보안법상 '임무수행'을 행한 건으로 되어 4년의 징역형에 처해진다.

냥 오락가락했다. 공안 당국이 용납할 수 없는 반국가 사상·조직으로 꼭 찍어 위협하는 상황인데 꼭 '섶을 지고 불에 뛰어드는' 느낌이었고, 하자는 일도 미덥지가 않았다. 이렇게 이미 나 스스로 조직에 대해 회의와 의심을 품고 있던 터라 다른 이들까지 여기에 끌어들일 생각은 털끝만큼도 없었다.

아무리 생각해 보고 또 생각에 생각을 해봐도 이건 아니었다. 결코 짧다 할 수 없는 조직 운동 경험에 비추어봐도 그렇고, 이런 식으로 조직 운동을 한다는 것이 납득이 되지 않았다. 치밀하게 계획된 기획 수사의 함정에 빠져든 것은 아닐까? 어설픈 행동들이 증거를 차곡차곡 쌓아나가는 것은 아닐까?

불면의 밤이 길어졌다. 이 엄청난 일을 가족들에게 털어놓을 수도 없었다. 고민을 나눌 사람이 한 사람도 없었다. 외로웠다. 십자가를 질 결단을 하고 겟세마네 동산에서 내려온 예수님, 스승의 고뇌가 어디에 있는지 짐작조차 못 하고 졸고 있던 제자들, 그때 예수님의 심정이 이러했을까?

조용히 손을 뗀다고 될 일이 아니었다. 할 수만 있다면 막아야 했다.

작금의 벌어지고 있는 일을 알고 있는 사람들, 장 형의 소개로 몇 차례 만난 적이 있던 박 형,[78] 정영철 동지[79]와 함께 장 형을 만났다. 정

78) 본명 김○한. 박 형 역시 장형으로부터 비슷한 제안을 받은적이 있어 나와 함께 공동 대응을 하고 있었다. 범법 행위가 없어 처벌받지 않은 이를 내가 공개할 건 아니어서 당시 부르던 대로 적는다.

영철 동지는 인천에서 활동하던 동지로 내가 잘못되면 나를 대신해 내 역할을 맡을 분이라는 이야기를 장 형으로부터 들었던 터라 미리 선을 넣어뒀었다. 호텔 객실에 젊은 사내 네 명이 투숙한다는 것이 눈길을 끌 수도 있었으나 밤늦은 시간이라 아무도 우리를 주의 깊게 보는 사람은 없었다.

장 형은 정영철 동지를 만나기로 한 장소에 나와 박 형이 들이닥치자 무척 당황스러워했으나, 이내 평정심을 되찾고 우리 모두의 협력을 구하고자 혼신의 노력을 기울였다. "부족함은 있을지언정 조직은 신뢰할 수 있다"라는 점을 확인시키려 조직에서 작성된 여러 문건을 내보이면서 우리를 설득하기 위해 힘을 쏟았다. 그렇지만, 장 형의 해명과 설득이 길어질수록 조직의 위험성은 더욱 선명하게 다가왔다.

나의 우려는 두 가지였다.

그중 하나는, 이미 조직 일부가 노출되어 사건을 확대, 기획되고 있는 함정에 빠져 있을 수 있다는 우려였다. 몇 차례 안 되는 만남이었지만 설명하는 사업의 내용, 방식 등이 수사의 근거를 남기는 일일뿐 운동에 전혀 도움이 되지 않는 사안들이었다.

다른 하나는, 한민전의 실체는 사실상 존재하지 않고 허명뿐인데 이를 실체화하기 위해 무리하게 일을 벌이고 있다는 우려였다. 수십 년 동안 비밀결사조직을 이끌어온 조직의 지침과 활동방식이라고 보기에는 너무도 어설펐다.

장 형과의 논쟁이 길어지면서 후자 쪽으로 생각이 기울었지만 그렇

79) 본명 김○철. '정영철'은 인천에서 노동운동을 하며 쓰던 가명이다.

다 해도 용인하기에는 너무도 위험천만한 일이었다.

"이런 식의 조직 형태와 사업 방식에 동의할 수가 없다. 통일운동에 아무런 도움이 되지 않을 뿐 아니라 해악이 될 수도 있고, 오히려 탄압의 빌미만 제공할 뿐이다." "사업을 중단하시라,"고 설득했으나 장 형의 신념은 꺾을 수 없었다.

문제가 있다는 점은 장 형도 인정하고 있었지만, "현장에서 단련된 신 형 같은 사람이 도와서 더욱 세련되게 사업을 해나가면 되지 않겠냐"며 나를 바라보던 장 형의 간절한 눈빛은 지금도 잊혀지지 않는다. 그토록 간절했던 사람의 눈빛을 이전에도, 그리고 그 이후에도 본 적이 없다.

밤을 꼬박 새운 논쟁에도 서로를 설득하는 데 실패하고 새벽빛이 스며드는 충무로 뒷길을 빠져나왔다. 이렇게 헤어지면 언제 다시 만날지 기약할 수 없는 장 형을 남겨 두고 돌아서는 발걸음이 천근처럼 무거웠다.

장 형은 사건이 터지고 검찰 조사과정에서 만날 수 있었고, 상황이 정리될 때까지 각자 신변을 정리하고 은신하기로 하고 헤어진 박 형과 정영철 동지는 내가 출소 한 후 한참이 지난 후에야 만날 수 있었다. 다행히 두 사람은 구속은 피했으나 오랜 세월을 힘겹게 견뎌내야만 했다.

'혹시~~'하며 생각했다. 다음 해에 있을 총선을 앞두고 엄청난 규모의 공안몰이 광풍이 몰아칠 것 같은 불안이 엄습해 왔다. 현재 벌어지고 있는 일들을 알고 있는 내 신변도 위험해질 수 있기에 일단 몸을 피한 후 상황을 지켜봐야 했다.

마땅히 갈 데가 없었다. 묻지도 따지지도 않고 나를 받아줄 곳이 어디일까 돌아보니 그때나 지금이나 사람이 재산이다.

친구 혁률이를 찾아갔다. 혁률이는 당시 기독교계 신문인 새누리신문사의 기자로 있을 때였다. "상황이 좋지 않아 잠시 잠수[80]를 타야 하니 너희 집에 있을 수 있겠냐?"는 부탁에 혁률이는 아무것도 묻지 않고 어머니와 살고 있던 갈현동 집으로 데려갔다.

혁률이가 뭐라 말했는지 어머니 역시 아무것도 묻지 않고 "내 집이라 생각하고 편히 지내라"라는 말과 함께 저녁 밥상을 차려 내오셨다.

갓 지은 밥에서 하얀 김이 모락모락 올라왔다. 공안몰이의 먹이가 될지 모른다는 위기감으로 팽팽한 긴장, 두려움에 잡힌 때 만난 '하얀 쌀밥'이 일상의 평화처럼 느껴졌던 듯하다.

얼마 전 삼복더위가 기승을 부리던 7월 25일 혁률이의 어머니께서 하나님의 품으로 돌아가셨다. 어머님께서는 "가족들끼리 검소하게 장례를 치르라"고 당부하셨다지만 먼길 떠나시는 어머님께 국화꽃 한 송이 올리며 뒤늦은 고마움의 인사를 드렸다.

집에만 있을 수는 없어서 파마도 하고 검은 뿔테 안경도 맞춰 썼다.

---

80) 수사당국의 눈을 피해 도피하는 것을 말하는 은어.

마음 속 깊이 두려움에 떨며 쫓기던 시절에도 나를 품어준 이웃들이 있어 웃고 지낼 수 있었다.

길을 가다 먼발치에서 아는 사람이 다가오는데, 혹시 나를 알아볼까 봐 맥박이 요동친다. 쿵쾅 쿵쾅. 휴~ 다행히 전혀 알아보지 못하고 지나쳐 간다.

한곳에 오래 머물 수 없었다. 영모 집으로 거처를 옮겼다.

영모는 호주에서 자란 교포였다. 대학생 때 한국에서 열린 세계기독학생총회에 참석했다가 모국에 대한 사랑으로 눌러앉은 친구다. 후일 내 법정진술 내용을 번역해 국제앰네스티(Amnesty International, 앰네스티 인터내셔널)에 보내 '한국의 양심수 신동욱'을 알린 것도 영모였다. 기사련[81]에서 국제협력 업무를 담당하고 있었는데 한국 노동

81) 기독교사회운동연합의 약칭. 기독교계 운동단체들의 연합체였다.

인천 남규우 님 가족과 강화도 여행 중 기민이 기영이와 함께. 사진은 서울구치소 수감 중 받았다.

운동에 대한 애정과 관심이 컸다.

그런 영향으로 후일 민주노총에서 국제 업무를 담당하며 한국의 노동운동을 세계와 연결하는 중추적인 역할을 하였다. 말년에는 국제노동기구(ILO) 사무관으로 복무하며, 베트남과 중국에서 근무하다 2023년 7월 북경에서 노동자들에게 헌신해온 생을 마감했다.

부인과도 잘 아는 사이라 불편함은 없었지만, 신혼집에 오래 머물 수는 없었다.

KSCF 간사로 있던 석진 형네 집으로 다시 거처를 옮겼다. 석진 형은 기독교운동 내에 노동자와 학생들 간의 연대에 힘써 지원을 해 왔던 터라 서로에게 깊은 신뢰를 갖고 있었다. 부인 상미도 서로 잘 아는 처지고 당시 네 살쯤 되었던 아들 경한이도 나를 잘 따라 함께 지내기 편안했다. 오랜만에 찾아온 평온함이었다. 따로 거처를 마련해 나갈 때 상미가 이러저러한 세간살이를 챙겨주기도 했다.

인천 산선[82]의 남규우총무님 댁으로 다시 거처를 옮겼다. 사모님께서 잘 살펴주셨고 내가 구속된 이후에는 떡을 해 들고 면회도 왔었다. 아마 내 생일 어림이었을 것이다.

막 초등학교에 입학한 기민이, 동생 기영이가 잘 따랐고 함께 나들이도 하며 편하게 지낼 수 있었다. 기민이는 내가 징역 사는 동안에도 가끔 편지를 보내곤 했는데, 출소하기 전에 호주로 이민 가는 바람에 이후로 보지 못했다. 이제 기민이도 마흔 살의 중년 아주머니가 됐을 텐데… 보고 싶다.

도피 생활을 하는 1년 동안 네 군데 집을 돌아다니며 살았던 것 같다. 후에 안기부에서 조사받을 때 남 총무님 댁에서만 기거한 것으로 진술했다. 혹시라도 안기부에서 참고인 조사를 받을 수도 있어 피해가 가지 않도록 한 군데로 몰빵 한 것이다.

어려운 처지에 처한 친구에게 두말없이 방을 내어주고 챙겨준 벗들에게 고맙고, 그 빚을 어찌 갚으려나 돌아보게 된다.

92년 3월, 14대 국회의원 선거가 치러졌다. 우려했던 일은 일어나지 않았다. 서울시 경찰청 출입 기자인 후배에게 수배자 명단에 내가 들어가 있는지 알아봐 달라고 부탁했다. 비공식적인 것은 확인할 수 없

82) 인천도시산업선교회의 약칭.

으나 공식 수배자 명단에는 없다는 연락이 왔다.

여전히 불안한 마음은 사라지지 않았지만, 마냥 숨어 있을 수만은 없어 사회 활동을 시작해 보기로 하였다. 당장 과거로 돌아갈 순 없지만 우선 일자리를 찾고 생활을 하면서 상황을 좀 더 지켜보기로 하였다.

부천에서 고가구(古家具) 공장을 운영하던 친구 성진이에게 부탁해 가구공장 노동자로 생활전선에 복귀했다. 나무를 켜고 자르는 일, 정성껏 깎고 다듬어 예스러운 모양의 고가구가 탄생하는 과정을 함께하는 노동은 고되었지만 즐거웠다. 친구 성진이와도 영동 야학 이후 오랜만에 많은 시간을 함께 지내며 지난날들의 추억을 되새기며 술잔을 나누곤 했다. 불안하지만 평화로운 날들이었다.

출석하던 교회, 인애교회에 다시 나갔다. 구로에 있는 노동자 교회다.

목사님 부부가 강원도 홍천으로 내려가신 후 지금은 지역선교는 포기하고 옛 친구들이 모여 주일예배를 드리고 있지만, 당시만 해도 구로지역에서 노동자 선교 활동을 활발히 했었다.

많이 보고 싶었다. 김주연 전도사[83], 석희 누나, 은숙 누나, 세연이, 병일이, 병칠이, 정애, 연상이, 인숙이, 인경이, 대준이, 현주, 종환이, 정수, 송기정 집사…

억눌린 자들의 해방을 약속하시고, 고난받는 자들에게 위로를 주시는 하나님. 정의가 강물처럼 넘쳐흐르는 공의로운 세상을 우리를 통

83) 김주연 목사. 인애교회 담임이었고, 그때는 목사 안수를 받기 전이었다.

해 이루시는 하나님. 그 하나님을 고백하며 예배드리고 찬양하며 자신의 일터로 향하는 동지들인 인애공동체의 교우들을 오랜만에 다시 만나니 어머님 품에 안긴 듯했다.

나의 인도로 인애교회에 발을 디딘 이들도 적지 않다.

그중 한 명, 김은숙. 부산에서 신학대학을 다녔고, 80년 광주학살의 배후에 미국이 있었음을 알리고 미국의 책임을 묻기 위해 부산 미문화원에 들어갔던 누이다. 호리호리한 몸매에 서글서글한 눈매를 가진 멋진 여성이다. '오래 징역을 사신 분인데 서울에서 일하고 싶어 하시는 분이 있다. 한번 만나서 도와주었으면 한다.'는 누군가의 소개로 만나게 됐다.

첫 만남에서 두 가지 조건만 충족되면 어디서든 일하고 싶다고 했다. "노동자들과 함께할 수 있는 곳이어야 하고, 교회면 좋겠다." 인애교회가 딱 맞았다.

내가 구속되었다는 소식을 전한 이가 "당신도 몸을 피하라" 했을 때 "두 돌이 안 된 유채 데리고 어디 못 가. 나는 동욱 씨 믿어"라며 변치 않는 신뢰를 보여준 누이였다. 지금은 세상을 떠나 하늘나라 어디선가 사랑했던 노동자들과 잘 지내고 계시리라. 은숙 누나가 세상에 남기고 간 혈육 유채, 하린이 와는 지금도 서로 연락하며 가끔 만나고 있다.

차를 한 대 샀다. 0.5톤 트럭.

차를 가지고 구로 가리봉 지역의 슈퍼마켓에 우유, 요플레 등 유제품 배달을 했다.

대리점에서 한 차 가득 물건을 싣고 나가 매장을 돌며 냉장고를 점검하고, 빈 물건은 채워 넣고 유통기한이 지난 제품은 수거하는 일이었다.

익히 아는 동네 골목들이라 어려움은 없었다.

굳이 얼굴이 팔려있는 이 지역을 택한 것은 운동의 현장을 잠시 떠났다 해도 내가 뜻을 펼치던 곳, 노동자들의 숨결을 느낄 수 있는 곳으로부터 멀어지기 싫어서였을 것이다.

동생과 함께 살 수 있는 집도 구했다. 구로의 끝자락 천왕동에, 인애교회 교우들과 함께 거하게 집들이도 했다. 송기정 집사의 뛰어난 요리 실력이 마음껏 펼쳐졌고, 이렇게 모든 걱정거리를 털고 일상으로 돌아갔으면 하는 생각을 했다.

그렇지만, 겉으론 평온해 보였지만 시한폭탄을 안고 살아가듯 속으로는 늘 불안했다.

언제 터질지 모른다는 불안감이 여전했다.

1992년 추석 연휴, 그해는 추석이 9월 중순으로 빨리 왔다. 오랫동안 신세 졌던 남 총무님 가족과 강화도로 나들이를 다녀왔다. 삼촌 뒤를 졸졸 따라다니는 기민이 기영이와 손잡고 속으로 어색하고 겉으로는 풍성한 평화를 누렸다.

저녁까지 함께하고 밤늦게 집에 들어오는데 마을 어귀에 세워둔 내 트럭 주위에 건장한 사내 대여섯 명이 서성이고 있는 것이 보였다. 느낌이 싸하다. 올 것이 왔구나. 무시하고 집에 들어와 잠자리에 몸을 눕혔다. 잠이 오지 않는다. 집 뒤로는 산이 이어져 있는데 그리로 튈까. 그래 봤자다.

아니, 어쩌면 기다리고 있었는지도 모른다. 이 생활이 계속된다면 몸도, 영혼도 망가져 버릴 것만 같았다. 이 기회에 정리하고 싶어졌다. 까무룩 잠이 들었나 보다.

"신동욱" 하는 소리에 눈을 뜨니 사내들 넷이 내 양팔과 양다리를 짓누르며 지켜본다. 조사가 다 끝나갈 때쯤 해서 들은 얘기지만 내가 힘깨나 쓰는 놈인 줄 알았다나 뭐.

옆에서 자던 동생이 "당신들 누구야" 소리치자 시경에서 나왔다 한다. "잠시 조사할 것이 있어 같이 가줘야 한다. 곧 돌려보낼 것이니 걱정하지 마라." 한다. 구속영장도 없이 하는 불법 연행이었지만 아무도 항거하지 못했다. 그때는 불법 연행쯤은 너무나 당연한 듯 자행되던 시절이었다.

그렇게 두 눈을 가린 채 끌려간 곳이 남산 안기부 지하실이다. 나를 찾기는 그리 어렵지 않았다 한다. 서울에 사는 신동욱이라는 이름의 30대 초반 남자는 서른대여섯 명 되었다 한다. 그중에 검정고시 출신자, 나 하나였단다.

온몸과 온 마음을 바쳐 치열하게 달려온 내 청춘의 푸르렀던 날들이 막을 내리고 있었다.

터널의 끝에서

| 제6장 |

남산 지하실

9월 중순이지만 추석 끝이라 밤공기가 제법 서늘하다. 불어오는 바람 끝엔 가을이 묻어있었다. 얼마쯤 왔을까? 차가 멎고 눈을 가린 채 끌려간다. 계단이다. 말로만 듣던 그 유명한 안기부 지하실인가 보다. 수많은 재야 인사들이 끌려가 끔찍한 고문을 당했다는 곳. 내려가는 길이 무척 길게 느껴진다. 등줄기를 타고 오싹하니 한기가 내려앉는다.

'나 쫄고 있니?'

'설마 죽기야 하겠냐'

나와 동행할 하나님께서 나를 지켜 주시리라. (이사야 43:2)

두 눈을 가렸던 천이 벗겨지자 불빛에 눈이 부시다. 회칠한 듯 하얀 벽, 강렬한 형광등 불빛. 모든 소지품과 옷을 벗어주고 낡은 군복과 고무신으로 갈아 신었다. 옷만 바꿔 입었는데도 위축되고, 무장해제를 당한 처참한 상태가 된다.

백지와 볼펜을 던져 주며 태어나서부터 지금까지의 일을 빠짐없이 적으라 한다. 내가 다른 건 몰라도 기억력 하나는 좋다. 줄줄 써 내려갔다. 몇 대 줘 맞긴 했지만 상상했던 만큼의 매타작이나 심한 고문은

당하지는 않았다.

"또다시 처음부터." 몇 번을 썼는지 모르겠다. 처음 쓴 것과 다음 것이 틀리면 맞고.

"또다시…!"

잠을 안 재우니 며칠이 지났는지도 모르겠다. 밥 먹은 끼니로 어림잡아 날짜를 가늠해본다. 끔찍했던 3일이 지나고 한밤중에 종로경찰서 유치장에 30분 정도 유치되었다가 다시 안기부로 돌아왔다. 이제서야 구속 장소를 종로경찰서로 해서 정식으로 구속영장을 청구하는 것이다. 강제 연행과 불법 구금을 하고 구속영장을 청구하기까지 3일은 징역을 산 기간에도 포함되지 않으니 내 인생에서 3일이 사라진 것이다.

민족해방애국전선, 일명 중부지역당에 관해서는 나보다 저들이 더 잘 알고 있었다. 심지어 장 형과 마지막 만난 시간, 장소, 내용까지도… 사실 난 깊이 관여하지 않았으니 아는 게 별로 없다. 얼마나 많은 사람이 잡혀 왔는지 모르겠지만, 장 형이 조사받은 내용과 맞는지 대조하고 확인하는 것이 이 사건과 관련해서 내가 알고 답할 수 있는 모든 것이었다. 장 형과의 관계에서 있었던 일은 감출 것도 없어 보였다. 부질없는 일에 힘 빼며 매를 벌고 싶지 않았다. 더 이상의 불똥이 다른 곳으로 튀지 않도록, 애꿎은 사람들이 피해를 보지 않도록 하는 것이 내가 할 수 있는 최선의 방어였다.

안기부 수사관 대여섯 명이 한 조가 되어 조사하는데 패는 놈, 어르고 조지는 놈, 달래며 구슬리는 놈, 역할이 잘 나뉘어 있었다. 고문, 협박, 회유가 계속되었다.

"총 쏴서 죽이고 휴전선에 갖다 버리고 월북하는 놈 사살했다고 발표하면 돼." 머리에 총구를 겨누는 시늉을 한다. 말도 안 되는 협박인 줄 알지만, 저들이 뭔 짓을 못하랴 싶으니 겁은 좀 난다.

쏟아지는 졸음을 억제하지 못하고 까무룩 졸면 여지없이 목덜미를 내리친다.

어느 날은 까무룩 조는데 귓속말로 속삭인다. "나한테만 할 이야기 없냐?" 자기도 검정고시 출신이라며 친근하게 대해주던 자다.

"다 털어놓고 나가라. 협조하면 우리가 공항에 면세점 하나 차려 줄 테니 손 싹 씻고 살면 되지 않겠냐" 심지어 김대중에게 공천받아 고향에서 국회의원을 나와보라고 한다. 자기네가 당선되게 도와주겠다며…

정신이 번쩍 든다. 유혹은 항상 내 약한 틈을 노려 찾아온다고 하지 않았던가.

"참혹한 절망에 빠졌던 적이 있습니다. 목구멍으로 피를 넘기는 고통을 겪어야 했습니다. 한 인간의 영혼이 파괴되는 순간을 경험했습니다. 그 마지막 절망의 순간에 제 생명보다 소중한 동지들을 떠올릴 수 있었던 것은 축복이었습니다."[84]

'신동욱, 정신 차려!' 무너지려는 정신을 가다듬는다.

84) 신동욱 최후진술 중.

일주일쯤 지났을까? 수사팀이 바뀌었다. 여태껏 간신히 버티고 있었는데 처음부터 다시 시작이다. 이 지옥 같은 상황에서 벗어날 수만 있다면 요구하는 대로 다 해 주고 싶은 충동이 일어났다.

장 형과 마지막 만나던 날 같이 있던 두 명을 집중적으로 물고 늘어진다. 아는 게 없다. 처음에는 그날 같이있던 박 형이란 사람이 영등포 산선에서 근무하던 박충렬이 아닌지 집요하게 물고 늘어지더니 며칠이 지나지 않아 "김ㅇ한이란 이름의 서울공대 출신"이라며 그의 소재를 집중적으로 캐물었다. 아는 것이 없으니 할 말도 없다. 때리면 맞고, 물구나무를 세우면 거꾸로 매달리고. 잠 안재우면 꾸벅꾸벅 졸다가 또 맞고…

그렇게 얼마나 지났는지 모르겠다. 박 형이 조사실 문을 박차고 들어 온다. 막아서는 안기부 조사관들을 밀치며 다가와 소리친다. "신 형 기운 내십시오. 조금만 더"

"탁!" 번갯불이 번쩍인다. "이 새낀 틈만 나면 졸아. 무서운 맛을 덜 봤구만!"

잠깐 조는 사이 꿈을 꿨나 보다. 나와 동행하시는 하나님의 목소리 같았다. 소리 없는 눈물과 함께 안도의 숨을 토해냈다.

그때 무너졌다면 지금의 나는 없었을지도 모른다. 언젠가 명운 형[85]이 "죽지 않고 살아 있어 줘 고맙다"라는 말에 그때를 떠올리며 울컥했던 적이 있다.

---

85) 김명운, 전국 유가족협의회 의장. 자주 큰 격려를 주었던 선배다.

또 얼마나 지났을까? 이제 더는 못 버티겠다. 동생들과 그간 관계를 맺었던 친구들을 다 잡아들여 조사하겠다고 으름장을 놓는다. 저들이 무엇을 원하는지 가늠해 본다. 본 건 외에 더 확대하지는 않으려는 것이 분명해 보였다.

중간에 한 번, 큰 건을 잡았다는 듯 부산스러운 움직임이 있었다.

권낙기[86] 선생님 이름을 들먹이며 나와의 관계를 추궁해왔다. 구로 지역의 노동자들이 권 선생님과 같이 지리산 등산을 간 적 있는데 그걸 문제 삼았다. 다행히 난 그 행사에 참여하지 않았기에 할 이야기가 없었다. 한 이틀 부산하더니 덮는 눈치였다.

그렇다면 저들이 나에게 원하는 것은?

저들의 말대로 중부지역당이라는 포장을 그럴듯하게 만들기 위해선, 언론에 공표된 그림, 조직표에 맞추기 위해서는 신동욱이 중부지역당의 충북도당 책임자가 되어야 했다. 그러기 위해선 조직에 가입한 것으로 만들어야 했다. 다 들어 주었다. 내 주변 누구에게도 피해가 가지 않도록 하겠다는 약속을 받고…

증거물도 만들어 주었다. 저들이 연결해 준 전화로 후배와 통화를 했다. 이렇게 무너지고 말았다. 주여, 용서하소서.

형이 돼서 단 한 번도 챙겨주지 못한 내 동생들, 지역과 교회에서 함께했던 친구들, 초능 형, 은숙 누나, 병렬이, 세연이, 연상이, 정애, 기현이, 영철이… 아름다운 사람들의 해맑은 웃음이 안개처럼 피어오른다.

---

86) 권낙기. 비전향 장기수 출신, 옥순이 누나 남편.

특히 정애와 연상이에게 큰 빚을 졌다.

서울대 기독학생회 출신인 최정애, 당차고 열정이 넘치는 여성이다. 날 만나면서 인애교회로 적을 옮기고 구로공단의 삼경복장[87]에 취업해 있었다. 내가 구속되었다는 소식을 접하자 어렵게 들어간 회사를 그만두고 도피했고, 상황이 진정되자 전노협[88]에서 실무자로 일했다. 힘든 길 걸어오느라 몹쓸 병을 얻어 투병 중이다.

역시 기독학생회 출신인 장연상. 안기부에서 걸려온 내 전화 부탁을 받고 요구하는 증거물을 구입해 안기부 요원들에게 전달했다. 얼마나 무섭고 두려웠을까. 요구를 들어줘야 '동욱이 형이 무사할 것'이라는 마음 하나로 그 일을 했을 것이다.

우리 모두의 염원이었던 노동자들의 인간다운 삶, 민주주의가 활짝 꽃피는 나라, 갈라진 한반도의 자주적 평화통일, 하나님의 정의가 강물처럼 흘러넘치는 공의로운 세상의 실현을 위해 변치 않고 그 길을 가는 것이 이들에게 진 빚을 조금이나마 갚는 길이라 생각한다.

긴장이 풀린 탓인가. 봇물 터지듯 코피가 쏟아졌다. 이제 잠 좀 자자.

다 끝난 줄 알았는데 구속 기간이 연장됐다. 또 뭘? 별거 없었다.

안기부 조사과정에서 보고 듣고 겪었던 일을 발설하지 않겠다는

87) 구로공단 1단지, 현 구로디지털단지 내 사업장. 현재 코오롱의 전신. 사업장은 외국으로 이전했다.

88) 전국노동조합협의회의 약칭. 현 민주노총의 전신이라고 할 수 있다.

각서를 쓰고, 피의자 신문조서를 작성했다. 저녁이면 충무로에서 초밥, 김밥 등을 사와 "이제 교도소 넘어가면 못 먹을 테니 많이 먹어두라"며 야식도 챙겨주었다. 굳이 구속기한을 연장한 것은 보강 수사가 필요해서가 아니라 고문의 흔적을 지우기 위해서였을 것이란 생각이 든다.

피의자 신문조서 작성하며 한바탕 실랑이가 있었다.

"직업은?"

"혁명가"

무너져 내린 자존감을 지키기 위한 치기였을 것이다.

조서를 꾸미던 수사관이 어이없어하며 쳐다봤지만 오기를 부렸다. 하다 하다 안 되겠는지 타협안을 내놨다. "혁명가는 직업 코드가 없어 안 되니 사회운동가로 하자"

그쯤, 동의하고 엄지손가락에 붉은 인주를 묻혀 작성된 조서에 꾹 찍었다.

밤하늘을 타고 흐르는 노래

10월 2일, 검찰로 송치됐다. 9월 18일 연행됐으니 불법으로 강제 연행된 지 보름을 지나면서야 안기부 지하실을 벗어난 것이다. 서울지검 검사실. 담당 검사는 처음부터 으름장을 놓고 조서를 들여다봤다. "당신 여기서 진술을 번복하면 다시 안기부로 보낼 거야." 뒤에는 나를 조사했던 안기부 수사관들이 검찰 진술을 지켜보며 앉아있었다. 온종일 검찰 조사를 받고 자정 무렵이 돼서야 서울구치소에 도착했다.

싸우며 정든 것도 아닐 터인데, 안기부 조사관들이 '그간 고생 많았다. 조사받으며 있었던 일은 다 잊고 재판 잘 받으라' 위로하며 악수를 청한다. "우라질 놈들, 내가 그 끔찍했던 시간을 어찌 잊겠냐. 네놈들 같으면 잊을 것 같냐."

보름 넘게, 검찰 조사를 받는 동안까지도 계속해서 뒤에 앉아 지키고 있던 안기부 수사관들 손에서 벗어나 교도소 안으로 걸어 들어갔다. 저 문 안으로 들어가면 언제 다시 나올지 몰라 캄캄한 밤하늘을 우러르며 사방을 둘러보았다. 하얀 건물, 높은 담장, 더 높은 망루, 그 너머로 보이는 검푸른 하늘.

모두가 잠든 깊은 밤, 사위가 고요한데 유독 옆에 붙어서 걷는 교도관의 구둣발 소리만이 정적을 깨트리며 크게 들린다. 푸른 죄수복으로 갈아입고 간단한 식기와 세면도구를 양손에 받쳐 들고 걷는 복도가 멀게만 느껴진다. 죄수복 앞가슴에 붙은 수인번호가 낯설다. 5하1방 66번, 앞으로 이름 대신 불릴 호칭이다. 66번!

철커덕, 문이 열리자 눅눅한 냄새가 확 풍겨온다.

0.75평 독방, 높은 천장 위에는 작은 백열등 하나가 흐릿한 빛을 뿌리고 있다.

방 끝에 변기가 놓여 있고 그 너머로 작은 창문 하나.

앞으로 내가 살 방이다.

10월 초임에도 구치소의 밤공기는 무척 쌀쌀했다.

창가에 달라붙어 하늘을 바라본다.

앞 사동(舍洞)의 지붕 사이로 보이는 네모난 하늘. 네모난 하늘에 별이 떠 있다. 오리온의 칼끝에서 반짝이는 별, 시리우스다.

이제부터 재판에 대비해서 준비해야 한다. 안기부에서 진술한 내용을 번복할 생각은 없다. 그들도 약속을 지켰으니 나도 약속을 지키련다. 이 글을 쓰면서 당시 검찰의 공소장을 보니 소설도 그런 소설이 없다. 얼마 전 국가보안법 철폐를 위한 모임에서 내 공소장을 본 장경우 변호사가 재심 청구하자고 했지만, 나라가 더 좋아지면 모를까, 글쎄다.

아무튼, 당시 나는 그런 지엽적인 문구에 관심을 가질 여유가 없었다. 이번 사건에 대한 실체적 진실을 파악하는 것이 더욱 중요했다. 사건이 터지기 전에 내가 가졌던 생각은 거대한 음모와 기획에 의해 사건이 구성되고 있다는 거였다. 그런데, 조사를 받으면서는 꼭 그것만은 아닐 수 있다는 생각도 들었다.

그렇다면 민애전의 실체는?

안기부 이야기대로 중부지역당의 실체는 무엇이고 연루된 사람들의 범주는 어떻게 되는지? 짧은 시간 허용되는 접견을 통해 밖에서 정리되고 있는 사건의 실체를 파악하려고 노력했다. 그러나 속 시원하게 말해 줄 수 있는 사람은 아무도 없었다.

30년이 넘게 지난 지금까지도 이 의문은 명쾌하게 해명되지 않고 있다. 여타 조직 사건과 달리 사건의 열쇠를 쥐고 있는 조직의 상층부, 사건 관계자들에 대한 신뢰가 없기에 더욱 그러하다.

이 사건을 겪으면서 얻은 교훈은 명확했다. 평화와 통일운동은 나와 우리의 힘으로 하는 것이지 그 누구의 도움이나 개입에 의지하려 해서는 안 된다는 것이다.

비단 통일운동 만이 아니다. 타인의 권위나 집단의 위세를 들어 자기를 돋보이게 하고 자신의 주장을 설득시키려고 하는 경우를 종종 본다. 스스로의 힘으로 일을 하려 하지 않고 누군가가 만들어 주었으면 하는 의존적인 생각, 주체적이고 주동적이지 못한 생각들이 모두 여기에 해당한다. 살다 보면 주변에서 이런 일은, 이런 태도는 흔하게 볼 수 있다.

여하튼, 나는 나의 신념과 그에 따른 운동의 정당함을 밝히고, 무죄임을 증명하기 위해 싸웠다.

"평소에 꼭 갖고 싶어 하던 책이 한 권 있었습니다. 그러나 그 책은 시중 서점에서 쉽게 구할 수 있는 책이 아니었습니다. 제가 그 책을 갖고 싶어 한다는 것을 잘 알고 있던 한 친구가 어느 날 저에게 찾아와 그 책을 구할 수 있는 데 사겠느냐고 물어왔습니다. 당연하게도 저는 정말 그 책을 살 수 있다면 돈은 얼마가 들더라도 사겠다고 말했지요. 그런데 몇 차례 만나서 책 내용을 물어보니 제가 원래 갖고 싶어 하던 책과는 다르지 않겠어요? 그래서 저는 그 책을 사지 않았지요. 또한, 친구에게도 너도 산 것이 있으면 물리라고 알려줬어요. 이 경우에도 제가 책을 산 것이 됩니까.[89]

검찰이 12년을 구형했다. 괘씸했을 것이다. 잘못했다는 반성은 손톱만큼도 없고 의심스러운 조직에 가담만 안 했을 뿐 행동의 정당함을 주장하고 있으니. 논거가 없다고만 말할 수 없다. 그렇다 해도 12년을 징역 살라는건 많이 과했다. 지금 와서 돌이켜 생각해 보면 그때 나에 대해, 30대 초반의 혈기방장한 젊은이의 치기 어린 소영웅주의라는 비난을 면키 어려울 듯하다.

변론을 맡은 김창국 변호사님[90]의 수고가 컸다. 재판을 잘 받아 형량을 줄일 생각은 눈곱만큼도 안 하고 운동 논리를 앞세우며 강성으로 치닫는 나를 달래며, 기독교인의 소명과 양심에 따른 행동으로 변론을 이어가셨다. 최종 선고는 4년 형이었다.

주심 판사였던 양삼승 부장판사는 검찰의 구형량에 비추어 내릴 수 있는 최소형량이라며 "꼭 항소하시라"는 당부까지 곁들였다. 원심 재

---

89) 항소이유서 중.

90) (전) 대한변호사협회 회장.

구속되었을 때 곁에서 응원해준 벗들이 있어 평안한 수감생활을 보장받았다. 전 국회의원 윤미향 님이 정신대대책협의회 실무자 시절 양심수 석방 시위에 나섰던 장면이다. 제공 민주화운동기념사업회, 기증자 유럽지역사료수집위원회.

판부는 안기부가 발표한 중부지역당은 실체가 없다고 인정하면서도 민애전과 애국동맹의 조직 활동을 반국가 단체 활동으로 본 것이었다. 항소심, 대법원 모두 원심대로 확정되었다.

결코 가볍지않은 형량이었지만 신념에 따른 행동이었고 그에 따른 대가가 이것이라면 달게 받고 4년의 기간을 휴식과 연단의 시간으로 삼기로 했다. 거칠게 앞만 보고 달려오느라 놓친 것들 뒤돌아보겠노라 속다짐했다.

서울구치소 교도관들은 나를 '징역 체질'이라고 했다.

징역살이란 것이 아무리 여러 번 살아봐도 이력이 안 나는 것인데 징역이 체질인 사람이 어디 있을 것이냐 마는 워낙에 적응을 잘하다 보니 그리 봤던가 보다. 예전에도 어른들한테 "모래밭에다 던져 놔도 살아남을 놈이다"라는 소리를 종종 듣곤 했다.

가장 힘들었던 건 매일매일 삼시 세끼를 벽보고 혼자서 밥 먹는 것이었다. 한번은 담당 교도관에게 부탁해 소지[91]하고 겸상을 한 적이 있다. 밥이 왜 그리 맛있던지…

징역살이라고 해서 맨날 우중충한 것만은 아니었다. 내 위층[92] 에는 같은 사건의 우진성 목사[93]가, 그 옆 '5상3' 방에는 사노맹94 관련 연구회 건으로 들어온 조국 교수가 살고 있었다. 저녁이면 창틀에 매달려 하루의 일상들을 공유하며 사식으로 들어온 간식거리도 나누고, 가끔은 식빵과 요구르트를 발효시켜 담근 막걸리도 나누고, 만화책도 돌려 읽곤 했다. 런닝셔츠를 찢어 끈을 꼬고, 수건을 꿰매 가방을 만들어 창틀 사이로 위 아래층이 소통하기도 했다. 창가에 물을 떠 놓으면 밤새 꽁꽁 얼어붙는 차가운 독방에서 긴 겨울을 나는 동안 통방[95] 시간은 큰 위안이었다.

언젠가 한 번은 '옥중 음악회'를 열어 노래 솜씨를 뽐내기도 했다.

조국 교수의 노래는 기억이 안 나지만 목소리가 참 좋았다. 얼마 전

91) 교도소에서 배식, 청소 등을 하는 재소자.
92) 서울구치소 '5상2' 방.
93) 당시 전도사, 국가보안법 위반으로 징역을 살았다.
94) 사회주의노동자동맹의 약자.
95) 교도관의 감시를 피해 몰래 나누는 대화.

촛불집회에서 '홀로 아리랑'을 부르는 조국 교수의 영상을 보면서 그 때 생각이 났다.

"창살 저편 멀리 아침 해가 따스한 손길로
어루만지는 곳에 떠오르는 그리운 얼굴
지나는 실바람이 소리 없이 내게 다가와
속삭이듯 전하는 꿈속에도 그리운 이름 어머니"

우진성 목사의 우렁우렁한 목소리와 어울린 노찾사[96]의 노래 '그리운 이름'이 밤하늘을 타고 울려 퍼지면, 문득 눈물이 베어 나왔다.

아직 결기가 사라지지 않은 나는 박노해의 시 '민들레처럼'을 불렀다.

"민들레 꽃처럼 살아야 한다.
내 가슴에 새긴 불타는 투혼,
무수한 발길에 짓밟힌대도 민들레처럼,
모질고 모진 이 생존의 땅에
내가 가야 할 저 투쟁의 길에
온몸 부딪치며 살아야 한다.
민들레처럼,
특별하지 않을지라도, 결코 빛나지 않을지라도,
흔하고 너른 들풀과 어우러져 거침없이 피어나는 민들레,

96) 그 시절 민중가요 노래패 '노래를 찾는 사람들'의 약칭.

아~~아 민들레 뜨거운 가슴 수천 수백의 꽃씨가 되어
아~~아 해방의 꿈을 부른다.
민들레의 투혼으로"

그렇게 구치소의 밤은 깊어 갔다.

평화로운 일상만 있었던 것은 아니었다.

일반 재소자들에겐 운동시간과 목욕시간, 5분 정도밖에 주어지지 않는 면회 시간이 가장 큰 불만이었고, 양심수들에게는 집필의 자유가 허용되지 않는 것이 고충이었다. 편지를 쓰고 싶어도 집필 허가를 얻어 손바닥만 한 봉함엽서와 볼펜을 지급받아 주어진 시간 안에 작성하고 검열을 받아야 밖으로 내보낼 수 있는 현실이었다.

서울구치소를 넘어 교정 당국과 싸움이 조직되었다. 전국의 교정시설에 수감 되어있는 양심수들이 동시에 무기한 단식투쟁에 들어갔다. 단식투쟁의 필요성과 목표, 시기와 요구사항, 투쟁 방법 등을 먹지를 받치고 플라스틱 펜으로 꾹꾹 눌러써 격문을 만들어 비둘기[97]를 날렸다.

집필의 자유 보장!

접견시간 연장!

운동시간 연장!

목욕시간 연장!

폐방 시간 이후 철문을 두드리며 샤우팅 소리가 요란하게 울려 퍼졌

97) 비밀리에 외부로 보내는 쪽지.

다. 같은 사건으로 들어온 동지들이 여러 구치소·교도소에 수감되어 있었기에, 접견을 통해 타 교도소 및 서울구치소 내 양심수들과의 연락이 수월하다는 이유로 내가 수감자들끼리 정한 옥중투쟁위원회 위원장을 맡게 되었다.

동조하여 함께 샤우팅 하던 옆방의 재소자가 끌려나갔다. 나는 건드리지 못하면서…

이것도 특권인가? 미안했고 참담했다.

이럴수록 꼭 이겨야만 했다. 더 강렬하게 소리높여 철문을 두드렸다.

모포를 말아 등에 받치고 누워 두 발로 힘껏 철문을 걷어찼다. 쾅쾅쾅!

집필의 자유 보장하라!

접견시간 연장하라!

운동시간 연장하라!

목욕시간 연장하라!

단식투쟁 1주일을 넘기며 협상이 들어 왔다.

편지지와 볼펜을 소지하게 하고 항시 집필을 허용한다.

접견시간은 면회객들의 수요를 충당하기에는 지금의 접견실 공간으론 수용이 불가 하나 최대한 연장해서 10분까지는 보장하도록 하겠다.

운동시간 10분 더 연장,

목욕시간 충분히 보장.

다소 부족한 점은 있었으나 가장 큰 쟁점이었던 집필의 자유가 보장되었으므로 단식을 풀기로 했다. 난 항상 이런 식이다. 요구의 100%

를 이루지 못하고 타협하곤 한다.

허나 개똥철학 같지만 내 나름의 철학과 원칙이 있다. 역사는 작은 승리의 경험을 딛고 진보하고 발전하는 것이라는 굳건한 믿음이다. 전국의 교도소, 구치소에서 동시에 같은 요구를 내걸고 싸울 수 있었던 데에는 민가협 어머니들과 실무진들의 공이 컸다. 그 수고를 이룰 수 있는 성과로 만들고 싶었다. 타협이 아니라 자기역량에 대한 냉철한 인식이다, 그렇게 생각했다. 늘 한결같이 구속된 가족들을 지키며 민주화 투쟁에 앞장서고 계시는 민가협 어머니들께 깊은 존경과 감사의 인사를 드린다.

자갈밭에도 꽃은 핀다.

봄눈이 녹고 창밖에는 민들레가 노란 꽃망울을 터트리던 새봄. 철커덩. 한겨울 동안 나를 가두어 두었던 5하1 방의 철문이 열린다.

“66번 이감”

“어디로?” 원래 알려 주는 게 아니다. 영화에 보면 이송 경로를 파악한 갱단 두목이 도중에 부하들의 구출을 받아 탈옥하는 장면들 익히 보아왔으니…

호송 교도관이 낮은 소리로 귀띔해준다. “목포.”

얼른 창가로 달려가 소리친다. “우진성 동지, 조국 동지, 저 목포로 갑니다.”

소리는 건너 사동 벽에 부딪혀 메아리가 되어 멀리 퍼져 나간다.

기다리고 있었다는 듯 대답이 따라온다. “몸 건강하십시오.”

징역 보따리를 들고 이송차에 올랐다. 이감 가는 이가 나 말고 한 명이 더 있다. 커다란 버스에 그이는 앞쪽에 나는 뒤쪽에 한참을 떨어져 앉았다. 그이는 장흥교도소로 가는 거라 했다. 덕분에 천관산 아래 장흥교도소에서 늦은 점심을 해결했다.

이송 버스가 호남 땅으로 들어서자 풍경이 확 바뀐다. 남쪽으로 내려갈수록 눈에 익은 풍경들이 차창 밖으로 펼쳐진다. 겨우내 얼어붙었던 땅이 풀리며 기지개를 켜듯 봄 농사를 준비하는 들녘들, 푸르른 생기를 품은 연록 빛의 향연들, 붉은 황톳빛의 낮은 구릉들이 꼬리를 물고 다가왔다 밀려간다. 외할머니 품처럼 포근하다. 저 땅을 내 발로 디디며 걸으려면 4년을 더 기다려야 하는구나. 눈앞이 흐려진다.

목포는 따뜻했다. 나보다 먼저 와 살고 있던 동지들이 따뜻하게 반겨주었다. 이듬해 형기를 마치고 출소한 인천대 총학생회장이었던 정성준, 사노맹의 김기수, 강준현, 현정덕, 학내시위로 들어온 서울대생 백경한, 긴 징역을 함께 살아갈 동지들이다. 뒤이어 1년쯤 지나 심상득과 김진배, 이영기가 목포로 넘어왔다. 이들과는 내가 서울로 다시 이송될 때까지 3년여를 함께 살았다.

목포의 정서가 그래서였을까? 아침 개방 이후부터 저녁 폐방 시간까지 거의 자유로웠다. 일반수들이 출역[98]나가면 공안수들 외엔 아무도 없는 사동을 자유롭게 왕래하며, 이야기도 나누고 밥도 같이 먹고 운동도 함께, 샤워도 함께 하며 지낼 수 있었다. 운동시간도 넉넉했다. 규정[99]대로라면 한 사람씩 따로 하면 턱없이 부족할 시간을 4명씩 묶어서 하니 네 배로 할 수 있었다. 여기서 처음으로 테니스를 배웠다. 정식 코트가 아닌 운동장 한쪽에 라인을 긋고 낡은 어망을 구해 네트를 만들어 세워 둔 코트에서 하는 논두렁 테니스였지만 이만한 호

98) 복역하는 동안 작업장에 나가 노역을 하는 것.

99) 공안 사범은 분리수용 규정에 따라 일반 재소자와 접촉은 물론 공안 사범들 간에도 접촉을 금하게 되어있다.

사가 없었다. 보통은 복식을 하는데, 어쩌다 복식, 단식으로 편을 갈라 게임을 하는 경우가 있다. 오징어 내기 등등… 상득이가 운동 신경이 좋았다. 맞붙으면 구석구석으로 공을 찔러 넣는다. 백핸드로 어렵게 받아넘기고 나면 반대편으로 찌른다. 헐레벌떡 달려가 간신히 받아넘기면 또다시 반대편, 기진맥진 헐떡이는 나에게 "형, 맘은 서태진데 몸이 김정구여." 하며 놀려 댄다. 형이라고 부르면서 한치도 봐주지 않던, 못된 녀석.

교도소 창립기념일.

특식이 나왔다.

1인당 삼계탕 한 마리씩.

전례 없이 목포 교도소에 복역 중인 전체 재소자들이 운동장으로 몰려 나왔다.

이날만큼은 축제였다. 커다란 모래주머니를 메고 이어달리기를 하는 선수들의 근육이 꿈틀거리며 살아 움직였다. 승자와 패자가 따로 없다. 얼굴에 번지는 환한 웃음은 힘겨운 징역살이를 하는 사람의 모습은 찾아볼 수도 없다. 모두가 승자이다.

이날, 1년에 한 번 있는 특별 구매가 있었다. 하드였다. 더운 여름, 입안에서 살살 녹는 얼음과자, 아이스께끼! 구매한 하드를 빙 둘러앉아 누가 많이 먹나 시합하듯 실컷 먹었다. 목구멍을 타고 흘러 들어가 창자까지 서늘해지도록… 정덕이는 서른 개 가까운 하드를 먹었고 나도 열여덟 개나 먹었다. 밤새도록 화장실 변기통 위에 앉아 낑낑댔다.

15척, 5m 높은 담장으로 둘러싸인 교도소의 시간은 밖의 시간보다 더디게 흐른다. 남는 시간이 많을 수밖에 없다. 징역 깨는, 남은 형기를 하루하루 지워나가기에 가장 좋은 방법은 역시 책을 읽는 것이었다.

어려서부터 책 읽기를 좋아해서 한번 책을 잡으면 옆에서 엄마가 밥 먹으라고 몇 번을 불러야 알아듣고는 했다. 청소년 시기 우울했던 공장 생활을 하면서도 밤이면 책을 끼고 살았다. 사장이 장식용으로 책장에 꽂아둔 세계문학전집을 내가 읽다 보니 "책값은 짱구가 내야겠다."는 소리를 듣기도 했다. 책 속에는 무한한 세상이 펼쳐져 있었고, 오늘의 나는 전혀 다른 세상의 방문자가 되어 여행을 즐기며 대화를 나누고는 했다.

지금의 교도소는 재소자들의 방에도 책상이 있지만, 그 시절에는 어림도 없는 이야기다. 종이박스를 구해 밥알을 으깨 풀을 먹이고 몇 겹씩 덧대 그럴듯하게 앉은뱅이책상과 책꽂이를 만들었다. 한 평도 안 되는 좁은 방에 가구가 들어서니 비좁게 느껴질 만도 한데 마냥 좋았다. 노동운동에 투신한 이후로 10여 년을 앞만 보고 달리느라 사회과학 서적 외엔 들쳐 보지 않았던 책들을 손에 잡았다. 성경을 다시 보았고 고전들을 가까이했다. 거대 담론만을 좇아오느라 놓치고 지나쳐버린 소소하지만 중요한 것들이 보이기 시작했다.

평화와 통일을 이야기하고 남북의 화해를 부르짖으며 정작 새어머니를 용서하고 화해하지 못한 나 자신이 부끄러워진다. 새어머니하고는 끝내 화해하지 못했다. 가까이 다가갈수록 더 강하게 벽을 치시고, 내가 결혼을 하고, 아이와 함께 찾아뵙기 시작하고서는 더 심해지셨다. 보다 못한 막내 여동생 준희가 "오빠 이제 집에 그만 오는 것이 좋겠어"라고 말했다. 이제껏 내게 못내 아쉬움으로 남아있다.

따뜻한 남쪽 나라라고는 하지만 '일로'[100]의 겨울바람은 차고 매서웠다.

동풍이 불어와 찬바람이 나긋나긋해지고 따스한 햇볕이 15척 담장 안 구석구석을 비추던 어느 날인가, 교도소 높은 담장을 따라 뛰어가다 담벼락 모서리에 핀 작은 꽃을 보았다. 어디선가 날아온 꽃씨가 담장 밑 흙 자갈 틈새로 뿌리를 내리고 꽃을 피워낸 것이다. 경이로움에 뛰던 걸음을 멈추고 무릎 꿇고 허리 굽혀 한참을 들여다보았다. 아름다웠다.

작은 꽃잎 한 장 한 장이 저마다 아름다웠고 그 작은 꽃잎이 모여 꽃송이를 이루는 화합을, 크고 작은 꽃송이가 누구도 다투지 않고 서로를 받쳐주며 들려주는 거대한 합창을 들려주는 듯했다. 화엄(華嚴)의 세계였다. 그날 이후 내 방 창틀에는 꽃 화분이 하나둘 늘어갔다. 쓰고 버린 페트병과 컵라면 용기를 화분으로 삼아 흙을 채우고 원예반에 출역 나가는 재소자들을 통해 모종을 구해 꽃을 키웠다. 칼랑코에, 금잔화, 루드베키아, 소국 등등…, 꽃이 잘 됐다.

할아버지의 내림인가? 회현 할아버지 댁 마당에는 온갖 화초들이 많았다. 탱자나무 울타리를 따라 앞마당뿐 아니라 뒤란에도, 채송화, 봉숭아는 물론 꽈리며 온갖 꽃나무들이, 심지어 양귀비까지. 꽃을 키

100) 목포교도소의 별칭. 행정구역 상 무안군 일로읍에 소재하고 있다.

우는 내 방을 들여다본 어느 재소자가 새도 한번 길러보라며 십자매 새끼를 가져다주었다. 털도 안 나고 아직 눈도 못 뜬 붉은 알몸의, 알에서 갓 부화한 새끼였다.

"얘를 어떻게 키워"

그러자 먹이를 급식할 도구를 건네주며 친절하게 가르쳐 준다. 도구라고 해봤자 요구르트 빨대에 막대를 깎아 끼워 만든 간단한 도구였다.

새 모이인 조를 곱게 빻아 물에 개어 묽은 죽처럼 만들어 주사기처럼 막대를 쭈욱~ 잡아당기면 묽은 죽이 빨려 올라온다. 다시 막대를 밀면 먹이가 투입되는 원리였다.

이유식을 한 지 열흘쯤 지나자 붉은 몸뚱이가 솜털로 덮이고 눈을 떴다.

새는 눈 뜨고 처음 보는 이를 제 어미로 기억한다고 한다. 가까이 다가가기만 해도 입을 쩍쩍 벌리며 밥 달라고 보챈다. 혼자 살던 독방에 함께 지낼 친구가 생겼다.

한번은 접견을 마치고 바로 운동하고 들어오느라 애 이유식 주는 것을 깜박 한 적이 있다. 방문을 열고 들어가는 소리에 날지도 못하는 애가 둥지에서 뒤뚱거리며 나오다 낙상을 했다. 슬라이딩 캐치. 다행히 다치지는 않았다. 손바닥 위에서 입을 쩍쩍 벌리며 날 바라보는 눈빛에 원망과 간절함이 가득 차 있었다. 이런 눈빛을 본적이 딱 한 번 있었다. 장 형과 헤어질 때다.

"미안 미안" 서둘러 이유식을 준비해 먹이자 조금 안정이 되는 눈치다. 한 달쯤 지나 날 수 있게 되자 '삼새'[101] 재롱에 징역살이가 심심치 않았다. 아침에 눈을 뜨고도 일어나지 않고 누워 있으면 눈치를 보다 포르르 날아와 귓불을 물고 흔들어 댄다. 빨리 일어나서 밥 달라고…

책상에 앉아 글을 쓰느라 저를 쳐다보지 않으면 책상 위로 날아와 앞에서 얼쩡거린다. 그래도 못 본 척하면 볼펜 심을 물고 흔들어 댄다. 저랑 놀아 달라고.

정덕이가 키워 보고 싶어 해 잠시 맡겨 뒀더니 닫힌 철문 시찰구 쇠막대 사이로 빠져나와 내 방으로 날아서 돌아왔다. 정덕이가 있던 방은 복도 맨 첫 방, 내 방은 복도 맨 끝 방이라 30여 미터는 족히 되는 거리인데 그 귀소본능이 예사롭지 않게 느껴졌다.

징역 사는 동안 너무 오래 앉아있었나 보다. 고질병인 치질이 심해졌다. 취사장에 부탁해 온수를 말 통으로 받아 온열 찜질을 해봐도, 죽염 치료를 해봐도 소용이 없었다. 의무과에서는 수술밖에 방법이 없다고 한다. 목포 시내에 있는 외부 병원에 나가 수술을 받았다.

창밖으로 멋진 산이 보여 물어보니 유달산이라고 한다. '자유의 몸이 되면 한번 와봐야지' 했는데 여적 가보질 못했다. 마취에서 깨어나니 발목에 족쇄가 채워져 침대에 묶여 있었다. 끔찍했고 기분이 더러웠다. 저녁에 보안과장이 음료수를 사 들고 면회를 왔기에 "이딴 음료수 말고 저거, 족쇄나 풀어주쇼, 도망가지 않을 테니."

한동안 난처한 표정을 짓다 큰 선심을 쓰듯 풀어준다.

살면서 수갑도 몇 번 차봤고 포승줄에 묶여도 봤고 계구(戒具)에 묶

101) 인천산선의 남총무님의 딸 기민이가 지어준 이름이다. '삼촌하고 사는 새'라는 말.

여도 봤지만, 족쇄까지 차볼 줄은 생각도 못 했다. 젠장…

그즈음, 함께 징역 사는 동지 누군가의 생일이었다. 미리 구매해둔 참치캔을 따 전 도 부치고, 요구르트와 식빵을 발효시켜 만든 막걸리도 내놓아 풍성한 생일잔치를 하고 오랜만의 여흥도 즐긴 날이었다. 폐방 시간도 한참 지나 막 잠자리에 들려고 하는 순간 담당 교도관이 철문을 두드린다. 접견이란다. '아니 오밤중에 웬 접견'. 안기부에서 나왔다 한다. 이건 또 뭐람, 자다가 봉창 두드리는 소리도 아니고…

생각할 시간이 필요했다. 밤이 늦었으니 돌아가고 내일 다시 오라고 전하라며 접견을 거부했다. 한참 있다 보안과장이 달려오고 뒤따라 교도소장이 나타났다. 꼭 오늘 만나야겠다고 한단다. 일단 잘 있는지 얼굴만 확인하고 돌아갔다가 내일 다시 오겠다고 하니 나와 달라고 통사정이다.

그렇다면 특별 접견실이 아닌 일반 접견실에서 만나 얼굴만 보여주고 돌아오는 것으로 약속을 받고 나갔다. 특별 접견실은 응접실처럼 꾸며져 있어 신체 접촉이 가능하지만 일반 접견실은 유리 벽이 가로막혀 있어 유리 벽 사이로 난 작은 구멍을 통해 대화를 나눌 수 있는 구조로 되어있다. 같은 동에 살고 있던 공안수들이 시찰구에 얼굴을 디밀며 나가지 말라고 아우성이다. 얼굴만 보여주고 들어오기로 했으니 걱정하지 마시라 손짓을 하며 접견실로 향했다. 대범한 척 말은 그렇게 했어도 불길한 느낌을 떨칠 수가 없다. 모두가 잠든 밤, 숨소리조차 들리지 않는 사동 복도를 걷는 발소리만이 유난히 크게 들린다.

접견실에 들어서니 유리 벽 너머에 네 사람이 서 있다. 두 명은 서울에서 내려왔고 한 명은 전남지부, 또 한 명은 목포 담당이라고 인사를 한다. “몸은 건강하냐, 어디 불편한 데는 없느냐.” 오밤중에 내려온 안기부 요원이 묻기에는 싱겁기 짝이 없는 소리를 늘어놓으며 안부를 묻는다. 무엇 때문에 왔는지 도대체 감을 잡을 수가 없다.

교도소 입장 생각해 나와준 것이니 “잘 있는 것 확인했으면 돌아가고 내일 다시 오시라”며 뒤돌아 나왔다. 잠이 오지 않는다. 애써 기억에서 지워버린 안기부 조사과정들을 떠올려봐도 잡히는 것이 없다. 혹시 김○한 동지가 잡힌 것인가? 아니면 그날 함께 있었던 정 형이란 동지가? 거의 뜬눈으로 밤을 지새우고, 다음날 날이 밝자 불려 나갔다.

영등포산업선교회에서 실무자로 일했던 박충렬과의 관계에 대해서 꼬치꼬치 캐물었다. ‘아, 이거였나’ 안기부 조사과정에서도 내가 박 형이라 부르던 김○한이 박충렬이 아닌가 의심하며 캐물었던 적이 있다. 오래전 반제동맹 사건으로 구속된 적이 있었던 박충렬 동지는 항상 요시찰 인물이었던 셈이다. 그렇더라도 잘못 짚은 것이었다.

거리낄 것이 없었다. 한때 서울기노련 사무실이 영등포산업선교회 내에 있었고, 동년배로서 자연스레 친구처럼 지내왔을 뿐이고, 조금 더 나가자면 평화통일 운동에 대해 이러저러한 의견을 주고받은 관계였다. 사실대로 진술했다. 더 물을 것이 없었는지 “남은 징역 잘 사시라” 인사를 남기고 갔다.

끝난 줄 알았는데 그게 끝이 아니었다. 얼마 지나지 않아 영등포 교도소로 이감이 떨어졌다. 추가 조사할 것이 남았다고 했다. 비록 징역살이지만 정들었던 목포를 떠나는 게 못내 아쉬웠다. 함께 긴 징역을 살아냈던, 그리고 앞으로도 살날이 더 남은 동지들, 간수와 수인의 관계라기보단 한 직장 동료들처럼 대해줬던 교도관들, 모두가 이별을 서운해했다.

한참의 세월이 흐른 후, 결혼을 약속한 지금의 아내와 함께 목포 교도소에 아직도 징역을 살고 있는 동지들 면회 갔을 때, 사동 담당이었던 교도관들이 목포 시내로 나와 저녁 식사를 대접해주어 지난날 못다 나눈 회포를 풀었다.

이감, 영등포로 의정부로

따뜻한 목포를 떠나 징역 보따리를 풀어놓은 영등포 교도소는 전혀 딴 세상이었다. 겨울이 오기에는 아직 한참이 남아있는 늦은 가을이었는데 삭풍에 몸이 시렸다. 오래전에 지어진 교도소라 작은 틈새로도 바람이 숭숭 들어왔고, 무엇보다 고역이었던 것은 머리맡에 있는 재래식 화장실을 통해 커다란 쥐들이 들락거리는 것이다. 고무장갑 안에 헝겊을 넣어 변기 구멍을 틀어막아도 그 큰 머리로 밀어내고 올라오곤 했다. 잠깐이라도 방을 비우면 방안에 남겨둔 먹을 것들을 다 물고 가버렸다. 교도소 짬밥이 좋았는지 영등포 교도소의 동물들은 뭐든 컸다. 쥐는 덩치 좀 작은 고양이만 했고, 비둘기는 독수린지 비둘긴지 분간이 안 갈 정도로 컸다.

여기선 규정대로다.

일반 재소자들과 부딪히지 않게 운동도 혼자, 목욕도 혼자였다. 시간이 지날수록 목포가 그리워졌다.

영동 야학의 맏형격인 귀환[102]형이 면회를 왔다. "불편한 것 없냐?"

102) 오귀환. 전 한겨레신문사 편집국장.

는 질문에 화장실이야 차치하고 "숭숭 뚫린 구멍으로 들어오는 한기에 초겨울인데도 몸이 시려 잠을 잘 수 없다."고 하소연을 했다. 접견 기록을 위해 배석했던 교도관이 형을 알아보며 인사를 한다. '손경하는 기자'님을 뵙게 되어 반갑다고 했다. 접견을 마치고 방에 들어온 지 얼마 안 돼 바람 숭숭 들어오는 시찰구를 두꺼운 셀로판지로 막아준다. 내 방뿐 아니라 교도소 내 모든 방을 그렇게 했다. 어쩌면 언론에 나갈까 두려웠던 모양일 게다. 언론 권력의 힘은 여기서도 통했다.

뒤늦게 안 사실이지만 오래전 영등포산업선교회에 선교사로 있다가 호주로 돌아간 민희[103]가 면회를 온 적이 있다 했다. 외국인이라고 접견 신청이 거부당해 몇 시간을 교도소 면회실 밖에서 항의하다 비행기 시간 때문에 돌아갔다는 이야기를 한참 지나서야 들었다. 민희는 구로동의 몇몇 친구들과 같이 지리산 종주도 함께한 적이 있고, 목포에 있을 때도 호주 교회의 아이들을 조직해 편지와 카드를 보내왔던 친구다. 지금은 제 나라 호주에서 외국인 여성 노동자들을 위한 일을 하며 살고 있다.

징역 사는 동안 친구들뿐 아니라 호주, 폴란드, 오스트리아 등 앰네스티를 통해 받은 편지와 카드가 천여 통은 되는데 좁은 집으로 이사 다니며 들고 다니기 불편해 가게 한구석에 보관했다가 장마철 습기에 심하게 손상돼 버리게 된 것이 못내 아쉽다.

---

103) Debbie Carstens. 민희라는 이름은 성문밖교회 노동자들이 지어준 이름이다.

안기부 수사관들이 목포에 찾아와 물었던 박충렬 건104)으로, 몇 차례 검찰에 불려가 참고인 조사를 받았다. 사실 조사라고 해봤자 별거 없었다. 깊은 관계가 있었던 사이도 아니고 산선을 들락거리며 인사 정도 나누는 사이였을 뿐인데, 가끔은 점심시간에 같이 족구도 하고 탁구도 치며 즐겼을 뿐 그 흔한 술자리 한번 갖지 않은 관계였다. 그런 나를 참고인이라고 불러다 놓고 '박충렬의 사상 성향'에 대해서 묻고 있는 검사가 한심스럽기도 했다. 겨우 그걸 조사한답시고 목포에서 불러올렸다는 사실에 화가 나서 항의하기도 했다. 몇 달이 지나 재판에 출석해 참고인 증언까지 해야 했다.

검사가 "피고인 박충렬은 어떤 사람이냐?"는 질문에 "노동자들에 대한 애정이 깊고 한반도의 평화통일에 굳은 신념을 가진 훌륭한 동지"라고 답했다. 참고인 심문을 마치고 일어서는데 방청석에 앉아있던 최한배 형이 엄지를 세우며 씽긋 웃는 게 보인다. 한배 형 외에도 몇몇 동지들의 반가운 얼굴이 보인다. 몇 마디 인사라도 나누고 싶었지만, 법원 경위들에게 둘러싸여 끌려 나왔다.

모든 게 끝나고 목포로 다시 돌아갈 날만 기다리고 있었는데 의정부 교도소로 이감 통보가 왔다. 남은 징역 6개월 정도, 그래 날도 풀렸는데 의정부면 어떠랴. 목포와 서울을 오가며 내 옥바라지하느라 힘들었을 동인이의 부담도 조금은 덜 수 있을 듯했다. 이 무렵 동인이는 내

104) 당시 그는 '간첩죄' 피의자로 수사받았고, 국가보안법 위반 수감생활 후 현재는 강화도에서 귀농생활을 하고 있다.

구속 이후 그동안 일하던 민가협 실무자를 그만두고 호텔에 취업해 있었다. 민가협 실무자로 받는 활동비로는 옥바라지와 생활을 감당하기에는 턱없이 부족했기에 어쩔 수 없는 선택이었다.

의정부 교도소에 공안수는 나 한 명뿐이었다. 얼마 지나지 않아 민주노총의 단병호 위원장과 조직 활동을 하다 태무가 들어왔다. 독거 시설이 따로 없었는지 2평쯤 되는 다인실 큰 방을 줘서 몇 년 만에 널찍한 방에서 네 활개를 활짝 펴고 잠을 잤다.

의정부에서 '조직폭력' 수형자 한 명이 방문 앞에 와서 인사를 하는데 목포에서 같이 살았던 성준이 고등학교 동창이라고 자기소개를 한다. 제주도 폭력조직의 '넘버 투'인 이 친구 덕에 아침마다 조폭들의 깍듯한 문안 인사를 받아야 했다. 번번이 구십 도로 허리 굽히며 "선생님 안녕히 주무셨습니까?" 하는 게 영 민망하곤 했다. 불편한 것 있으면 말하라고 하지만 나야 워낙에 환경변화에 적응 잘하는 징역 체질인지라 딱히 불편한 건 없었다. 컵라면을 먹고 싶을 때 온수통에서 나오는 미지근한 물 말고 펄펄 끓는 물정도… 이런 걸 금세 이 친구들이 해결해 주었다.

어느 날 아침 펼쳐 든 신문에 박힌 활자가 눈에 들어온다. '야음을 틈타 중금속이 든 폐수를 하천에 방류하여 물고기가 떼죽음을 당했다.'라는 기사였다. 이 일로 공장주와 폐수를 방류한 노동자가 구속되었다는 소식과 함께…

안타까운 일이었다. 생태계를 파괴하고 자연환경을 오염시키는 일을 아무 죄의식 없이 지시하는 공장주도 공장주지만 먹고살기 위해 부당한 지시라도 시행해야만 하는 노동자의 처지가 안타까웠다. 단병호 위원장님 방을 찾아가 제안했다.

사업주의 부당한 지시를 거부할 수 있는 노동자의 권리, 산재의 위험이 도사리고 있는 위험한 작업을 거부할 수 있는 노동자의 권리, 자연과 환경을 지키기 위해 이에 위해를 가하는 작업을 거부할 수 있는 권리, 이를 포괄하여 '노동자 권리장전' 같은 걸 민주노총 이름으로 발표하면 어떻겠냐고. 노동자의 안전뿐 아니라 지구와 환경을 생각하는 노동자들의 의지를 보여주는 것은 민주노총이 사회문제 전반을 함께 고민하는 단체임을 보여주는 기회가 될 수도 있겠다는 의견도 드렸다.

한참을 깊이 생각하시던 단 위원장님은 "신 동지 의견은 좋은데 아직은 우리 노동현장의 조건이 거기에까지 함께할 여건이 안 된다."며 아쉬워하셨다. 출소 후에도 이 문제를 여러 동지와 의논했지만, 현장 밖에 있는 동지들은 다들 좋다고 한 반면, 일선 현장에 있는 동지들은 고개를 저었다.

당시 '한겨레21' 편집국장으로 있던 귀환 형이 내 이야기를 듣고 "지면을 내줄 테니 연재를 하자"고 했지만, 일선 현장에서 일하는 동지들께 누가 될까 싶어 글을 쓰지 못했다. 아니 이건 변명이었고 솔직히 말하자면 용기가 없었다.

내 생각이 지면을 타고 세상에 나가면 노동조건 개선, 노동기본권 확대를 중심 의제로 내세우는 현존 노동운동 주역들과 논쟁의 불씨가 되어 이러 저러한 반론들에 부닥칠 것인데 이를 감당하고도 운동권 내부에 문제를 제기할 만한 목적의식도, 준비도, 용기도 없었다. 대신

특별기고

감옥을 위한 사색

어느 공안수 출신이 바라본 교정 · 교화시설의 현주소

신동욱

전 한국기독노동자총연맹 의장
전 서울노동운동단체협의회 공동대표
92년 남한조선노동당 사건으로 구속
96년 9월21일 4년 만기 출소

재소자 대 교도관의 비율이 전국 평균 5:1이다. 특히 올 여름 필자가 있던 의정부교도소의 경우는 최대수용이 1천2백명인데도 1천8백명 가량이 수용돼 교정행정이 마비될 지경에까지 이른 적이 있다.

4년 만에 세상에 나와 보니 모든 것들이 참 많이도 변했다. 삽과 쟁기로 땅을 일구고 인편에 소식을 전하던 시절에도 10년이면 강산이 변했다 하는데, 대형 중장비와 첨단 컴퓨터통신을 사용하는 요즘에야 오죽하겠는가!

4평 방에 20명이 우글우글

며칠 전 일이다. 책을 한권 살 일이 있어 광화문에 있는 교보문고에 간 적이 있다. 사방에 가득 진열된 책, 발 디딜 틈조차 마땅치 않은 빽빽이 들어찬 사람들 속에서 그만 길을 잃고 말았다. 사려고 했던 책들이 있는 코너를 찾는 일은 고사하고 내가 들어온 입구가 어디쯤인지 어느 곳으로 가야만 여기를 빠져나갈 수 있는지를 종잡지 못하고 한동안 그렇게 멍하니 서 있어야 했다. 모임 자리에 가도 마찬가지다. 열기를 뿜으며 무언가를 토론하던 모습은 간 데 없고, 진지한 이야기 몇 마디 주고받다 어느 사이 뿔뿔이 흩어지는 사람들을 바라보며 물빠진 갯벌에 혼자 서 있는 듯한 느낌을 받는다. 이 모든 것이 익숙지 않다. 육중한 철문을 열고 15척 옥담 밖으로 나온 지 한달여가 지났건만 아직도 바깥 세상보다 감옥이 더 가깝게 느껴진다. 그러나 이것도 잠시 동안일 뿐, 시간이 지날수록 15척 담 안에 둘러싸인 감옥 안의 일들은 번잡한 바깥 세상에 자리를 내주고 내 기억 속에 차곡차곡 접혀들 것이다. 그렇게 되기 전에 그 안에서 느꼈던 문제들에 대해 이야기하는 게 아직도 그곳에 남아 턱 밑에 다가올 겨울을 걱정해야 하는 동료들과 열악한 근무조건 속에서도 성실히 일하려는 교도관들에 대한 책임을 조금이나마 더는 것이라는 생각이 들어 이 글을 쓴다.

지난해 국정감사 자료에 따르면 95년 9월 현재 전국 교도소와 구치소 39곳에 수감된 재소자는 모두 5만9천3백33명이다. 전국 39곳 구금시설에 평균 1천5백명의 재소자가 수용돼 있는 셈이다. 국제적 수용기준인 '피구금자 처우에 관한 최저기준규칙'(1957년 유엔 경제사회이사회 결의)의 적정수용인원 1곳 5백명에 비춰 무려 3배에 이르는 수치다. 더욱이 재소자에 대한 격리와 교정교화를 담당하는 전국 교도소 교정공무원의 숫자는 95년 9월 현재 1만1천7백28명으로 재소자 대 교도관의 비율이 전국 평균 5:1이다. 특히 올 여름 필자가 수용돼 있던 의정부교도소의 경우는 최대 수용인원이 1천2백명인데도 1천8백명 가량이 수용돼 교정행정이 마비될 지경에까지 이른 적이 있다.

그렇다고 해서 교정공무원을 충원해 늘어나는
을 분담케 하느냐 하면 전혀 그렇지 않다. 이것이
정부가 주장하는 '작은 정부'와 무슨 관계가 있는
수 없지만, 늘어나는 재소자를 감당키 어려운 실
도 교정공무원을 증원하지 않고 있는 것만은 분명하

이런 현실은 그 부담이 재소자에게 고스란히 돌
수밖에 없다. 올 여름 의정부교도소에는 10~12명
활하게 돼 있는 4.5평 대(大)방에 20여명이 수용돼
이 따로 없는 형국이었다. 하(下)층은 그래도 조금
지만, 상(上)층은 푹푹 찌는 내양 볕에 슬래브지붕
구어지면 좁디좁은 방은 말 그대로 찜통이 돼 20여
건장한 사내들이 눈만 껌벅이며 땀을 줄줄 쏟고 있
했다. 등줄기에 흐르는 땀을 주체하지 못해 사방 30
되는 조그마한 배식구를 통해 불어오는 바람에 땀을
히는 나에게 "형! 그래도 여기는 천국입니다. 상층
수들은 정말 불쌍해서 못 봐주겠어요." "돼지우리도
렇지 않을 거예요." 사방 복도에 있어도 방에서 풍겨
는 역한 땀냄새에 코를 싸쥔다는 소지(사방 복도에서
소와 배식을 담당하는 재소자)의 말을 듣고 그 이후로
히 덥다는 소리를 못하고 살았다. 생각해보라. 4.5평
면 보통 가정집의 안방 정도 크기다. 그 속에서 기골
장대한 사내들 20여명이 먹고… 싸고… 잔다는 것을.

'개별교화' 프로그램은 꿈 같은 이야기

과밀수용으로 인한 문제는 이뿐이 아니다. 사회적으
격리 구금돼 있는 재소자들에게는 다시 사회로 복귀했
때 징역 사는 동안의 시차를 극복하고 원활한 사회적
력을 높여 재범의 충동을 막기 위한 교정교화 프로그
이 절실하다. 그러나 시설과 직원이 절대적으로 부족
조건에서 교정교화는 표어와 머릿속에서만 있는 구호
뿐 현실은 격리, 구금의 차원을 넘어서지 못하고 있는
이다.

한 예를 보자. 96년 8월26일 개정된 행형법 시행
중에는 재소자들의 높은 관심을 끌었던 조항이 하나
다. 재소자가 사회 복귀에 필요한 유익한 정보를 접하고
필요한 지식을 습득하게 할 수 있도록 라디오 청취와
레비전 시청을 허용하고(시행령 114조) 서신 발송 횟수
의 제한을 철폐(시행령 61조)한다는 내용이었다. 하지
만 그 이후 전국 어느 교도소에서도 이전부터 녹음해서
들려주던 라디오 청취 말고 텔레비전 시청이 허용되었
다는 소리를 듣지 못했다. 서신 역시 직원의 과중한 업

961121 | 66

한겨레21 96.11 기고 글.

실제로는 1일 1통으로 제한하고 있

법은 '교도소장은 …을 할 수 있
, 법석 강제규정인 "교도소장은 …
'가 아닌 이상 교도소장의 권한과
게 되는 것이다. 그렇다면 돈도 없
속해 뭔가 새로운 것을 시도하다 사
견책이나 당해 진급이 막히는데 어
재소자 교정교화의 신념을 가지
업을 추진하겠는가. 재소자의 처우
견담을 할라치면 "법이 바뀌면 뭐합
이 보장되고 예산이 주어져야 일을
당직원의 입에서 행정쇄신위가 수
행형법 개정은 문민정부의 개혁성
선언적 의미 이상을 발견하기 어려

로 인한 문제는 그뿐이 아니다. 30
시돼 있는 접견시간(시행령 54조)
우 직원부족과 시설(접견실)부족으
정도 하는 게 대부분이며, 의정부
우 미결 재소자 3~5분, 기결 재소자
의 시간밖에 주어지지 않았다. "부
니가 오셨는데 인사 하고 몇 마디
다 접견시간이 다 돼… 그냥 나
판준비에 대해 이야기를 하려
이거야 인사하다보면 '접견끝'이
소자들의 항변과 "그렇지 않아도 접
새로 만들어지고 있습니다. 하지만
는데 접견실 늘린다고 그 문제가 뭔
지 모르겠습니다" 하던 보안과장의
의 교도소가 현재 서 있는 위치를 실

에서 재소자 개인에 대한 신상을 파
에 맞는 개별 교화 프로그램을 짠다
같은 이야기일 뿐이다. 출소하기 전에
게 한 가지 제안을 한 적이 있다. "직
예산도 없는데 모든 문제를 교도소 자
것보다 사회단체나 종교단체의 지원
어떻겠습니까? 외부인들이 교도소를
하게 되면 교도소의 대국민 이미지 개
과도 얻을 수 있고, 궁극적으로 교정행
화와 교도관들의 근무의욕을 높일 수
라 생각되는데요."

자수부터 줄이자

참신한 제안이라 생각하며 열심히 설
안과장은 항상 교도소에 대한 불만을
공안수가 진정으로 교정행정을 고민하
람이라고 느꼈는지 진지하게 들어주었
결론적인 답변은 현실의 벽만을 확인

할 수 있었을 뿐이다.

"좋은 제안입니다. 차차 그렇게 돼야지요… 한데 지금 당장은 찾아오겠다는 사람들조차도 막고 있는 실정입니다. 오면 안내하고 재소자를 계호할 직원을 붙여야 하는데 지원이 있어야지요."

어디서부터 풀어야 하는 것일까?

긴 안목에서 보자면 수용시설을 국제기준에 맞는 5백명 이하의 소규모 교도소로 바꾸고 재소자의 특성에 따라 차별화 중층화하는 하는 것이다. 그래야만 특성에 따른 적절한 교화 프로그램의 개발과 운용이 실질적으로 될 수 있을 것이다. 또한 재소자 대 교도관의 비율은 현재의 5:1에서 2:1 수준까지 낮추고 일선 교도관들에게 재소자의 상담권을 줘 일선에서부터 교정교화가 이루어질 수 있도록 해야 한다. 현재의 체제 속에서 일선 교도관은 '열쇠 들고 문 따고 닫는' 역할말고는 아무 것도 할 수 없게 돼 있다.

정부 당국이 지금부터라도 여기에 대한 장기적인 계획을 세우고 추진해주길 바란다. 하지만 이는 시간이 필요한 일… 우선 당장 시급히 할 수 있는 일이 있다면 그것부터 시작하는 것이 좋은 것이다. 당장에 재소자 비율을 낮추는 가장 좋은 방법은 구속자수를 줄이는 일이다. 우선 구속하고 보자는 수사편의주의가 숱한 미결구속자를 양산하고 있다는 것은 이미 여러 곳에서 지적된 바 있다. 증거인멸이나 도주의 우려가 없고 벌금형 정도로 추정되는 가벼운 범죄에 대해선 불구속수사를 원칙으로 하는 관행을 세워야 하겠다. 둘째, 기존의 5:1의 구도조차 무너지고 있는 재소자 대 교도관의 비율을 정상적으로 낮추기 위한 교도관 충원계획이 시급히 세워져야 한다. 셋째, 교정교화에 필요한 프로그램의 개발과 재원 확보가 지원돼야 한다. 중앙의 지원과 지역사회의 참여방안이 함께 모색돼야 할 것이다. 마지막으로 행형법과 시행령을 교정교화의 선진화 세계화를 위해 새롭게 정비해야 한다.

사실 교도소에 대한 이야기를 하려고 하면 맨 먼저 튀어나오는 말들은 이 이야기가 아니다. 종교집회조차 참석하는 것이 허용되지 않았던 철저한 독거수용의 온갖 반이성적인 현실, 수년 동안의 사색과 고뇌가 담긴 글들을 가지고 나올 수 없던 집필제도의 문제… 하고 싶은 이야기들이 너무 많다.

하지만 이번에는 그 이야기들을 잠시 미뤄두기로 했다. "우리는 노동자인데 밖에 나가거든 우리들 어려운 이야기도 좀 해주십시오" 하던 한 교도관의 말은 그래서 의미를 지닌다.

어느덧 시간이 새벽을 향해 치닫고 있다. 이 시간쯤 철창에 기대서면 바로 머리 위에서 반짝이던 새벽별 하나가 생각난다. 그 시간 잠깨어 별을 바라보던 친구들도….

감옥 안은 겨울이 빨리 온다. 푸르던 나뭇잎에 노랗고 빨간 물이 곱게 들기 시작하면 거긴 벌써 겨울이다. 따뜻한 구들에 등을 대고 누우면 차가운 마루청에 담요 한장 깔고 잠을 청하던 친구들이 생각난다. 가슴이 따뜻하던 정덕이, 선불 맞은 멧돼지처럼 씩씩대던 영기, 겨울이면 유난히 추위를 많이 타던 준현이. 혼자 사는 징역이 더 힘들 테부…. 21

67 | 한겨레21

교도소의 재소자 인권문제를 다룬 글을 기고[105]하는 것으로 귀환 형의 호의에 답했다.

출소일이 가까워지자 앞으로 살아갈 일에 대한 설계로 바빠졌다. 간직해온 뜻을 접을 생각은 없다. 그러나 생계를 꾸리고 사회에 뿌리 내리고 살아야 했다. 우리가 꿈꾸는 세상은 하루 이틀에 오는 것이 아니라 평생을, 대를 이어가며 만들어가야 할 세상이었기에 긴 호흡으로 준비하려 했다.

취업하여 직장에 다니기엔 국가보안법 위반 전과자라는 딱지가 용납이 안 될 것이고, 할 수 있는 일이라면 자영업 정도가 되지 않을까 싶었다. '꽃을 사랑하는 남자, 꽃 파는 남자' 콘크리트로 회칠한 도시에 녹색의 생명을 전하는 일이라면 내 취향과도 맞고 사업성도 있어 보였다. 그래, 이 길로 한번 알아보자.

그렇게 결심한 일이 지금까지 생업으로 이어지고 있다.

1996년 9월 21일

시계 바늘이 0시를 넘어서자 방 철문이 열린다.

"출소입니다. 나가시죠." 1,468일 간의 수형 생활을 마치고 이제 자유의 몸이 되는 것인가. 실감이 나질 않았다.

어제 저녁에 출소자 대기방으로 옮겨와 있던지라, 낯선 방을 천천히 둘러 보고 미리 꾸려놓은 짐 보따리를 들고 문을 나섰다. 멀리서 소란

105) 한겨레 21. 1996, 11, 21, 66~67쪽

스러운 소리가 들려온다. 길을 안내하던 교도관이 밖에 사람들이 많이 와 있다고 전해준다. "보통은 아침에 내 보내는데 저리 몰려와서 소리치니 시간 맞춰 문을 여는 겁니다."라며.

교도소 담장 안에서 유일하게 밖으로 향한 커다란 문 앞에 다다르자 옆에 있는 작은 문을 열어주며 "이리로 나가시면 됩니다." 하며 권한다. 한시라도 빨리 이곳을 벗어나 그리운 가족, 친구들을 보고 싶은 마음에 발걸음을 급히 떼는데. "그리로 나오지 마." 하는 소리가 들려온다. 민가협 어머니들이시다. "왜 쪽문이냐? 당당하게 대문으로 나와야지!" 당황한 교도관들이 바삐 움직여 육중한 철 대문을 열어주었다.

일찍부터 도착해 기다리시던 분들이 시계 바늘이 자정을 넘기자 그 때부터 철문을 두드리며 "시간 됐으니 빨리 석방하라"고 외쳤다고 한다. 꿈지럭대다 한번 혼났으니 또 무슨 사달이라도 날까 싶어 이번에는 기민하게 대응을 한 것이다. 절대 열리지 않을 듯 철옹성처럼 버티고 있던 육중한 철문이 둔탁한 소리를 내며 활짝 열렸다.

와~ 함성 소리, 박수 소리, 그렇게 많은 사람이 와서 내 석방을 기다리고 있을 줄은 상상도 못 했다. 50명은 족히 넘어 보인다. 권낙기 선생님, 권오헌 선생님이 계셨고, 상득이 어머니도 계셨다. 영기 형 부부도 있었고, 징역 사는 동안 보지 못했던 여동생 선희와 준희도 와 있었다. "이렇게 이쁜 여동생들이 있었는지 몰랐네" 민가협 어머니들이 한마디씩 거든다. 내 석방을 환영해 주기 위해 밤길을 달려와 준 많은 사람들, 일일이 다 기억나지 않지만 참으로 고맙고 감사했다.

예약해둔 근처의 식당으로 이동해 간략한 석방 환영식을 치렀다.

석방 인사를 하는데 목이 메고 자꾸 눈물이 흘러 제대로 말을 잇지 못했다. 그저 고맙고 감사할 뿐이었다. "이 은혜, 이 사랑 기억하며 살아가겠습니다." 간신히 인사를 드렸다.

상경 후 얼마 지나지 않아 영등포산업선교회관에서 기노련 동지들이 공식적인 환영 행사를 마련해 주었다. 석방 선물로 받은 진관스님의 그림은 항상 집 거실에 걸어 두고 그날을 잊지 않으려 하고 있다.

1992년 9월 13일 연행돼 1997년 9월 21일 풀려났으니 4년 하고도 8일을 더, 담장 안에서 살아낸 것이다. 선고는 4년 형이었지만 8일을 더 산 것은 구속영장이 발부되기 전까지 8일을 불법 구금당해 있던 기간이 산입되지 않아서다.

이제 길고 긴 터널은 끝났다.

영기 형이 운전하는 차에 몸을 싣고 서울로 달렸다. 하늘에는 별이 쏟아져 내리고 있었다.

꽃, 식물, 그리고 사람들

| 제7장 |

자유의 몸이 되어 맡는 바깥 공기는 향기로웠다. 가을 하늘은 높고 푸르렀으며 막 물들기 시작한 단풍은 알록달록 아름다운 빛으로 출렁이었다. 누가 문을 열어주지 않아도 내 손으로 문을 열고 들어갈 수 있었고, 걸어도 걸어도 길은 막힘 없이 뚫려 있었다. 노랗게 물든 은행나무잎이 나뒹구는 구로동 길을 걷고 또 걸었다.[106)]

아무 목적 없이 하염없이 걷고 싶었다.

여러 해 징역을 산 사람이 사회에 적응하다 보면 웃지 못할 일이 비일비재하다.

출소 한날 영기 형 집에 도착해서 "잠도 못 잤을 텐데 우선 씻고 푹 자고 일어나시라."는 형수의 말에 그만 형수 앞에서 옷을 벗었나 보다. "동욱 씨!" 깜짝 놀란 형수가 부르는 소리에, 아뿔사! 내가 형수 앞에서 바지를 벗고 있다는 것을 알아차리고 후다닥 방으로 뛰어 들어갔다. 민망하기 그지없다. 4년을 혼자 독방에서 생활하다 보니 옆에 누가 있다는 것을 자각하지 못하고 무의식적으로 나온 행동이었다.

106) 민가협 회보 1996,10월 호 투고 글 인용.

영등포 성문밖교회에서 가진 출소기념예배 때. 후배 강남욱 님이 찍고 인화해서 건네주었다.

외출했다 집에 돌아와서도 문을 열고 들어가지 못하고 방문 앞에서 누가 문 열어주길 기다리다가, '이건 뭐지?' 한 경우도 여러 번이었다. 교도관이 문을 열어주어야만 들어갈 수 있었던 생활이 너무도 익숙해 있었기 때문이다. 어깨를 부딪칠 정도로 수많은 사람이 오가는 길이 낯설어 목적지를 잃고 같은 길을 뱅뱅 돌고 돌다 문득 정신을 차리기도 했다. 4년의 공백을 메꾸고 세상에 적응하는 데는 시간이 필요했다.

출소할 때 남은 영치금 이십몇만 원을 반으로 나눠 반은 민가협에, 반은 인애교회에 헌금하였다. 동인이에게는 또 대책 없는 형이 되겠지만 그게 내 마음이었다. 아무것도 없던 처음 그 모습으로 다시 시작하고 싶었다.

고향에 내려가 부모님 산소에 인사드리고 친지, 징역을 사는 동안 도움 주신 여러 어른을 찾아뵙고 인사를 드린 후 곧바로 천안으로 갔다.

천안에는 농민운동을 하겠다며 서울대를 나왔지만, 다시 연암축산[107]에 들어가 공부했던 태우[108] 형의 부인 양승례 선생이 조직배양실과 함께 농장 '향림원'을 운영하고 있었다. 새로운 사업을 시작하기 전 식물의 생리부터 배우고 시장을 살펴보기 위함이었다.

농장 안을 가득 채우며 은은하게 퍼지던 풍란 향기를 지금도 잊을 수가 없다. 그 시절 양승례 선생이 배양에 성공한 심비디움(Cymbidium) 소형 무늬종 난에 '월광'(月光) 이란 이름을 내가 붙여주기도 했다. 한밤중 농장을 점검하다 흘러든 달빛에 비친 난(蘭)의 자태에 홀려 그 자리에서 월광이라 명명했다.

사업을 크게 하는 상인이 더는 생산 안 하는 조건으로 모두 사 갔는데 양재동 꽃시장에서 꽤 고가에 거래되는 것을 본 적 있다.

향림원에는 천안 인근 지역에서 활동하는 친구들이 일손을 돕고 있

107) 연암축산원예전문대학의 약자. 현재는 연암대학으로 승격.
108) 김태우. 서울대에서 학생운동을 했고, 졸업 후 농민운동에 뜻을 품고 천안에서 난 농장을 운영하고 있었다.

었는데, 내 사정을 아는 이들이 성심으로 도와주어 낯선 환경에서도 잘 적응하며 일을 배울 수 있었다.

새 일을 시작하기 전, 두 가지 제안을 받은 적이 있다.

하나는 전 NCCK 회장을 역임했던 오충일 목사님의 제안이었는데, 신학을 공부해서 목사가 되는 게 어떻겠냐는 것이었다. 당시 오 목사님은 군산 복음교회에서 시무하고 계셨는데, 인사드리러 찾아간 다음 날 "아침 산책을 나가자" 하셨다. 마침 교회 옆에 사촌 동생이 살고 있어 동생 집에서 자고 아침 일찍 목사님과 월명공원을 산책했다. 산에서 내려와 대중목욕탕에서 목욕까지 마친 후 목사님께서 진지하게 권유를 하시는 것이었다. "신 회장. 앞으로도 뜻을 위해 살 것 아닌가. 이왕이면 목사 신분을 갖고 뜻을 펴는 것이 좋지 않겠는가?" 군산에 노동상담소를 열고 싶다는 말씀까지 덧붙이셨다. 공부하는 동안 맡아서 해보라는 것이었다.

이전에도 친구들로부터 목회하라는 말을 들은 적은 있었으나 오충일 목사님의 권면은 다른 무게로 다가와 쉽게 답을 못 드렸다. 그러나 아무리 곱씹어 생각을 해봐도 목회자의 길을 가기에는 하나님 앞에 부끄러운 것이 많은 나였다.

또 다른 하나는 김석진 형이 일을 시작하기 전 다른 나라의 사람들, 노동자들은 어떻게 살고 있는지 한번 돌아보는 것이 좋지 않겠냐는 권고였다. 당시 석진 형이 있던 필리핀으로 나오라는 것이었다. 솔깃했다. 이날까지 해외라곤 제주도조차 가본 적이 없었기에 핑계김에 해외여행도 할 수 있을 것 같았다.

이 제안은 솔깃해서 당장 여권 신청을 했다. 보증인이 필요했는데 NCCK 총무이신 김동완 목사님께서 보증을 서 주셨다. 그런데 시간이 지나도 여권이 안 나왔다. 대신 김동완 목사님을 통해서 연락이 왔다. 안기부에서 허가를 안 내준다는 것이다. '전향서도 안 썼고 보안 관찰 신고도 하지 않아서 해외로 나가는 것을 허가해줄 수 없다.'라는 것이다. 제기랄.

한데 좀 말이 맞지 않았다. 나는 안기부 조사과정은 물론이고 검찰 조사, 교도소 복역 어디서도 전향서를 요구받은 적이 없다. 있다면 안기부에서 검찰 송치 직전에 반성문을 쓸 것인지 물었던 적은 있다. 반성할 것이 없으니 쓸 일 없다고 넘어간 것이 전부였다. 보안 관찰 신고도 그렇다. 신고 의무가 있다고 주지 받은 적이 없었다. 딱 한 번 출소한 지 두서너 달 지났을 때쯤, 구로경찰서에서 찾아와 거주 사실을 확인하고 간 것이 전부였다.

그러면서 지금이라도 전향서를 쓰고 보안 관찰 신고를 성실히 하겠다고 약속하면 여권을 내주겠다는 거였지만 그렇게까지 해서 외국에 나가야 할 이유는 없었다.

꽃집, 청향란원을 열다

이듬해, 1997년 10월에 과천에 있는 국내 최대의 분화[109] 유통시장인 '남서울화훼집하장'(이하 집하장)[110]에 난 전문 매장인 '청향란원'을 개장했다. 맑을 청(淸), 향기 향(香)이라 이름을 지은 것은 맑은 향기가 가득한 세상을 향한 내 바램이 깃들어 있다. 꽃 시장에 있는 사람들은 나를 부를 때 '청향 형' '청향 사장님'이라 부르니 '淸香'이 아호가 된 듯하다. '청향 신동욱' 지금의 나를 나타내고, 부르는 이름이다.

장사 경험이 하나도 없는 내가 난다긴다하는 상인들이 포진해있는 도매단지에 매장을 열게 된 데에는 사연이 있다. 천안 향림원 시절 가끔 찾아오던 양 선생의 후배가 동양란 수입을 하며 매형과 함께 이곳 도매단지에 매장을 운영하고 있었다.

본격적으로 내 일을 시작하기 전, 잠시 신림동에서 꽃가게 '꽃다지'를 운영하는 후배를 도우며 집하장을 출입했는데 이분께서 "장사 경험도 없다 들었는데 도매단지에 매장을 내면 떨어지는 것만 받아먹어

109) 화분에 키우는 실내식물.
110) 양재꽃시장 인근 분재 및 꽃 중간유통시장. 2002년 과천화훼집하장으로 개칭.

도 기본은 할 수 있다"며 집하장에 매장 개업을 권유했다. 자신이 사둔 매장을 인수해서 시작해보라는 것이다.

처음 매장을 낼 때 부족한 돈을 아무 조건 없이 선뜻 빌려준 정연이를 비롯한 친구들의 도움이 컸다. 정연이에게 빌린 돈을 정연이가 결혼할 때가 돼서야 이자 한 푼 못 보태고 겨우 갚았다.

시장이 그렇게 만만한 것은 아니었다. 농수산물유통공사 양재 화훼공판장(이하 유통공사)에 '난 중도매인'으로 등록하고 경매를 통해 상품을 매입했다. 한데 당연한 게, 선별 능력이 부족한 초보 '중도매인'인 나는 원하는 물건을 낙찰받지 못하고 번번이 미끄러졌다. 어쩌다 낙찰받은 물건은 번번이 상품의 질이 한참 떨어지는 물건이어서, 매수 원가에도 팔기 힘든 물건들이었다. 농산물이어서 수요와 공급 물량에 따라 가격 등락 폭이 컸고, 한 주 만에도 가격이 반 토막이 나곤 했다.

경매도 주식과 비슷해 양질의 물건, 우량주는 등락 폭이 작아 시장에 적응할 시간을 벌 수 있으나 질이 떨어지는 물건은 가장 먼저 가격이 내려가고 가장 늦게 올라 판매할 시기를 놓치고 폐기되는 경우가 허다했다. 매장을 연 지 3년이 지나자 빚이 눈덩이처럼 불어 4억 가까이 늘었다.

당시 경매장에서는 '중도매인'에게 경매보증금을 초과해도 무한대로 물건을 매입할 수 있게 하고 있었다. 그러고 고율의 이자를 받았다. 특히 경기 화훼농협 공판장[111]이 심했다. 입금을 제때 하지 못하면

111) 이후 한국화훼농협으로 개칭.

연체이율 18%에 보증금액 한도 초과 이율 18%를 합해 36% 이자를 선취해 갔다. 도매 마진율이 10% 조금 넘는데 팔면 팔수록 빚만 늘어가는 구조였다. 불공정 계약이지만 힘없는 '중도매인'이 바꿀 수 있는 것도 아니었다.

대한민국 농민을 대표하는 농업협동조합이 이렇게 해서는 안 된다고 생각해서 당시 한겨레신문사 편집국장이던 귀환 형을 통해 언론에서 다뤄 달라고 부탁을 했다. 귀환 형은 나 외에 몇 사람을 취재해서 기사를 쓰겠다고 했다. 친하게 지내는 '중도매인'들에게 불공정을 바로 잡기 위해 취재에 응해 달라고 요청했지만 모두 거절당했다.

"불공정 한 건 알지만 인터뷰하면 조합에서 계약 해지를 할 것이고 그리되면 그나마 꾸려가던 생업을 잃게 될 것이다."라는 우려였다. 비록 길이 험하고 위험해도 쓰러지지 않기 위해선 페달을 계속 밟아야 했던 것이다.

결국 언론에 기사가 나가는 것은 불발됐다. 그런데 얼마 지나지 않아 경기 화훼농협이 연체액과 보증금 초과액이 겹치는 경우 둘 중 하나만 적용하는 것으로 규정을 바꾸었다. 그래, 다행이다 싶었다. 한참 세월이 흐른 후에 당시 경매 과장이 "그때 어떤 놈이 그 문제를 언론에 까발리려고 하는 통에 농협 중앙위에서 시정 권고가 내려왔었다."라는 말을 하며 투덜대기에, "그 어떤 놈이 나여."하며 웃었던 적이 있다. 어쩌면 인터뷰를 추진하는 과정에서 귀환이 형이 농협 측에 묻고 알린 게 알려져서 그랬는지 모르겠다고 추측한다.

매장 운영이 어렵게 되자, 퇴근 후 활동하던 구로지역에서 노동운동을 돕던 일도 그만두었다. 출소 후 얼마 지나지 않아 구로노동상담소[112]에서 노동 상담과 노동자들의 교육을 담당했고, 옆 사무실 '박영진추모사업회' 일도 나누어 맡았다. 그리고 구로지역에서 만들던 노동전문잡지 '삶이 보이는 창' 창간을 돕기도 했다. 작가 이인휘 형, 홍기열 동지와 함께 창간 작업을 도왔고, 기획회의에 함께 했고, 몇 차례 글을 싣기도 했다. 창간호에 실을 새해 사진을 찍으러 대관령을 넘어 정동진까지 눈 쌓인 밤길을 달렸던 기억은 지금 생각해도 아찔하다.

이런 일들은 함께 일하던 동지들에게 양해를 구하고 하나씩 접었다. 우선 매장을 살리고 봐야 했다. 갓 결혼한 아내와 둘이서 휴일마다 팔리지 않는 물건들을 차에 싣고 아파트 단지들을 돌며 주말 행상을 했다. 한 번도 해본 적 없는 일을 돕겠다며 아들 지환이를 임신한 몸으로 따라나선 아내의 고생이 컸다.

3년이 지나면서 매장이 차츰 자리를 잡아가기 시작했다. 상품을 선별하는 능력도 길러지자 낙찰받아 매입하는 물건의 질도 높아지고 단골손님도 생겼다. 미처 팔지 못하고 잠겨있는 물건을 "내가 라도 사가야 신 사장이 또 물건을 받아올 수 있다."며 일부러 팔아주는 분도 계셨고, 여러 날 휴가를 앞둔 날 남아있는 물건들 모조리 사 가시는 분도 계셨다.

한번은 매일 같이 나와서 물건을 팔아주는 손님께 물었다. "어쩌다

---

112) 당시 소장 이봉우. 구로공단 한복판 가리봉5거리에 있는 노동단체. 87년 이후 지역 노동운동의 한 중심 역할을 담당했다. 구로지역에서 노동운동에 나섰던 여러 청춘들이 이 상담소에서 뜻을 다듬고 펼쳤다.

양재 꽃시장 옆 과천화훼단지에 개업한 〈청향란원〉은 근 30년 가까이 생업이 되었다.

우리 집 단골이 되셨어요?” 강남 고속버스터미널 지하상가에서 화원을 크게 하시는 손님이었다. 당시만 해도 그랜저 승용차를 몰고 시장에 나오는 사람이 없던 시절이라 시장 상인들은 이분을 ‘그랜저 사장님’이라 불렀다.

“이 집이 장사를 잘 하지 못하는데 와 보면 심비[113] 골라 빼는 재미가 있어요.” 심비디움은 품종에 따라 가격이 다르지만 같은 품종이라면 꽃대 수로 가격이 매겨진다. 2대 7,000원, 3대 10,000원, 4대 12,000원, 이런 식이었다. 그런데 밸런스가 맞지 않는 꽃대는 3대라도 2대 무더기에 넣어 상장되는데, 약삭빠른 상인들은 이걸 골라내어 3대로 팔고는 했다. 그래도 난, 원칙대로 꽃대를 높여 내놓지 않았다. “처음에는 이 친구가 장사를 몰라 이러겠지, 한 1년 지나면 똑같아지리라 생각했어. 한데 몇 년이 지나도 한결같아.” 라고 말하며 웃으시었다.

꼭 그런 장사철학이 있었던 것은 아니고, 사실 난 그렇게 약삭빠르지 못하다. 내 능력이 부족해 좋은 물건을 못 갖춘 것이 늘 미안했고, 안 좋은 물건 좋다고 권하지 못하는 타고난 성정 그대로 손님들을 대했을 뿐이었다.

청향란원 개업 초기 김동완 목사님의 도움이 컸다. 당시 NCCK 총무로 계셨던 목사님은 꽃가게를 열었다는 소식을 들으시고 “신동욱이 또 어려운 일 시작했네.” 하시며 당신이 보내는 축하 난을 다 밀어주셨다. 지금은 시중에서 사라진 한란(寒蘭)을 좋아하셨는데 한란의 향기가 맑고 청량한 청향(淸香)이다. 가게 이름 그대로다.

113) 난 중 심비디움을 말함

꽃은 평화다

꽃을 다루는 사람들은 성정이 거칠지 못하다. 꽃 장사치고 악한 사람 별로 못 봤다. 아름답고 예쁜 꽃을 더 예쁘게 보이도록 만들다 보니 사람 또한 닮아가는 것이리라. 힘든 일, 울적한 일, 화가 나는 일이 있어도 꽃을 심고 모양을 잡다(decoration) 보면 마음이 평화로워진다. 아마도 내가 꽃이 아닌 다른 직업을 택했다면 이렇게 오래, 계속하기는 어려웠을 것이라는 생각을 한다.

우리나라 화훼시장 유통상품은 70% 이상이 행사용이거나 선물용이다. 특히 난(蘭)은 90% 이상이 선물용으로 유통되고 있다. 국민소득이 3만 불이 넘는 나라에서 이런 시장 구조를 갖고 있는 나라는 거의 없다. 대개의 나라에서 국민소득이 2만 불을 넘으면, 경제적으로 안정되고 삶이 평화로우면 사람들도 여유가 생겨 가정에서 꽃을 기르고 가꾸는 문화가 정착되는데 우리나라는 예외다. 그래서 OECD 국가 중 꽃 소비량이 최하위에 속한다.

숨길 수 없는 것, 우리나라가 너무나 강팍한 나라라는 것이다. OECD 국가 중 노인빈곤율 1위, 노인자살률 1위가 대한민국이다. 높은 경제 수준을 자랑하지만 노인의 빈곤은 심화되고 있고 사회적으로 고립, 또는 방치되어 경제적 어려움에 처한 노인들이 많다는 건 지각 있는 분들이 수도 없이 지적하는 것이다. 전쟁의 폐허를 딛고 대한민국이 이만큼 성장한 데에는 이분들의 노력이 있었기에 가능했을 것이고, '한강의 기적'을 이뤄낸 주인공들이 지금 노년세대의 분들이다. 당연히 우리사회가 이들 세대의 존엄한 노년을 보장해 드려야 한다. 꽃 시장의 현실, 여유 없는 어르신들, 행사용 꽃 화분만 거래되는 사회라는 현실과 꽃시장은 직결되어 있기도 하다.

몇 년 전, 과천시에 '치유정원' 조성을 제안한 적이 있다. 노인들이 정원을 꾸미고 가꾸며 꽃과 함께 마음의 평화를 찾고 노년을 행복하게 보낼 수 있는 일터를 제공하자는 취지였다. 얼마 지나지 않아 과천의 중심, 시민회관 앞에 '치유정원'이 조성됐다. 제안이 받아들여진 것 같아 고맙고 뿌듯했다. 그런데 알맹이가 빠졌다. 꽃은 보는 즐거움도 있지만 가꾸는 즐거움이 훨씬 큰 것이고 노인들이 참여하며 함께 만드는 정원을 생각한 것이었는데 정작 만들어진 정원은 예쁘게, 잘 꾸며진 정원일 뿐이었다. 무늬만 '치유정원'이 된 것이다.

마을 곳곳에 장애인, 노인들이 만들어가는 '치유정원'이 많이 조성된 도시!

꽃과 함께 노인들이 건강한 노년을 보장받을 수 있는 도시를 꿈꾼다.

석기시대 유물의 발굴터에서 꽃씨가 나오고 고대 로마도시 폼페이 유적에서 원예에 필요한 도구들이 발굴되는 것이 그것을 입증한다. 원예(園藝) 또는 horticulture 라는 말은 울타리 안에서 꽃과 채소 등을 기르는 행위를 나타내는 것이다. 꽃은, 식물은 쓰고 버리는 일회성 기호품이 아니라 생활의 한 부분을 채워 주는 동반자다. 최근 들어 반려 식물이라는 표현이 일상화되고 있어 참으로 다행스럽다. 꽃은 인류가 한곳에 정착해 정주생활을 하면서부터 주거지 주변에 늘 가까이 두고 보아오며 인류와 함께 해 왔던 상품이고 자연의 일부다.

인간의 곁에서 아름답게 피어나 보고 가꾸는 이의 마음에 즐거움과 평화를 선물하는 꽃!

그 꽃을 조금 더 아름답게 꾸미고, 오래 갈 수 있도록 관리하고 필요한 사람들에게 전하는 일을 하고 있으니 직업치고는 괜찮은 직업이다.

꽃을 다루다 보니 나라 돌아가는 사정에 민감하다. 경기가 좋고 살기가 편해지면 꽃도 많이 찾지만 살기가 팍팍하고 세상이 어수선하면 꽃을 찾는 발길도 뚝 끊어진다. 선호하는 꽃의 색상도 경제, 사회 상황에 민감하게 반응한다. 마음이 편안하고 여유로울 때는 고상하고 품위 있는, 고급스러운 색상을 선호하나 반대가 되면 강렬한 원색의 꽃을 찾는다.

"꽃은 패션(Fashion)입니다." 귀띔해 준 업계 선배의 표현이 딱 들어맞는다.

상생의 길을 찾아

차츰 시장에 적응해 가면서 매출이 올랐다. 시장에서는 장사 실력으로 평가받고 발언의 영향력도 달라졌다. 구매력이 높아지자 '중도매인' 사회에서도 주목을 받게 됐다.

2005년, 정부와 학계, 생산자, 유통인, 소비자, 대표로 구성된 '농수산물 가격 안정을 위한 유통조절위원회'에 유통인 대표의 일원으로 참석하게 됐다. 회의는 시작부터 난관에 부딪혔다. 생산자와 유통인 사이에 불신의 골이 너무도 깊었다. 생산자는 유통인 보기를 '애써 기른 물건 헐값에 후려 쳐가는 도둑놈' 보듯 했고, 유통인은 생산자들을 시장의 실정도 모르면서 가격만 높게 쳐달라고 하며 '병들고 질 떨어지는 물건들을 끼워 박는' 이기적인 사람들로 바라보기도 했다.

가격 안정을 위한 최저 가격을 정하고 이를 위해 수급 조절과 질이 떨어지는 물건들은 산지(產地)에서 폐기하도록 하는 것을 정하는 회의였지만 합의점을 찾을 수가 없었다. 정회를 거듭하며 합의점을 찾아보려고 했으나 회의는 결국 아무런 결론도 내지 못하고 끝나고 말았다. 밤늦게 끝나기가 예사였다.

비록 유통인 대표로 참석했지만, 마음으로는 농민들의 사정을 헤아리려 애쓰며 편들었는데 진전이 없으니 허탈하기도 했다. 서로의 처지를 이해할 수 있는 소통의 부재가 이런 결과를 만드는 것 같다고 생각했다.

밤늦은 회의 다음 날 아침, 농민신문에 '유통인들의 방해로 합의 무산'이라는 기사가 실렸다. 안타깝고 속상했다. 일상적으로 생산자와 소통하고 교류할 수 있는 창구를 만들어야겠다고 마음먹었다.

수도권 3대 경매장, 농수산물유통공사 화훼공판장, 경기화훼농협, 경기충청난조합의 '중도매인'을 아우르는 단체를 만들었다. '한국난유통중도매인연합'은 이렇게 해서 만들어졌다. 업계에서 오랜 경험과 명망을 얻고 있는 구파발 화훼단지의 '협동난원' 나법주 사장을 초대 회장으로 선출했고, 내가 총무를 맡았다. 이어 2대째는 어쩔 수 없이 내가 회장을 맡아 일을 보게 되었다.

평소 생각한 대로 생산 농가들과 소통을 일상화했고 서로 간의 중요한 행사에는 양측의 임원진들이 긴밀히 왕래하며 친밀도를 높였다. 생산품목별 작목반들과 주기적인 간담회도 열면서 시장의 상황과 작황을 공유했다.

2010년, '한국화훼생산자협의회' 와 '한국난재배자협회'가 공동으로 주최한 심포지엄에 발제자로 참석한 적이 있다. '유통현장에서 바라본 난의 경쟁력 강화를 위한 제언'[114]을 발표하며 난 생산 농민들을 대상으로 여러 가지 이야기를 했다. 그리고, 시중에 유통되는 난에 대한 소비자들 불만 사항의 핵심들을 정리해서 전달하고 농가의 경쟁력을

114) 제10회 난 심포지엄, 「한국의 난 산업, 무엇이 문제인가」 한국 화훼생산자 협의회 자조금 위원회 2010, 6, 28

높이기 위한 다섯 가지 방안을 제안하였다.

첫째, 품질 좋은 난을 생산할 것.

둘째, 품종 다양성 확보를 위해 노력해줄 것.

셋째, 한-중 FTA에 대비한 준비를 할 것.

넷째, 공판 중심의 유통 체계를 확립할 것.

다섯째, 공판일의 조정으로 유통의 흐름을 원활히 할 것.

생산자들의 호응이 좋았다. 유통현장에서 들려온 목소리인지라 현실감 있게 다가왔을 것이다. 부작용도 있었다. 이날 내 이야기를 듣고 자신이 재배하는 난을 내 요구에 맞춰 잘 길렀는데 경매에서 가격이 오히려 덜 나왔다는 것이었다. 그날 내가 품질 좋은 난을 이야기하면서, "호르몬제[115]를 과다 투입해 꽃대를 많이 슈팅시키는 재배방식이 꽃의 수명뿐 아니라 난도 상하게 해 결국은 소비자로부터 외면받게 될 것"이라고 한 내 이야기에 공감해서 호르몬제를 적게 투입해 꽃대의 숫자를 줄이는 대신 건강한 난을 만들었는데, 정작 유통 상인들은 당장 눈앞에 꽃대 많은 것에는 비싼 값을 지불하면서도 정성껏 내놓은 상품에는 값을 쳐주지 않았다고 했다. "회장님 말 들었다가 낭패봤어요" 하는 농민분께 할 말이 없었다. 죄송하다는 말 밖에…

그래도 세월이 많이 흐른 지금 당시 그런 아쉬움을 말씀하시던 농민들을 만나면 "신 회장, 그때가 좋았어"라며 옛날을 그리워하곤 한다.

115) B-a, 지베렐린 등 식물호르몬을 사용해 개화 유도를 하는 화성(花成) 호르몬.

한번은 이런 일도 있었다. 동양란(東洋蘭)의 신장을 억제하고 발색을 좋게 하여 보기 좋은(矮性) 난으로 만들기 위해 절간 신장 억제제[116)]를 사용하는 것에 대한 소비자의 민원이 있었다. 관상용 식물에 적절히 사용되던 기술이었는데 약효가 떨어지고 2세인 신아(新芽)가 성장하자 원형을 회복하며 크게 자라 문제가 된 것이다.

상품을 구입한 소비자가 "사기죄로 고발하겠다. 언론에 유포해 시장에 경종을 울리겠다."며 집요하게 문제를 제기하자, 직접 판매를 한 유통인이 생산 농가를 상대로 불매운동을 벌일 것을 제기하고 나섰다. 이 또한 재배 방법의 하나이고, 오랜 시간 축적된 재배기술의 발전인데 좀 지나치다 싶었다. 안면이 있는 '국립원예특작과학원'의 연구원에게 관련 자료들을 요청해서 건네받아 대책모임에서 논의한 후, 어렵게 설득하여 겨우 진정시킬 수 있었다. "호르몬제를 사용하는 행위가 농산물에 해악을 끼치는 재배방법이라고 할 수는 없었다." 한편으로는 호르몬제의 지나친 사용을 자제하여 줄 것을 농가에 권고했다.

함께 살 수 있는 길을 찾아 고민하고 치열하게 논쟁하는 사람들은 아름답다.

2007년 3월, '제9회 아시아태평양 난 전시회 및 학술회의'가 고양시 호수공원에서 열렸다. 세계적인 축제로 4년마다 세계 각국을 돌아가며 열리는 난 업계의 올림픽과 같은 행사다. 이 행사의 '난 콘테스트 심사위원'으로 위촉되었다. 심사위원 위촉장을 주던 강현석 고양시장

116) B-9, CCC 등 지베렐린 합성을 저해하기 위해 사용하는 호르몬제.

이 내가 과천 사람이라는 것을 알고 "과천시가 포기하는 바람에 우리가 이 행사를 유치하게 됐다."며 과천이 포기해준 것을 고맙게 생각한다고 했다.

이전에도 과천시는 화훼유통센터를 건립할 계획을 세웠으나, 중도에 중단하면서 생긴 일이다. 아쉽지만 어쩌랴. 이 또한 과천 화훼산업의 한계였던 것을…

아시아태평양 난 전시회에는 세계 각처의 난, 희귀한 난들이 출품되어 아름다운 자태를 뽐내고 있었다.

이런 생각도 했다. 북한의 '김일성화'도 나왔으면 좋았을 것을…

눈을 씻고 찾아봐도 보이질 않았다. 거의 대다수의 대한민국 국민들은 모르는 사실이지만 김일성화는 '난'이다. 덴드로비움 팔레놉시스(Dendrobium phalaenopsis)에 속하는 서양란의 한 종류다.

야생에서 발견돼 인도네시아 보고르 식물원에 소장돼 있던 난을 1965년 인도네시아를 방문했던 김일성 주석에게 선물하면서 '김일성화'(Dendrobium KIM IL SUNG Flower)라는 이름으로 학계에 보고한 것이 공식 명칭이 된 것이다.

화훼산업의 발전을 위해서 남과 북이 교류하고 협력해 동반 성장할 수 있는 분야가 많았다. 여름철 강원도 고냉지를 찾아 재배하는 심비디움을 북에서 재배해 곧바로 중국으로 수출[117] 하는 작부 방식도 생

117) 당시만 해도 춘절(春節)이 되면 한국의 심비디움 수백 컨테이너가 중국으로 수출되었다.

각해 볼 수 있었고, 남과 북의 야생화를 교차 전시하는 기획도 해보고 싶었다. 제주도 한라산에 자생하는 제주 한란(寒蘭), 태안반도 이남에서만 자생하는 한국 춘란(春蘭) 등의 남쪽 야생화를 평양에서 전시하고 백두산의 노랑만병초 등의 야생화를 서울에서 전시하는 '한반도 자생꽃 전시회'를 꿈꾸기도 했다.

조금 더 나아가면 그리될 수 있을 것이라 믿었는데, 거꾸로 가는 역사가 안타깝기만 하다.

김영란법 - 화훼산업의 위기

2015년 3월 '부정청탁 및 금품 등 수수의 금지에 관한 법률'(이하 김영란법)이 국회를 통과하자 화훼시장의 심각한 위축을 초래할 것을 우려하는 화훼인들의 저항이 강하게 일어났다. 김영란법이 규정하고 있는 5만 원 이상의 선물 금지조항이 문제였다. 화훼류 생산의 70% 이상을 선물에 의존하고 있던 화훼시장이 직격탄을 맞게 된 것이다. 국민 1인당 꽃 소비액이 2005년 2만3000원에서, 2015년 1만3000원으로 줄어든 현실에서 김영란법 시행은 화훼산업의 붕괴로 이어질 수 있다는 위기감이 팽배하게 감돌았다.

화훼산업의 붕괴로 생업을 포기해야 하는 사태를 막기 위해 화훼 관련 단체들은 '한국화훼단체협의회'로 힘을 모으며 전국적인 저항운동을 전개했다. 부정, 청탁 없는 청렴한 사회를 구현하려는 김영란법의 취지에 공감하나 화훼산업의 특수성을 고려하여 우리 농산물은 규제 대상에서 제외해 달라고 요청하고, 선물의 상한액도 10만 원으로 조정하라는 것이 화훼인들의 요구였다. 화훼인들의 대책회의에서는 "수백, 수천만 원의 현금을 은밀하게 주고받는 뇌물은 잡지 못하고 고작 10만 원도 안 되는 꽃을 선물하는 것을 뇌물이라고 하는 것이 말이 되냐.", "자기 이름 리본에 버젓이 써서 보내는 선물이 뇌물이 될 수 없다.", "지인의 기쁜 일에 축하의 마음을 전하는 것은 미덕이지 정죄의 대상이 될 수 없다." 등의 볼멘소리들이 터져 나왔다.

입법 예고된 김영란법의 시행 전에 법의 개정을 위해 총력 투쟁이 결의되었다. 국회 방문투쟁, 국민권익위 방문투쟁에 이어 6월 29일, 여의도에서 전국의 화훼인들이 총집결한 대규모 집회가 열렸다. 성난 화훼인들의 구호가 높았다. 뜨거운 햇볕이 내리쬐는 날 여의도 국회의사당 앞에 화훼 관련 26개 단체 소속 농가·유통인 3000여 명이 참석해서 '화훼농가 다 죽이는 대책 없는 김영란법 시행 반대 집회'를 열었다. 결의에 함께 했던 나도 참석했다. 이날 집회에 참여한 화훼 관계자들은 ▲김영란법 규제품목에서 반드시 화훼 포함 농축산물 제외 ▲화훼산업진흥법 제정 등을 요구했다.[118]

'꽃은 뇌물이 아니다.' '화훼농민 다 죽이는 김영란법 반대한다.'

우리 유통인들 대열 바로 뒤에 앉아 힘차게 구호를 외치던 여성 농민의 검게 그은 얼굴이 화훼인들의 절박한 심경을 대변하는 듯했다. "어디서 오셨어요?" 하고 물으니 경남 김해에서 올라왔다 하신다. 국화 농사를 지으신다는 이분은 "쌔 빠지게 농사 지은 국화 싹 다 갈아엎게 생겼심더."하시며 걱정이 태산이었다. 아직 김영란법이 본격 시행되기 전이었지만 시장에는 이미 그 전조(前兆)가 나타나고 있었다.

한마음으로 투쟁을 함께하는 사람들은 동지가 되고 처음 본 사람도 금세 친해진다. 작금의 상황이 녹록지 않음을 잘 알고 계셨고, 당장에 성과를 내기가 쉽지 않겠지만 할 수 있는 것이 이것밖에 없어 새벽밥

118) 농업정보신문 2016.7.4

먹고 올라왔노라며 결의를 보였다.

6월의 햇빛, 가만히 앉아 있어도 이마에 땀이 맺힌다. 하물며 그늘 한점 없는 아스팔트 위에 앉아 구호를 외치다 보니 땀방울이 눈가로 흘러내렸나 보다. 땀이 흐르는 내 얼굴을 바라보고는 목에 두른 손수건을 풀어 주신다. '김해여성농민회' 글자가 선명한 분홍빛 손수건! 땀을 닦고 돌려드리자 "됐심더, 갖고 쓰이소." 하며 웃는 얼굴이 6월의 태양 아래 환하게 빛났다.

당시 화훼인들의 요구를 전달받은 김영춘 국회 농림축산식품해양수산위원회 위원장은 "김영란법 대책 논의를 위한 특별소위원회 구성을 검토할 것"이라며 "정무위원회 소속 의원들에게 농촌 현장의 목소리를 전달하고자 노력하겠다"[119]고 약속했지만 공허한 약속이었을 뿐, 김영란법은 예정대로 2016년 9월 28일 시행되었다.

예상보다 김영란법의 후폭풍은 거셌다. 손님들로 들썩이던 시장은 산중 절간처럼 조용했고 매출은 반으로 뚝 떨어졌다. 김영란법에는 직무와 관련이 있다 해도 5만 원 이하의 선물은 할 수 있도록 허용하고 있었으나, 시장의 상황은 법의 규제 대상, 금액과 무관하게 꽃 선물을 기피하는 현상이 광범위하게 나타났다.

여기저기서 꽃 선물을 기피하는 상황들이 접수되고 있었다. 당시 나에게 보고된 사례들을 보면 다음과 같다.

119) 농민신문 2016.7.1

1. 남편이 교사인 아내의 생일을 축하해 꽃바구니를 보냈으나 돌려보내는 일 발생. 대가성이 아님에도 불구하고 선물을 받은 경위를 해명해야 하는 번거로움을 피하기 위해서라고 했다.

2. 학생이 진로 상담을 하기 위해 꽃 한 송이 들고 지도교수를 찾아갔으나, 꽃병에 꽂아주는 것조차 거절당했다.

3. 김영란법과 무관한 일반 기업에 다니는 친구의 승진을 축하하는 축하난을 보내기 위해서 가족 중 공무원이나 언론인이 있나 확인하는 일이 일상으로 벌어졌다.

4. 스승의 날 기념식이나 각종 전시회에 축하 화분을 보내는 것조차 혹시 김영란법에 저촉되지 않을까 꺼리고 있다.

5. 기업이 직원들의 기념일에 일률적으로 보내던 꽃 선물조차 직계가족의 직업 등을 확인하는 자체 검열을 하고 있다.

이웃과 동료, 가족과 친지, 스승과 제자의 애정과 감사를 나누는 건강한 문화조차 제지를 당하는 상황이 곳곳에서 벌어지고 있었던 셈이다. 시장의 상황도 기형적으로 변했다. 5만 원 이하의 상품만을 찾다 보니 5만 원이 넘는 고급스런 난은 유찰되고, 5만 원 이하 가격대의 난은 경매 낙찰가격이 뛰는 웃지 못할 상황이 벌어졌다.

한 예로 철골소심(鐵骨素心)이라는 동양란이 있다. 연록의 화판에 유백색 설판의 꽃을 피우는 강인한 난으로 가격이 저렴하여 많이 이용되는 난이다. 그런데 5만 원 이하로 가격을 맞추어 공급하다 보니 시간이 지나 철골소심 매입만 급증해서 경락가가 훨씬 고가에 형성되기에 이르기도 했다. 이에 상품 가격을 맞추려 쪼개고 나누다 보니 품질은 더 떨어졌고, 소비자의 불만이 쌓여 시장이 더욱 위축되는 악순환의 고리가 되기도 했다.

김영란법이 시행된 직후, 2016년 11월 22일 국회의원회관에서 청탁금지법 시행에 따른 화훼소비 활성화 및 피해대책 공청회가 열렸다. 심상정 의원, 김현미 의원, 유은혜 의원, 정재호 의원과 한국화훼단체협의회가 공동으로 개최한 공청회였다. 유통인을 대표하여 공청회의 토론자로 나와 달라는 요청을 받았다.

의원회관 대회의실을 가득 채우고도 모자라 통로 바닥에까지 공청회를 보러온 화훼인들의 관심은 뜨거웠다. 앞서 말한 사례들을 열거하며 김영란법이 가져온 부작용을 성토하고 선물 규제 대상에서 화훼를 제외할 것과 정부 차원의 지원 방안과 화훼산업을 살리기 위한 전략적 투자를 요구했다.[120)]

서울 시내 꽃집의 1/3 이상이 사라진 현실에서 '꽃을 보고 즐기며 화훼를 구매할 수 있는 거점 공간이 있어야 한다'며 화훼유통의 거점 마련을 위한 장기적인 투자 계획을 마련해 달라고 요청한 것이다. 이는 현재 진행형인 과천 주암지구 개발과 과천화훼유통센터의 건립을 염두에 둔 포석이기도 했다.

공청회 주최자이기도 한 김현미 국회 예결특위원장은 "관련 예산이 반영될 수 있도록 최선을 다하겠다"라고 약속했다.

120) 한국농어민신문(http://www.agrinet.co.kr) 2016.11.29

김영란법이 시행된 지 8년이 지났다. 당시 김현미 의원의 약속처럼 일부 예산이 반영돼 고양시 원당에 '경기북부화훼유통센터' 건립 비용의 지원이 있었고, 화훼생산 농가에 유통보조금이 지급되기도 했다. 선물의 상한액도 시장의 사정을 반영해 10만 원으로 상향 조정되었다. 그러나 한번 위축된 시장이 되살아나기에는 턱없이 부족하고 오랜 시간이 걸리고 있다. 만들기는 어려워도 무너지는 것은 한순간이고, 그것을 다시 일으켜 세우는 데는 처음보다 더 많은 시간과 노력이 필요한 것이 '시장'이고 '사회적 신뢰'다.

공정하고 투명한 사회를 만들겠다는, 김영란법의 대의에 공감하며 희생을 감내해온 중소 상인들과 국민에게 커다란 절망과 자괴감을 안겨주는 사건이 근자에 있었다. 대통령의 부인이 몇백만 원을 호가하는 명품백을 선물 받았는데도 김영란법에 저촉되지 않는다는 국민권익위원회의 해석이 그것이다. 국민은 스승의 날에 단돈 오천 원 정도 하는 카네이션 한 송이 가슴에 달아주는 것도, 캔커피 한잔 사드리는 것도 자제하며 김영란법을 지켜 왔는데, 공정과 상식이 무너져 버린 세상을 보며 분노는 커져만 가고 있다.

국가직무능력표준(NCS) 개발과 집필

정부에서는 대한민국의 모든 직종, 직무를 표준화하는 작업을 진행하고 있다. 화훼관련 직종도 2014년부터 '한국산업인력공단'의 주도 아래 표준화 작업에 들어갔다. 'NCS 화훼장식 직무능력 개발' 이었다. 화훼학과 교수, 플라워 디자인 학원 원장, 특성화고 교사, 현장전문가로 구성된 개발 회의에 현장전문가로 참여했다.

꽃꽂이로 표현되는 화훼장식은 사실 내가 잘 모르는 내용이기도 했기에 전문가로 참여하라는 권유를 받고 처음에는 주저했다. 하지만 개발 실무를 총괄하는 박미옥 교수[121)]의 적극적인 권유에 힘입어 참여를 결정했다. 분화 및 매장 운영과 유통시스템에 대해서는 나름 기여할 부분이 있다는 판단도 있었다.

직무능력을 개발하는 일은 현장의 실정에 맞는 능력의 기준을 정하고 그에 필요한 단계별 기능습득 과정과 목표를 설정하는 것이 주된 내용이었다. 참여한 전문위원 모두 쟁쟁한 실력자들이었고 화훼업의 위상을 높이고 사회적 위상을 높이려는 열정이 차고 넘쳤다. 시간을 아끼기 위해 도시락으로 끼니를 때우며 숙의를 거듭했고, 때론 8시간

121) 나사렛대학교 화훼학부 전임 교수. 스마트에코그린센터 센터장.

사진 위, 아래. 화훼산업과 협동조합 운동에 대해 강의를 하고 책을 썼다.

을 훌쩍 넘겨 밤늦도록 논의를 이어 나간 적도 많았다.

화훼장식이 포괄해야 하는 기능의 범주를 정하는 과정부터 각 기능의 수준과 그에 따른 교육기관, 기능습득에 필요한 장비와 도구까지 정하는 작업이어서 쉽게 결론을 내기 어려운 일이었다.

개발위원으로 참여한 사람들이 처한 위치에 따라 요구하는 것에도 견해 차이가 컸다. '지금 당장 눈앞에 보이는 밥그릇이 아니라 우리 아이들 미래의 밥그릇을 만들어 낸다는 소명으로 일하자.'는 마음으로 지난한 과정들을 소화했다. 그렇게 1년여에 걸쳐 '화훼장식 직무능력표준'이 완성되었다.

직무능력 표준(NCS) 개발이 완성되자 집필 의뢰가 들어왔다. 완성된 직무능력을 교육과학부의 학습 모듈에 탑재하기 위한 집필을 해달라는 거였다. 화훼장식 실무는 한국형, 동양형, 서양형, 종교, 장례, 행사 등 장르가 많았다. 개발은 모두가 함께 참여하며 만들었지만, 집필은 장르별 전문가가 분야별로 나누어 맡아 집필을 책임져야 했다. 나에게 요청된 집필은 '매장 운영 관리', '배송시스템 관리' 2개 과목이었다.

NCS 교육의 단점 중 하나로, 직무를 수행할 수 있는 능력을 배양하는 것에 중점을 두다 보니 사회, 인문학적 소양 발달에 충분한 관심을 기울이지 못하고, 교육도 부족하다는 생각이 있었다. 교재를 개발하고 집필하면서 우리 학생들이 사회에 나가 화훼 업무를 수행하면서 기능 외에 꼭 알아두었으면 하는 내용들을 채워넣었다. 작업장 안전관리에 관한 문제, 부상·사고 발생 시 응급처치 방법, 매장을 운영하거나 취업했을 때 숙지하고 있어야 할 노동관계 법령, 식물 관리 방법에 대한 상담 매뉴얼 등이다. 지금도 독수리 타법으로 컴퓨터 자판을 두드리는, 거의 컴맹 수준인 컴퓨터 실력으로 꼬박 3개월에 걸쳐 집필을 마쳤다.

이렇게 해서, 학습 모듈이 탑재되기 전에라도 교육현장에서 사용할 수 있도록 출판을 해달라는 현장의 요청에 따라 '화훼장식 국가직무능력 표준(NCS)교육 지도서'[122]를 펴냈다.

---

122) 박미옥, 왕경희 외 「화훼장식 국가직무능력 표준(NCS)교육 지도서 3」 문운당 2015.8.

NCS 개발로 한창 바쁘던 시기, 회의에 참석하기 위해 상명대학교 언덕길을 숨차게 오르는데 전화벨이 울렸다. 친구 노항래였다. "바쁘신가 봐요? 숨이 가쁘시네." "NCS 개발 회의에 가느라 좀 가파른 길을 오르다 보니 그렇다" 하자 "세상 좋아졌네요. 나라를 뒤집으려 했던 사람이 나랏일을 다하고." 한다. 그런 것인가, 세상이 좋아지긴 한 것인가? 전화기 너머에서 소탈하게 웃고 있을 친구의 얼굴이 선하게 그려졌다.

오늘에 와서 생각하면 불완전한 진보이긴 했지만, 세상이 꾸준히 앞으로 나아가고 있었던 것은 틀림이 없다.

협동으로 함께하기

2012년 12월 협동조합 기본법이 통과되었다. NH농협은행 등의 반대로 금융업 등이 빠졌지만 5인 이상이면 누구나 협동조합을 만들어 사업을 할 수 있는 협동의 시대가 열린 것이다.

협동조합에 처음 관심을 가지게 된 것은 목포교도소에서 징역을 살고 있을 때였다. 과거 구로동에서 함께 활동했던 이광구 동지가 부천에서 협동조합 형태로 자동차 정비사업소를 운영하며 새로운 시험을 하고 있다는 소식과 함께 '몬드라곤에서 배우다'라는 책을 보내왔었다. 과거에는 '개량주의 운동'이라며 터부시해 왔던 운동이었지만 믿음을 나누던 동지가 새롭게 하는 시도라 하니 관심을 가지고 보게 되었다.

1956년 스페인 북부 바스크 지방의 작은 도시 몬드라곤에서 호세 마리오 신부와 5명의 청년이 모여 석유 난로와 취사도구를 만드는 협동조합 '울고'(ULGOR)를 만든 것으로부터 시작된 협동조합이 2010년에는 금융, 제조, 유통, 지식 등 260여 개 회사로 성장하였고, 그해 기준 자산 기준 약 53조 원, 매출 22조 원, 직원 8만4천 명에 달하는 거대 협동조합 도시로 성장하였다는 사실은 협동조합 운동의 가능성을 엿보게 했다.

또한, 세계 경제가 불황의 늪에 빠져 어려웠던 시기 모든 기업이 감원과 긴축 재정으로 회사를 보전하던 시기에 몬드라곤 협동조합 도시는 단 한 명의 실업자도 만들지 않고 위기를 극복해 나갔다는 사실에 경이로움을 느끼게 했다. 그들의 말처럼 '요람에서 무덤까지' 협동조합이 모든 것을 보장하고 있어 보였다.

함께하면 할 수 있다. 우리도 한번 해보자!

시장에 뜻을 같이할 상인들과 협동조합을 만들기 위한 논의를 시작했다. 하고 싶었으나 혼자 힘으로는 할 수 없었던 일, 여럿이 힘을 모아 함께 하면 할 수 있을 것만 같았다. 일곱 명이 모여서 논의를 시작했다. 모두가 새로운 꿈을 꾸게 되었다.

마침내 2013년 5월 1일 우리는 '원예유통협동조합 나누미'를 결성하고 사업을 시작했다. 의도한 바는 아니었지만, 메이데이 노동절이 나누미의 창립일이 되었다.

처음에는 모두가 열정적이었다. 함께 목공기술을 배우고 거실, 사무공간 등에 실내정원을 꾸밀 수 있도록 원목을 이용한 이동식 플랜트 상자를 공동제작했다. 신상품 개발에도 착수해 어항을 탑재한 융복합형 상품도 개발하여 박람회, 전시회 등에 나가 호평을 받았다.

생활 속 화훼 소비를 유도하기 위한 자구노력을 하지 않고서는 화훼산업이 결코 살아날 수 없다고 판단, 다양한 방안들을 모색하기 시작했다. 그중 하나가 주변에서 쉽게 볼 수 있는 어항을 활용하는 것이었다. 어항 속 물고기와 난을 함께 감상할 수 있게 한다면 시각적인 만족

감뿐만 아니라 실내 습도를 조절 하는 등의 부가적인 기능까지 얻을 수 있을 것으로 생각했다.[123)]

지인들의 도움도 있었다. 석진 형은 청담동에 있는 본인 소유의 건물 조경 관리를 맡겨줬고, 박성준 선생님은 길담서원의 주차장을 정원으로 꾸미는 공사를 맡겨줬다.

모든 일을 조합원들이 직접 참여하며 만들어 냈다. 소상공인 진흥공단으로부터 지원금을 받아 냉장 화물차량도 확보하고 홈페이지와 브로슈어도 멋들어지게 만들었다. 모든 일을 함께하며 잉여금도 균등하게 분배했다. 그런데 그게 함정이었다.

잉여금 분배에 있어 조합 기여도에 대한 평가와 보상을 따로 하지 않았던 것이 패착이었다. 초창기에 거의 모든 수주와 매출을 이사장인 내가 만들어 내다보니 내 몫을 따로 요구하지 않았던 것인데, 누구도 일거리를 만들어 내지 않았다. 협동조합은 균등 분배가 아닌 일한 만큼 분배도 이뤄져야 한다는 당연한 원칙을 무시한 결과였다. 성장이 정체됐다.

그러던 와중에 2016년 2월 뉴스테이 개발 발표가 났다. 우리가 터 잡고 있는 화훼단지 과천화훼집하장이 포함되어 있었다. 화훼단지 전체가 대응해서 싸워야 할 일이 터진 것이다. 시장 상인들의 요청으로 내가 '과천화훼집하장 보상 및 이전대책 특별위원회' 위원장에 추대되었다. 더 이상 나누미의 이사장직을 수행하기 어려워 4년 임기를 채우

123) 농민신문 2015.08.05.

고 물러났다. 감사를 맡아 뒤에서 도우려 했으나 그조차 개발 투쟁의 불똥이 튈지도 모른다는 우려를 하는 조합원이 있어 나누미의 모든 일에서 손을 놓았다.

현재 나누미는 개점휴업상태다. 의욕 있게 시작한 첫 협동조합은 이렇게 내 손을 떠났다.

한편, 화훼집하장 보상 및 이전 투쟁이 벌어지는 와중에 집하장이 둘로 갈라졌다. (이에 대해서는 뒤에 따로 기술할 것이다). 집하장 전체의 이름으로 회원들의 안정적인 이전을 위한 활동을 할 수 없게 됐다. 이를 위한 다른 조직이 필요했다. 다수의 의견이 협동조합을 만들어 뭉쳐보자는 것이었다. 협동조합이 만병통치약이 되지 않는다는 것은 분명했으나 사람들은 협동조합 이라는 이름에 막연한 신뢰와 기대를 가지고 있던 시절이었다. 화훼센터 이전을 협상하기 위해 자주 만났던 국토부의 사무관 조차도 협동조합이 만들어졌다고 하자 "화훼센터가 만들어지더라도 이걸 누가 운영해야 할지 걱정 했는데 이제 그런 걱정은 안 해도 되겠습니다." 라며 협동조합에 대한 기대를 보이기도 했다.

2016년 12월 15일, 그렇게 해서 만들어진 조직이 '과천화훼유통협동조합'이다. 나의 두 번째 협동조합 이다.

집하장에서 오랫동안 장사를 했던 '가든농원' 구희준 사장님을 이사장으로 추대하고 내가 상임이사를 맡아 보필하며 과천시, LH를 상대로 한 대외적인 업무를 보았다. 초대 이사장 임기 2년이 지난 후에는 내가 이사장을 맡아 일을 했다. 대다수 조합원의 생각은 '당면한 생존권을 지키기 위해' 만든 협동조합이지만 협동조합 본연의 경제사업도 병행했다. 나누미에서 얻은 교훈을 토대로 참여도에 따른 '잉여금 분배 규정'도 만들었다.

또한, 100명에 달하는 조합원이 모두가 공동으로 일을 할 수가 없으므로 특화된 사업을 수행할 사업 주체를 따로 만들어 의지가 있는 조합원들로 사업단을 꾸렸다. 그렇게 만들어진 부설 조직이 '공간녹화사업단'이었다. 조합원이 개발한 숯 화분을 이용한 실내 벽면 조경을 하는 사업이었다. 단장은 김무겸 조합원이 맡았다.

사업 단원들이 모여서 함께 일하는 모습들을 보면 참 보기 좋았다. 숯 화분이 탑재될 트레이를 조립하고 화분에 식재를 하는 단원들은 의욕이 넘쳐났다. 협동조합이, 공간 녹화사업단이 미래의 먹거리를 만들어 줄 수도 있을 것이라는 기대와 꿈을 가질 수 있었다.

2018년 대구 엑스코에서 열린 '사회적경제박람회'에는 공간녹화사업단 전원이 참여하여 2박 3일간의 일정을 소화하기도 했다. 우리 협동조합 부스를 방문한 이낙연 총리와 기념 촬영한 사진은 꽤 오랫동안 사업단원들의 집에 걸려있었던 것으로 기억한다. 사업단의 단원이었던 김무겸, 이승곤, 김상옥, 신경미, 이지영 조합원의 노고가 컸다.

꿈이 컸던 만큼 잘 성장할 수 있도록 도와야 할 책무가 이사장인 내게 있는데, 사업단의 독립성을 해치지 않으려고 사업단 내부에만 맡겨 둔 것이 못내 아쉽다. 이후 사업단 운영을 두고 벌어진 갈등을 해결하지 못하고 해산하게 되었다. 특히 아직 어렸던 경미, 지영이에게 크게 미안하다.

이외에도 매장에서 필요한 부자재의 공동 구매 등 몇 가지 사업을 벌였지만 그리 오래가진 못했다. 공간 녹화사업단이 해체된 이후 지역 내 협동조합과의 협력 사업이나 연대사업에 조합원들의 참여를 이끌기가 쉽지 않았다.

그러면서 과천화훼유통협동조합은 집하장 이전 문제에만 집중하여 일하는 조합으로 남게 되었다. 여러 차례 교육을 통해 협동조합에 대한 이해를 높이고 지속적인 협동 사업을 만들어내고 싶었으나, 조합원들은 이전 문제 외에는 별 관심을 보이지 않았다.

물론 집하장 이전 문제 역시 조합원들의 권익을 실현하는 일이었고 생존이 걸린 문제였기에 협동조합의 일이 아니라고 할 수는 없다. 최선을 다해 조합원의 이익을 지키며 이전 문제에 집중했다. LH(한국토지주택공사)가 화훼유통센터를 직접 개발하는 것으로 결정이 되고, 임시판매장의 설치에 대해서도 잠정적인 공감대가 형성되어, 큰 고비는 넘긴 후, 이제 남은 일을 더 잘할 수 있는 사람에게 맡기고 이사장직을 내려놓았다.

협동조합의 일로 한참 뛰어다닐 때, 경기도 산하기관인 '따복공동체지원센터'[124] 센터장께서 "과천화훼유통협동조합은 조합원이 몇 명이나 됩니까?" 하고 물은 적이 있다. 백 명이 조금 못 된다는 대답에 "대단하십니다. 그렇게 많은 수의 조합원을 이끌며 몇 년째 지속적인 활동을 하시다니."

백여 명의 조합원을 한뜻으로 묶고 지속적인 활동을 한다는 것이 쉽지 않은 일이긴 했다. 특별한 수익구조도 없이 조합원들이 매달 2만

124) 현 경기도 일자리재단.

조직을 대표해서 나설 일이 있으면 성심껏 그 일을 감당해왔다.

원씩의 운영비를 내며 과천화훼유통협동조합이 오랜 시간을 유지할 수 있었던 것은 언제 쫓겨날지 모른다는 생존의 절박함이 있었기에 가능했었다. 또한 미래에 대한 불확실성 때문에 그것이 어떤 조직이었건 뭉쳐 있고 싶은 간절함이 작동했으리라.

조합원 수만 100여 명에 달하는 조직인지라 일상적인 소통은 동별 단위로 조직을 편제하고 동장을 통해 조직을 운영·관리했다. 그럼에도 불구하고 불안한 마음을 해소하지 못한 조합원들은 매일 매일 두세 명씩 짝을 이뤄 나를 찾아왔고, 그때마다 성심을 다해 우리의 계획과 함께하면 해낼 수 있다는 믿음을 심어주기 위해 노력했다.

관광버스 3대를 빌려 조합원들과 함께 여의도 국회의사당에서 공청회를 마치고 온 날. 누군가 먼저 차에서 내려 차 문앞에서 내려 오는 한 사람 한 사람에게 "수고하셨습니다. 고생 많으셨습니다"하며 인사

를 건네는 조합원 한 분이 계셨다. 불안한 마음이 해소될 때까지 수도 없이 나를 찾아와 상담하던 여성분이셨다.

미래에 대한 불안함을 떨쳐내고 단결된 조직의 일원으로 다시 태어난 협동조합 조합원의 모습이다.

과천 화훼유통협동조합의 이사장직에서는 물러났지만, 협동조합의 꿈을 접을 수가 없었다. 식물을 기르고 가꾸는 일은 어린이와 노인들이 세대를 초월하여 함께 즐길 수 있는 일이라고 믿었기 때문이다. 또한, 식물은 우리가 사는 공간을 더 푸르게, 밝고 건강하게 만들어 준다. 이런 일들을 지역의 주민들과 함께하고 싶었다. 마을과 마을을 잇고, 사람과 사람들을 잇는 그런 일들을 하는 것이 민주주의이고, 사회 진보라고 믿기 때문이고, 내 청춘의 꿈과 맞닿아 있다고 생각했기 때문이었다. 이 일에 뜻을 같이하는 사람들과 함께 사회적 협동조합을 만들어 보기로 뜻을 모았다.

대안 교육공동체인 무지개 교육마을 전 이장이었고 경기중부비정규직센터 대표인 마을 활동가 하상수, 생태환경 전문가로 도시환경을 전공하는 박미옥 교수, 전직 기자 출신으로 사회운동가인 남경우, 홍보·마케팅 전문가인 최지연, 식물에 대한 지식이 해박한 청와대정원사 허무행, 화훼단지에서 사업하는 화훼 전문가 김상옥, 이해용, 그리고 나, 이렇게 일곱 명이 모였다. 구성원들의 면면이 알차다. 사회적 협동조합을 목표로 학습과 토의를 이어가며 명칭도 '한국화훼힐링산업사회적협동조합' 으로 정하고 창립총회까지 마쳤다.

사회적 협동조합은 일반 협동조합과 달리 까다로운 심사를 거쳐야 했다. 주무관청인 '농식품부'(농림수산식품부)에 인가 신청을 하면 한국사회적기업진흥원에 보내져 심사가 이뤄진다. '사회적기업진흥원'의 엄격한 서류 심사 및 실사까지 문제없이 통과했다. 남은 것은 심사 내용을 바탕으로 농식품부에서 인가를 내주는 절차만 남았다.

한데, 마지막 단계에서 브레이크가 걸렸다. "과천의 화훼산업은 이제 개발로 인해 모두 이전할 것인데 이곳에 화훼를 기반으로 사회적 협동조합을 한다는 것을 인정할 수 없다."는 이유였다. 심사를 맡았던 사회적경제진흥원에서조차 드문 경우라며 의아해했다. 애초에 농식품부로 가지 않고 일자리 창출형으로 방향을 설정하고 고용노동부로 갔다면 쉽게 심사를 통과할 수 있었을 것인데, 화훼를 고집하다 막혀 버린 것이다.

별 수 없었다. 우리는 일단 기본법에 따른 일반 협동조합으로 출발을 하고 추후 사회적기업 또는 사회적 협동조합으로 전환을 모색하기로 결론을 내렸다. 2021년 9월, 산 넘고 물 건너 힘든 여정을 거쳐 '협동조합 더힐링'(이하 더힐링)[125] 이 만들어졌다. 나의 세 번째 협동조합이다.

협동조합이 지속 가능하기 위해선 경제적 자립이 필수적이다. '두레생협연합회'에 지속해서 원예 모종 등 화훼상품을 공급할 수 있게 되었고, '인천교통공사'의 발주를 받아 인천지하철 '서구청역'에 벽면 정원도 설치했다. 이는 창립 초기 더힐링이 안정적으로 유지될 수 있는 큰 힘이 되었다. 이런 경험과 더불어 '청계초등학교'와 '문원초등학교' 같은 관내 학교에 화단 관리와 원예강좌 등을 개설할 수 있었다. 또 '새 안양신협'의 후원으로 지역 주민들을 대상으로 한 원예 체험학습을 진행했다.

여전히 이사장인 내가 많은 일을 감당하고 있고, 구성원 모두가 자기 분야에서 일이 바쁘다 보니 '협동'해야 할 절실함이 부족한 한계를 지니고 있지만, 이 한계를 극복해 낸다면 지역과 사회에 의미 있는 협동조합으로 성장할 수 있을 것이다.

협동조합은 가치 지향적인 조직이면서도 경제 조직이다. 이는 "공동으로 소유하고 민주적으로 운영하는 사업체를 통해 공통의 경제적, 사회적, 문화적 필요·욕구를 충족시키고자 하는 사람들이 자발적으로 결성한 자율적인 결사체."라고 하는 국제협동조합연맹(ICA)의 협동

125) www.flowerhealing.co.kr

조합에 대한 정의에서도 잘 나타나 있다. 이를 실현하기 위한 방안으로 협동조합 7원칙이 정해져 있다. 7원칙 중 세 번째가 조합원의 경제적 참여이고, 일곱 번째가 지역사회 발전에 기여하는 것이다.

실제 협동조합을 운영하고 강의를 다니며 여러 조합을 만나보면 경제적 필요와 요구가 절박한 사람들이 모인 곳이 협력도 잘 되고 성공하는 비율도 높다. 그렇지 않고 사회문화적 가치를 공유하며 가치실현을 위해 모인 곳은 절실함이 부족해 초기에는 잘 되는 듯하고 멋있어 보이기도 하나 지속하는 사례가 많지 않은 것 같다.

절실함과 뜻을 모으는 일, 이 두 가지를 잘 융합해 협동조합이 운영될 수 있다면 훌륭한 협동조합으로 성장할 수 있을 것인데 현실은 그리 쉽지 않다. 더힐링이 풀어야 할 숙제이기도 하다.

협동조합 활동을 하면서 협동조합이나 사회적경제 분야에서 전문성을 높이기 위한 자기개발을 거듭할 수 있었다. 2019년 한국협동조합지원센터와 서울대학교 경영대학원이 공동으로 개설한 '협동조합 경영 전문가과정'을 수료했다. 과정을 마치자 '협동조합 코디네이터' 자격이 주어져 경기도 '따복공동체'와 그의 후신인 경기도일자리재단에서 운영하는 '찾아가는 협동조합' 전문 강사로도 활동하기도 했다.

이어 강의 역량을 높이기 위해 성공회대학교에서 개설한 '소상공인 협동조합 지도자' 과정도 마칠 수 있었다. 들어가기도 쉽지 않았고, 코로나 유행 시기라 온라인 강의를 들어야 해서 수업도 힘들었고, 시험을 통과해야 수료가 가능한 쉽지 않은 과정이었는데, 남들에게 내세울 수 있을 만큼 좋은 성적으로 수료하고, 소상공인진흥공단에서 인정하는 전문 강사 자격도 취득할 수 있었다.

일을 하다보면 공무원들과 접촉할 일이 많다. 공무원들은 업무의 특성상 책임져야 하는 업무 범위를 뛰어넘는 일에 나서기를 꺼린다. 책임과 권한의 틀 안에서 고민하고 업무에 대해 판단한다. 그럼에도 많은 공무원은 최대한 맡은 바 업무를 성과 있게 만들려고 노력한다. 사회적경제, 협동조합은 그들에게 낯선 업무였음에도 배우고 이해하려 노력하며 힘써 준 공무원들이 고맙다.

특히 과천시협동조합지원센터에서 기간제 공무원으로 일하며 내 부탁이라면 발 벗고 나서 도와준 김진숙 선생님의 도움이 컸다. 고비 고비 응원에 감사한다.

화훼산업의 위기를 도약의 기회로

2016년 1월 14일 국토교통부는 과천시 주암동 일대를 뉴스테이, 기업형 임대주택 공급촉진지구로 선정, 발표했다. 과천시 주암동 일대의 약 28만 평 929,080m^2의 그린벨트를 풀어 5,200세대의 기업형 임대주택을 짓겠다는 발표였다. 공급촉진지구(이하 주암지구) 안에 대한민국 최대의 꽃시장 '과천화훼집하장'(이하 집하장)이 포함되어 있었고 집하장 안에는 177호가 이곳에서 30여 년 동안 생업을 이어가고 있었다. 그곳에 터 잡고 일해온 업주로서 '마른 하늘에 날벼락'이었다.

한국난원 이승곤 사장이 찾아왔다. "정길수 회장 혼자 이 일을 하게 둘 수는 없지 않겠어요. 형님이 나서 주십시오." 내가 나서서 일을 맡아 준다면 열심히 돕겠다며 앞장서 줄 것을 요청했다. 팔자인가보다. 또 앞에 나서게 됐다. 비상대책위원회(과천화훼집하장 보상 및 이전대책 특별위원회)를 구성하고 위원장을 맡게 됐다.

국토부의 발표내용을 들여다보니 약 14,000평의 화훼부지가 포함되어 있었고 경쟁입찰을 통해 대체 집하장 화훼부지를 공급한다는 내용이 있었다. 그런데, 이곳 주암지구는 집하장 외에도 화훼농가와 중소규모의 화훼자재 및 수입 업체들이 밀집되어있는 곳으로, 집하장 만의 문제가 아니었다.

화훼협회[126]가 중심이 되어 관련 단체들을 소집했다. 개발대상지 안에 화훼부지가 포함되도록 한 것은 화훼협회의 그간 노력이 반영된 것이기도 했다. 주암지구 내 화훼인들이 힘을 모아 공동으로 대응하기로 결의하였다. 위기를 기회로 만들어야 했다. 낙후한 시장을 현대적인 시장으로 만들고 누구나 찾아올 수 있는 시장으로 새롭게 만들어야 했다. 새롭게 지어질 화훼유통센터를 대한민국 화훼산업의 허브(Hub)로 만들어 미래 100년을 준비하는 기틀을 세워야 했다.

체험과 학습이 이루어질 수 있는 공간, 시민들이 찾아와 꽃과 식물을 즐기며 힐링할 수 있는 공간, 단순한 유통시설이 아니라 시민과 함께하는 공익적 기능을 갖춘 화훼유통센터를 만들어야 한다는 것으로 뜻을 세웠다.

이를 위해서는 국가가 직접 나서서 새 화훼유통센터를 지어야만 했다. 토지를 분양받은 기업이 화훼산업의 미래를 내다보며 화훼유통센터를 지을 것이라고 기대할 수는 없기 때문이었다.

이윤을 목적으로 사업을 하는 기업이 분양을 통해 수익을 올릴 수 없는 공익적 목적의 시설에 앞장서 관심을 가질리 만무였고, 80년대 만들어진 양재동 화훼시장의 재탕이 될 것이 뻔하였다.

둘째는 기업에 토지를 내어주면 이곳 화훼인들의 수평적 이동이 불가능해 안정적인 입주를 장담할 수 없었다.

126) 과천시 화훼협회. 당시 회장 서동훈.

셋째는 집하장 회원들의 안정적인 재정착을 위해 임시 판매장을 조성해 상인들이 흩어지지 않고 모여 있어 상권을 유지해야 하는데 화훼부지를 분양받은 기업이 이를 해결하겠다고 나설 리도 없을 것이었다.

과천 시민회관에서 과천시장 이하 시 공무원, 과천시민, 화훼인들이 참여하는 '화훼산업과 과천 화훼종합유통센터의 미래를 위한 토론회'(2016.3.30)를 개최했다. 이날 토론회에서 내 발표를 들은 기자들로부터 인터뷰 요청들이 있어 농업정보신문에 특별기고[127]를 하기도 했다.

거의 매일 대책회의를 하고 관공서를 문턱이 닳도록 드나들었다. 국토부 관계자, 과천시 관계자, 과천시의원, LH 관계자들이 참여하는 회의도 수차례였다. '기업형 임대주택 특별법'에 의해 공급되는 화훼단지이니 정부가 직접 지어줄 수는 없다는 것을 최종 확인했다. 임시 판매장조차도 상황과 필요성에는 공감하나 선례가 없다는 이유로 부정적인 답변이었다.

'그렇다면 우리가 직접 짓자.'는 방향으로 의견이 모였다. 이를 위해 '화훼센터건립추진협의회'(이하 화건협)가 만들어졌다. 주암지구 내 이해관계가 다른 여러 단체가 함께하는 만큼 통합된 의견을 만들기 위해 매일 매일 사람을 만나고 이견을 조정해야 했다. 시간이 길어짐에 따라 처음에는 화훼협회의 서동훈 회장이, 두 번째는 한국도시녹화의 김철민 대표가, 마지막엔 내가 대표를 맡아 화건협을 이끌었다.

127) 농업정보신문 '생존의 위기에선 과천화훼집하장-더불어 함께 살기 위해, 신동욱, 2016.5.2.

화훼유통인의 권익확보를 위해 토론회, 집회에 앞장서던 시절.

화건협의 요구는 명확했다.

첫째, 나라가 해 줄 수 없다면 우리 화훼인들이 지을 테니 화훼인들로 구성된 단체(화건협)에 토지를 경쟁입찰이 아닌 '조성원가 70%'에 공급하고 용적률을 상향 조정하라. 우리가 원하는 형태의 화훼센터를 만들고 지구 내 화훼인들의 안정적인 재정착을 보장하기 위해서 이는 필수적인 조건이었다.

둘째, 화훼센터 부지 곁에 화훼 연구개발(R&D) 부지를 화훼인들에게 공급하라. 이는 화훼유통센터 건립의 사업성을 높이고 기존 화훼산업의 지속성 유지를 위해 필요한 요구였다.

셋째, 공사 기간 동안 임시로 영업할 수 있는 임시판매장 부지를 LH가 제공하라. 이는 대한민국 최대의 유통망을 가진 과천화훼 집하장의 상권을 온전히 보존하기 위해 필수 불가결한 조치다.

넷째, 화훼부지, 화훼 R&D 부지와 접해있는 공원 부지를 화훼테마 공원으로 조성하라. 이 역시 화훼유통센터, 화훼 R&D 센터와 연계해 화훼 트라이앵글(Triangle)을 완성해 과천의 화훼유통센터가 대한민국을 대표하는 화훼특구로 부상하기 위한 전략적 요구였다.

'따로 또 같이' 여러 집단의 이해와 요구를 하나로 모아내면서도 각각의 집단이 갖는 고유한 특성을 존중하여 독립적인 행동은 보장했다. 화건협을 통해서는 '민간이 개발해야 한다면 토지를 조성원가 이하로 공급하라'는 요구를 하면서도, 우리 협동조합은 '이를 들어줄 수 없다면 정부가 직접 화훼유통센터를 지어 공급하라'는 요구를 지속적으로 했다. 공공개발의 불씨를 살려둬야 한다는 생각에서였다. 길고 긴 싸움이었다. 수많은 면담과 협상의 테이블이 이어졌고 수차례의 시위가 있었다.

21대 국회에서 지역구 의원인 신창현 의원의 주도로 국회 의원회관에서 국토부와 LH 관계자를 불러 '과천주암지구 뉴스테이 수용의 문제점과 화훼산업의 위기: 과천화훼종합유통센터 건립을 위한 국회공청회'[128]도 열었다. 옛 동지였던 윤관석 의원의 격려사, 토론자로 참석한 나와 함께 사회를 맡은 제갈임주 당시 과천시의회 부의장과 앞 좌석에 앉아 국토부와 LH를 향해 날카로운 질문을 쏟아 낸 안영 의원의 지지가 참석자들에게는 큰 힘이 되었다.

이후로 가진 수차례의 협의를 통해 임시 판매장 부지 공급과 화훼테마공원 조성에 대해서 의견 접근이 이뤄졌지만, 화훼유통센터 부지의 '조성원가 70% 공급'에 대해서는 이견이 좁혀지지 않았다. 개발 이슈가 있는 마을은 주민들이 하나가 되지 못하고 갈라지는 것을 늘 보아왔지만 여기라고 예외는 아니었다.

화건협의 요구가 일정 부분 반영되어 사업성을 높이는 방향으로 화훼센터의 용적률이 변경 발표되자 자신들이 짓겠다는 그룹이 나타난 것이다. 이들은 프로젝트 관리회사를 낀 건설조합을 만들어 현 집하장 위치에 화훼센터가 들어서는데 집하장 단독으로 추진하면 될 것을 왜 화건협이란 조직과 같이 하냐고 했다. 화훼센터는 집하장 만을 위해 만들어지는 것이 아니라고 아무리 설득해도 소용이 없었다. 악의적으로 그동안의 활동을 왜곡하고 폄훼하며, 임시 판매장을 요구하면 이중 보상이 되어 생활대책 용지를 못 받을 수도 있으니 "각서 써놓고 일해라. 만약 생활대책 용지 날아가면 칼 맞을 각오 해라."는 협박도

128) 과천 주암지구 뉴스테이 수용의 문제점과 화훼산업의 위기, 2017. 2. 15.

했다.

허나, 이 정도 협박에 넘어갈 내가 아니었다. 상대를 잘못 골랐다. 더구나 나는 억누르면 억누를수록 더 강하게 반발하는 기질을 가지고 있지 않은가. 강철은 두드릴수록 단단해지는 법인데 이분들이 그걸 몰랐다.

내가 청와대 '국민청원게시판'에 정부가 나서 줄 것을 요청하며 올린 글에까지 댓글로 훼방을 놓고 과천시에 찾아가 자신들은 임시 판매장 필요 없고, 14,000평 화훼부지 중 일부는 시에 기부채납 할 테니 자신들에게 화훼센터를 짓게 해달라고 요청하기도 했다. 사사건건 발목을 잡으며 참으로 집요했다.

집하장 조차도 화건협이 참여하는 것을 막아서 결국 정길수 회장이 물러나고 비상대책위원회도 해산됐다. 보궐 선거를 통해 화건협을 탈퇴하고 중립을 지키겠다고 약속한 한국난원 이승곤 대표를 회장으로 선출하고, 화훼센터를 추진하는 일은 새로운 협동조합 조직을 만들어 대응하는 것으로 총회에서 결정하기도 했다. 그래도 집하장의 3/4 이상 회원은 우리를 지지해 주고 있었다.

이승곤 회장과는 그 이후 오늘까지 협력적 관계를 유지하고 있다. 집하장이 분열하는 것을 막기 위해 중립을 표방하긴 했지만 큰 틀에서는 협동조합의 방침을 지지하고 협력했다. 긴 시간을 일하다 보니 때론 오해와 갈등이 있었지만 힘들고 어려운 자리 지키며 집하장을 지켜온 것만으로도 훌륭한 일을 한 것이다.

내가 화건협의 대표를 맡게 되는 시기에는 LH로부터 화훼부지를 조성원가 70%에 받기는 불가하다는 것이 거의 확정적으로 굳어지고 있는 시기였다. 아름다운 퇴장과 새로운 대안으로 다시 힘을 모아야 할 시점이었다.

이즈음 화훼협회의 회장이 바뀌었다. 새로 선출된 박태석 회장은 화건협이 추진해왔던 민간 개발이 아닌, 공공개발 추진에 강한 의지를 표명하였다. 화건협을 해산하고, 보다 확장된 조직으로 비상대책위원회(위원장 이홍천, 이하 비대위)가 구성됐다. 비대위에서는 다시, 우리 협동조합이 줄기차게 주장해온 공공개발을 요구하는 것으로 방향이 정해졌다.

변화가 찾아왔다. 2019년 5월 한국토지주택공사법이 개정됨에 따라 LH가 직접 화훼유통복합센터를 건립·운영하는 방안을 포함한 사업성 검토를 위한 용역을 실시한다고 발표했다. 이에 따라 '과천시 화훼유통복합센터 타당성 검토 및 사업화 전략 수립용역' 착수보고회(2019.5.16.)를 개최하고 사업을 시작했다. 화훼인들의 요구에 과천시가 국토부와 LH에 지속해서 요청해 얻어낸 결과이기도 하다. 나 역시 LH의 용역을 자문하고 검토하는 전문위원으로 위촉되어 8개월 이상을 LH와 함께 화훼센터 건립을 위해 숙의를 거듭했다.

임시판매장 문제도 적극 검토되었다. LH가 직접 지어보겠다고 나선 이상 지역의 화훼인들을 오롯이 품고 가는 것이 당연한 것으로 인정되었다. 과천 화훼인의 요구가 대부분 반영되어 보고서에 담겼고 그렇게 만들어진 내용이 '과천시 화훼유통복합센터 타당성 및 사업화 전략'에 대한 용역 결과 보고서에 담겨 나왔다.

'LH가 사업을 추진해도 충분한 사업성 있음!'

변화된 상황에 맞춰 비상대책위원회는 화훼유통센터를 일관성 있게 추진하고 화훼산업 미래를 책임질[129] 사단법인 한국화훼산업진흥협회(이하 진흥협회)를 발족했다. (2020.1.17.) 화훼유통센터 건립이 당신의 숙원 사업이라고 자임하는, 전 화훼협회장을 역임했고 과천시 의회 의장을 지냈던 이홍천 비대위 위원장을 이사장으로 추대했다.

과천시 시의회 내에 '화훼유통복합센터 건립을 위한 특별위원회'(위원장 박종락 과천시의회 부의장)가 설치되고 화훼유통센터의 온전한 추진을 위해 숙의를 거듭하였다. 주암지구 개발 초기부터 과천시의회의 시의원들은 여, 야를 떠나 모두 한마음으로 우리의 싸움을 지지하고 응원해 왔던 터였다.

호사다마라고 해야 하나. 쇠는 달궈졌을 때 두들겨야 하는 것인데, 중앙투자심의위원회의 심의가 늦춰지면서 정권이 바뀌었다. 그리고 그간의 모든 노력이 물거품이 되어버렸다. 윤석열 정부가 공공기관의 직접투자를 금지·제한하는 방향으로 정책을 선회한 것이다. 이에 따라 법령까지 개정하면서 개발대상지 주민과 상생하기 위한 LH의 계획도 무산됐다. 개발로 얻은 수익으로 개발 지역 내 직접투자를 통해 주민들의 재정착을 돕겠다는 LH의 1호 사업이 허망하게 날아간 것이다.

다시 화훼부지를 민간분양으로 공급한다고, 방침이 선회했다. 2025년 초가 되면 분양공고가 나올 것으로 예상한다. 비록 정부가 공공분양 방침을 철회하였다 하더라도, 다른 사람들 손에 우리 운명을 맡길

129) 한국화훼산업진흥협회 창립선언문.

수는 없었다. 진흥협회는 우리가 직접 참여하는 것으로 방침을 정했다. LH추산 1조3천억 원이 넘게 들어가는 개발 사업은 개발 경험이 전혀 없는 화훼인들의 힘 만으로는 추진할 수가 없는 규모가 큰 사업이다. 더 이상 결정을 미룰 수도 없고 다른 선택지도 없었다. 화훼인의 요구를 반영해 함께 할 전략적 파트너로 '투선월드'가 선택되었다.

2023년 11월 진흥협회는 '투선월드'와 함께 특수목적법인(SPC) '과천플라워허브 주식회사'(공동대표 이홍천, 김상진)를 설립했다. '과천플라워허브'는 우리 화훼인들의 요구를 반영하여 공익적 기능을 최대한 살린 화훼유통복합센터를 만들고, 회원 모두를 안정적으로 입주시키는 것을 목적으로 하고 있다.

여전히 불안해하며 경계의 눈빛을 거두지 않는 사람들이 많이 있다. 과거 수많은 개발 사업에서 주민들의 요구를 다 들어줄 것처럼 말해놓고, 토지를 받아온 후에 주민들을 배신한 사례를 수없이 보아왔기 때문이다.

이런 이유 있는 불안을 해소하기 위해서는 지자체가 참여해 공동으로 개발사업을 진행하는 것이 최상의 방법일 것이다. 그러기에 '과천도시공사'가 이 사업에 참여하기를 바랬지만 현재로서는 쉽지 않아 보인다. 그러나 아직 모든 것은 진행형이기에 우리 모두가 웃을 수 있는 길을 찾아야 한다.

그간 이 문제를 거듭 살펴온 당사자로서, 화훼유통복합센터가 성공적으로 지어져 우리 모두가 그곳에서 새로운 희망의 꽃을 피울 수 있도록 내게 주어진 역할을 다하려 한다.

과천주암화훼 임시 판매장 설립

한편, 새로운 화훼유통센터가 완공될 때까지 화훼 유통인들이 생업을 유지하고 상권을 보존하기 위해 요구해온 화훼임시판매장 부지를 LH가 공급하기로 확정이 됐다. 화훼임시판매장을 짓기 위한 부지 8,000평을 지구 개발이 완료되는, 화훼유통센터가 완공되는 시기까지 5년간 임대하는 조건으로 결정이 된 것이다. 이에 따라, 입주자 선정을 하고 임시판매장을 운영할 주체를 세우기 위한 준비 작업에 착수했다.

주암지구 개발 발표 직후부터 '임시판매장'을 의제화하고, 사례가 없는 일이라며 모두가 안 된다고 할 때, 화훼인들의 의지를 모으고 과천시, LH를 설득하며 이를 밀고 온 사람이다 보니 마무리도 내가 하고 싶었다. 임시판매장 설립 준비위원장을 맡아 임시판매장의 토대를 잘 만들어 보겠노라 자임하고 나섰다. 살면서 어떤 자리를 구성원들의 요구가 아닌 나 스스로 맡겠다고 한 것은 이 일이 처음이 아닐까 한다.

준비위원회에는 화훼협회의 박태석 회장, 집하장의 이승곤 회장, 내 뒤를 이어 과천화훼유통협동조합을 이끈 이해용 이사장, 주암화훼번영회의 이영옥 회장 등 12명의 화훼인이 준비위원으로 참여해 구성되었다. 임시판매장의 설립과 운영은 향후 조성될 화훼유통센터의 토대가 될 것이므로 이를 성공적으로 만들어내야만 했다. 아무도 가보지 않은 길이었다.

운영의 기본 원칙을 세우고 이에 따른 정관을 만드는 데에만 2달여에 걸쳐 10여 차례의 회의와 논의의 시간이 소요됐다.

시장의 상인들은 단결하기가 쉽지 않은 속성을 가지고 있다. 동료이기도 하지만 경쟁 관계도 작용하기 때문이다. 더욱이 살아온 경험이 다르고 각기 다른 이해와 요구가 있는 사람들을 하나의 조직으로 묶어 화합하게 하기는 쉽지 않은 일이었다.

준비위원들은 화훼유통센터로 가는 징검다리 역할을 할 임시판매장의 성공적인 건립이라는 목표를 내세워, 작은 차이를 극복하며 합의를 이뤄내는 지혜를 보여줬다. 모두가 훌륭했다. 임시판매장을 위해 봉사할 사람들이 많이 나서기를 바라며 입후보자 등록 공고를 했다.

준비위원으로 참여했던 협동조합의 이해용 이사장이 임시판매장의 대표를 맡아 남은 과제를 수행하겠노라고 자임하고 나섰다. 추진력이 있는 친구다. 그러다 보니 설득과 소통이 부족하다는 비판도 뒤따르기도 한다. 부족한 점은 다른 사람이 도와 채워 나가면 될 일.

능력이 조금 부족하더라도 책임을 맡아 일을 해보려는 태도야말로 공동의 문제를 해결하는 데 있어 중요한 덕목이다. 일을 해야 무엇이 되기도 하고 고쳐야 할 점을 찾기도 하는 것이니까. 할지 말지 망설이며 한 발짝도 못 내딛는다면 아무 일도 일어나지 않는다. 책임질 자리에 나서지 않으면서 뒤에서 비난하는 사람들조차 포용하며 일을 해야 하는 자리다. 감 떨어지기만을 기다리며 아무 일도 하지 않던 사람들이 '감이 떫네.' '못 생겼네.' 트집을 잡더라도 설득하며 이끌어 가야 하는 자리이다.

이해용 대표의 부족한 점을 보완하며 호흡을 맞춰 임시판매장을 성공리에 끌어갈 수 있도록 이끌어가도록 준비위원 중 한 명이었던 유플라워 김무겸 사장에게 사무국장을 맡아달라고 부탁했다. 김무겸 사장은 집하장 내부에 분란이 있었을 때 처음 만났던 친구다. 비록 나와 입장은 달랐으나 자신이 속한 집단구성원들의 요구를 대변하며 열정적으로 일하는 모습에 강한 인상을 받았다. 과천화훼유통협동조합 창립부터 줄곧 함께 일해왔고, 협동조합의 기획 이사와 공간녹화사업단 단장을 맡아 사업단을 꾸려 가기도 했던 친구였다. 흔쾌히 어려운 부탁을 들어준 무겸이가 믿음직하고 고맙다.

2024년 5월 18일. 과천시청 대강당에서 '과천주암화훼임시판매장조합' 창립총회가 열렸다. 주암지구 개발이 발표된 지 8년 만의 일이다. 돌이켜보니 그사이 시장이 두 번 바뀌었다. 6대 신계용 시장 때 시작하여 7대 김종천 시장을 거치고 다시 8대 신계용 시장으로 바뀐, 긴 시간이었다.

과천시 공무원, LH 관계자, 진흥협회와 과천화훼유통협동조합원을 비롯한 주암지구 화훼인 모두의 노력이 있었기에 가능했던 일이다. 특히 LH의 직접 개발이 물 건너 가면서 임시판매장 설치 합의조차 흔들릴 때 중심을 지키며 최종적인 합의를 이끌어낸 이홍천 이사장과 화훼협회 박태석 회장의 힘이 컸다.

또한, 잊지 못할 사람이 있다. 초기 화건협 대표를 맡아 화훼유통센터의 큰 틀을 짜는데 초석을 놓은 김철민 교수, 화건협 시절부터 지금까지 손발을 맞추며 일한 진흥협회 채헌주 사무국장의 열정을 어찌 잊겠는가.

빼놓지 말 사람들이 더 있다. 과천의 진보적 시민사회의 분들이다. 2016년, 주암지구 개발 문제가 처음 대두되었을 때 과천시로부터 "시민들의 동의가 필요하다"며 2명의 시의원(안영, 제갈임주)을 설득해 줄 것을 요청받았던 적이 있다. 이 두 분은 그때부터 지금까지 줄곧 우리들의 입장을 지지하고 응원하고 있다. 또한 과천의 시민 정치단체 '다함'은 매번 우리들의 집회에 참석해 힘을 보탰고 지지 성명서로 뜻을 함께 했다.

2018년 10월, 과천 시민회관에서 개최되었던 과천시 미래 발전을 위한 토론회[130]에 패널로 참석한 정성훈 박사[131]는 "생활의 중심 기능 속에는 공원이 주요하게 존재했다"며 '휴식과 여가, 교류의 공간으로서 중심 기능의 필요성'을 제시하고, 유럽 여러 나라의 사례를 들어가며 천편일률적인 도시개발보다는 지역의 향토산업을 살리는 도시가 더 경쟁력이 있음을 강조, 과천의 유일한 토종산업인 화훼산업을 키우고 육성할 것을 권고하기도 했다.

임시판매장 입주자조합 창립총회에서 신계용 시장은 "신동욱 위원

130) '시민이 그리는 과천의 미래' 2018. 10. 30.
131) 정성훈. 인하대 교수, 과천 8단지 주민.

장님 없었으면 임시판매장은 없었을 것이다."라며 시청 대강당에 모인 많은 분들 앞에서 치하했지만 아쉬움이 남아있다. 임시판매장에 입주를 원하는 화훼인들 모두가 다 같이 입주하기를 원했지만, LH의 선별조건에 미달되어 탈락하신 분들이 생겼기 때문이다. 매장을 임차해 20년 가까이 사업을 했음에도 실질 사업자가 입주하지 못하고, 실제 사업을 하지 않는 임대인에게 입주 자격이 주어졌기 때문이다. 현장을 무시하고 서류만으로 적합성을 결정하는 LH 선정 방식의 한계다.

임시판매장 입주자 선정의 권한을 전적으로 LH에 내어준 민, 관, 공 TFT 결정이 발등을 찍은 것이다. "입주자 선정을 LH가 서류상으로만 검토해서는 분명한 하자가 생길 수 있으니, 실제 영업 현황을 잘 아는 화훼인들의 집합체인 진흥협회가 입주자를 선정하고, 공정성을 위해

LH의 입회와 검토 절차를 받도록 해야 한다."고 누차 강조했던 사안이었다. 그러나 중요한 결정을 하는 민, 관, 공 TFT 회의에서 진흥협회로 힘이 쏠릴 것을 경계하는 분들의 반대의견이 있어 LH에 모든 권한을 넘기고 말았던 것이다.

일을 안되게 하는 것은 쉽지만, 일을 되게 만드는 것은 힘들고 어려운 과정을 거쳐야만 한다. 많은 사람들의 땀과 노력이 필요하다. 모두가 함께 나눌 밥을 지을 때 힘을 합해야 하는데 밥이 익기도 전에 밥그릇 싸움에 밥솥을 뒤집어엎는 우를 범하지 말아야 할 일이기도 하다.

아쉬운 점은 또 있다. 지구 개발 발표 이후 경영악화로 인해 매장은 간판만 걸어 둔 체 잠시 다른 일을 한 분들이 영업 보상에서 제외된 것이다. 지속해서 영업활동을 하지 않았다는 이유에서였다. 경영이 어려우면 투잡도 하고 날품이라도 팔아 생계를 유지해야 하는데 이런 것이 전혀 고려되지 않는 '보상법'이 갖는 맹점이었다. 아직 완전히 끝난 것은 아니기에 방법을 찾아보고 있긴 하지만 정말 아쉽고 죄송하다.

8년에 걸쳐 이 일을 하는 동안 매장을 제대로 돌보지 않아 심각한 위기가 찾아왔었다. 기존의 단골손님들은 나이가 들어 은퇴했고, 가게를 비우는 일이 잦아지다 보니, 그나마 드나들며 관계를 트기 시작하던 손님들조차 발길이 끊어졌다. 잘 나가던 시기, 한때 연 매출 7~8억을 올렸는데 금융위기와 김영란법 시행을 거치며 4억 수준까지 떨어지다 그마저 1억 이하로 떨어지기도 했다.

이 일이 끝날 때까지는 버텨야 하는데, 이러다가 오래 못 가는데, 특단의 대책이 필요했다. 할 수 있는 건 지출을 줄이고 매장을 살리는데 집중하는 수밖에 없었다.

주택담보대출을 끼고 장만한 집 대출금 이자도 갚기 어려운 상황으로 몰렸다. 집을 팔아야 했다. 물론 집을 팔기로 한 것은 단순히 경제적 이유 때문만은 아니었다. "집하장 사람들은 과천에 살지도 않으면서 왜 과천시에 요구가 많냐?"고 하는 질책을 받을 때마다 '내가 무슨 일을 해서라도 과천으로 돌아온다.'는 생각과 함께 지역 시민사회 일에 더 많은 여력을 내기 위해서도 과천으로 거주지를 옮길 필요가 있다고 생각했다.

용인 성복동 집은 아내와 내가 처음 마련한 집이었다. 처가에 맡겨놓은 아이를 내 집이라도 마련해서 데려 오자는 것은 아내와 나의 공통된 생각이었다. 그래서 마련한 것이 수지 성복동에 주택담보대출을 낀 집이었다. 아내를 간신히 설득해 집을 팔고 2018년 과천에 반전세로 이사 왔다. 집을 팔고 1년이 지나지 않아 집값이 2배로 폭등했다. 다시는 내집을 마련할 길은 영원히 사라졌지만 이 또한 내 선택인 걸 어쩌랴. "힘들고 어렵더라도 조금만 더 버텨 보자" 라던 아내에게는 두고두고 미안한 일이 되었지만…

내 집 마련을 접은 것이니 좀 비감한 결정이었는데, 그로 인해 우리 아들은 나라에서 주는 돈 국가장학금으로 대학을 다닐 수 있었다.

잃은 것만 있는 게 아니라 얻은 것도 있다.

싸움이 길어지며 소강상태에 접어들자 시간이 많이 남았다. 매장에 손님의 발길이 끊겼어도 가게는 지키고 있어야 했다. 매장에서 할 일이 별로 없다 보니 시간이 많이 남아돌았다. 처음에는 책을 읽으며 시간을 보냈으나 실속있는 공부를 해보자 마음도 먹게 되었다. 이왕에 하는 꽃 장사, 식물에 대해 체계적으로 더 깊이 이해하고 알아보기로 했다.

환갑을 넘긴 나이에 학교 공부를 하는 것이 쉬운 일은 아니었지만, 2019년 '방송통신대학교 농학과'에 입학해서 4년 만에 8학기 과정을 마치고 졸업했다. 방송 강의지만 수업을 하다 보니 재미가 들려 이왕 하는 공부 조금 더해 유기농업기사, 식물보호기사 국가자격증도 취득했다. 나이가 나이인지라 자격증을 가지고 취업이라도 할 일이야 있겠냐마는, 혹시라도 나이 더 들어 시골에 내려가서 살게 되더라도 종묘상은 열 수 있는 자격을 가진 셈이다.

마을에서 새벽을 맞다

| 제8장 |

수지에서의 생활

수지(용인시 수지구 성복동)살 때 얘기를 잠깐 해야겠다.

수지에서는 우리 아들 중, 고등학교를 마칠 때까지 7년을 살았다. 과천에 살다 아들이 중학교에 입학할 때 내 집을 마련해 수지로 이사했다. '남의 집 살이는 이제 그만!' 하자는 생각이었다. 출소하고, 결혼하고, 새 사업 시작하고 하는 통에 가진 돈이 있는 건 아니어서 은행 대출금이 대부분이었다. 그런데, 계약금 치르고 1차 중도금 낸 직후 2008년 금융위기가 터져 집값이 폭락했다. "더 떨어질 수도 있으니 이미 낸 돈 미련두지 말고 포기하라"는 주변의 권유도 없지 않았으나 평생 살 곳이라 생각하고 그냥 들어갔다. 얼마 지나지 않아 입주도 하기 전, 아파트값이 반 토막이 났다. 저녁 뉴스를 틀면 미분양 아파트 기사가 쏟아졌고 내가 살던 아파트 단지 사진이 올라오곤 했다.

평생 살리라 마음먹은 것과 달리 집을 처분해야만 하는 상황이 찾아왔지만, 일찍 고향을 떠나 고향 친구가 없는 것이 늘 아쉬웠던 터라 아들에게는 중, 고등학교 친구들을 가질 기회를 만들어 주고 싶은 생각에 대학 진학하기 전까지는 그대로 수지에 머물렀다.

수지에 살면서 민주노동당 활동을 했다. 출소한 지 얼마 안 됐을 때 구로동에서 노동운동을 함께 한 최규엽 선배의 권유로 입당했는데,

여력이 안 돼 당원 모임에는 나가지 못한 채 쭉 당비만 내던 당원이었다. 마침 수지 살 때 조금은 생활이 안정된 상태가 되어, 지역의 민주노동당 모임에도 나가고 필요한 활동을 같이했다.

풍덕천 토박이로 청소 노동자였던 조남식 형님, 한의원을 운영하던 공인표 원장, 역시 용인 토박이로 상근활동을 하던 조병훈, 홀로 키운 딸 아이가 좋은 회사에 취직 했다며 좋아하던 명희 샘, 이들과 자주 어울리며 모임을 했다. 일하는 곳이 과천이다 보니 용인에서 지역 분들과 깊게 결합해 활동하지는 못했지만 아름다운 사람들과 함께했던 시간이었다.

조남식 형님은 풍덕천 토박이답게 지역에 발이 넓었고 광교산 구석구석 어느 골짜기에 버섯이며 나물들이 자라고 있는지 손바닥 보듯 꿰고 있던 분이었다. 조병훈, 자그마한 체구 어디서 그런 결기가 나오는지 참 놀랍게도 열정적으로 활동하던 여성이다. 그가 구의원 선거에 나왔을 때 잠깐 도와준 적도 있었다. 아깝게 낙선했지만.

공인표 원장. 민노당 수지 분회장을 맡아 모임을 주도했다. 훤칠한 키에 건장한 체구를 가진 그는 수지구 배드민턴 협회장을 할 만큼 운동 실력도 뛰어났다. 당원으로서도, 분회장으로서도 열심이었지만, 한의사로서도 뛰어나 서울 강남의 사모님들도 단골손님으로 드나들었다. 추나요법으로 틀어진 골격을 잡아주고, 디스크는 물론 만성질환자들의 치료에 전문성을 보여줬다. 병원이라면 질색을 하는 아내조차도 공 원장의 처방에 전적인 신뢰를 보내며, 믿고 시키는 대로 했다. 어느 날 공 원장이 “형수는 보약도 소화를 시키지 못하는 사람이니 일단 소화 기능을 회복해 음식을 섭취할 수 있도록 하는 것이 중요하다."라며 앵두를 구해와 달여서 복용하도록 하자고, 소화를 돕는 데에 그만한 게 없다고 권했었다.

앵두는 쉽게 짓물러 유통이 어렵기에 시장에서 구하기가 쉽지 않았다. 사정을 전해 듣고 앞다퉈 앵두를 구해준 고마운 사람들이 많았다. 집하장 동료인 천지농원 박용진 사장은 가족들과 나들이를 갔다 오는 길에 산 입구에서 앵두 파는 아주머니를 보고 그분 집에까지 따라가 나무에 열린 앵두를 깡그리 털어서 들고 왔다.

매번 주변의 도움을 받는 것도 한계가 있어 아예 앵두나무를 심었다. 해마다 앵두를 따는 재미가 쏠쏠했다. 아내는 봄철 수확한 앵두를 냉동저장 해놓고 일 년 내내 달여 먹었다. 덕분에 아내는 소화에 부담을 갖지 않고 음식을 섭취하고 만성적인 소화 장애를 조금은 덜게 됐다.

1980년대 정부종합청사가 들어서며 계획도시로 조성된 과천은 조용하고 아름다운 도시다. 관악산, 청계산, 우면산에 둘러싸여 과천 어디에서 길을 나서도 10분이면 산의 초입에 들어설 수 있을 만큼 공기 좋고 쾌적했다. 97년부터 과천에 매장을 열고 주암동 장군마을에서 살았지만, 과천 지역에서 일어나는 마을 활동들과는 담을 쌓고 살았다.

광화문에서 열리는 촛불집회에는 열심히 나가면서도 과천에서 어떤 일들이 일어나고 있는지 몰랐고 관심을 두지 않았다. 광우병 사태 때, 과천의 아파트 베란다에 나붙은 현수막이 언론에 화제가 됐을 때도 먼 남의 동네에서 일어난 일인 듯 바라만 봤다.

사회적경제, 협동조합 간의 연대

2013년 협동조합 만들자 인연이 있던 전 민주노동당 부대표였던 김형탁 동지가 지역의 사회적경제 활동을 같이하자는 제안을 해왔다.

들어보니 과천에는 오래전부터 사회적 경제의 튼튼한 토대가 있었다. 인구 6만의 작은 도시 임에도 '한살림' 과천매장은 전국 1위의 매출을 기록하며 생활협동조합의 탄탄한 지역 기반을 다지고 있었고 '과천품앗이'는 독자적인 지역 화폐 '아리'를 발행하며 협동의 경제를 일궈가

과천 시민들과 어우러진 여러 활동으로 이웃의 정을 나누며 살아왔다.

과천 에어드리 공원.

고 있었다. 김형탁 대표는 '지역사회연구소 마실'을 운영하며 지역에서 협동조합 운동의 새로운 가능성을 모색하고 있던 차였다.

'협동조합기본법'이 실행되자 그동안 지역에서 다양한 형태로 활동해오던 지역 공동체들이 협동조합으로 조직형태를 바꾸며 법인격을 가진 사업체로 전환을 했다. 협동조합 마을카페 '통'은 250여 명의 마을 주민이 조합원으로 참여하는 소통의 공간을 열었고 화훼 관련 협동조합도 여럿 생겨났다. 모두 의욕이 넘쳐났고 모임도 활기를 띠었다.

시청에도 사회적 경제를 지원하는 전담 부서가 신설되었고, 협동조합 지원조례'[132] 도 수차례의 협의와 검토를 거쳐 만들어졌다.

지원조례가 만들어지던 그해 7월 1일, 협동조합, 마을기업 등 35개의 조직이 참여하는 '과천사회적경제네트워크'[133](이하 과사넷) 창립총회를 열었다. <표1 참조>

---

132) 과천시 사회적 경제 육성 및 지원에 관한 조례: 제정 2017-06-30 조례 제1496호
133) 협동조합 26, 사회적 협동조합 3, 소비자생활협동조합 3, 사회적기업 1, 마을기업 2, 공유경제 2곳이 참여한 과천시의 '사회적경제' 주역들을 포괄하는 조직이다.
134) "사회적 경제공동체 실현을 위한 결의문" 과사넷 창립총회 자료집, 2017. 7.1.

과사넷은 창립총회를 통해 '돈보다는 사람을 우선하는 사회적경제의 가치를 확산시키고, 사회적 기업가 정신으로 지역의 사회적경제사업을 활성화하고, 협동과 연대를 통해 사회적경제 공동체를 형성하여 지역사회의 발전에 이바지할 것을'[134] 천명했다.

〈표 1. 과천의 사회적경제 조직〉

협동조합

협동조합마실지역사회연구소
민달팽이자활협동조합
한국놀이학교협동조합
과천상인협동조합
한울타리협동조합
원예유통협동조합나누미
청계전통식품협동조합
협동조합마을카페
과천시니어협동조합
SEC과학문화체험협동조합
과천시씨알주택협동조합
자연순환농협동조합
창의놀이협동조합
자율교육협동조합
바로마켓협동조합
경기도서점협동조합
WHC협동조합
동행마켓직거래장터협동조합
과천떡만세협동조합
전국청년CEO협동조합
여우책방협동조합
숟가락협동조합
과천화훼유통협동조합
아이앤티협동조합
쌍별귀뚜라미협동조합
스카이푸드협동조합

사회적 협동조합

식생활교육과천네트워크사회적협동조합
과천사랑사회적협동조합
과천공동육아사회적협동조합

소비자생활협동조합(생협)

한 살림
에코생협
율목아이쿱

사회적 기업

아리수

마을기업

마을기업정지앤마루(바오밥)
리폼샵고리
바르게살기운동협의회

공유경제

품앗이
녹색가게

〈출처 : 과천사회적경제네트워크 창립총회 자료집〉

김형탁 대표, 추경숙 대표(마을기업 정지앤마루), 그리고 내가 공동 대표로 선출되었다.

사회적경제 조직의 협의체인 과사넷이 만들어지면서 협동조합 간의 연대와 협력, 교육 활동이 강화되었고 협동조합 및 사회적경제 조직들의 참여도 또한 높았다. 항상 바빴고 꽤 많은 일이 이어졌다.

2018년을 시작으로 과천시의 지원을 받아 2년마다 사회적경제 조직들이 참여하는 '사회적경제 한마당'이라는 축제도, 매년 7월이면 협동조합 주간 행사도 성황리에 열었다. '사회적경제지원조례'에 따라 과천시 공무원, 시의원, 관 내외 전문가, 관내 협동조합 대표가 위원으로 참여하는 '사회적경제육성위원회'도 구성되어 육성위원장을 맡기도 했다. 2년 임기의 직을 한차례 연임까지 하며 4년 동안 맡았다. 과사넷과 시 공무원이 함께 논의하는 민관 협의체도 상설화되어 긴밀한 협력을 할 수 있었다.

2020년에는 사회적경제 조직과 활동을 지원하는 '과천시사회적경제지원센터'도 문을 열었다.(2020. 11. 27) 김종천 시장의 선거공약 중 하나였는데 약속을 지킨 것이다.

이 시절이 과천시에서 협동조합이 가장 활력 있게 활동했던 시기였던 듯하다. 허나, 오르막이 있으면 내리막이 있고 달도 차면 기우는 법. 지금 돌아보면, 그때보다 협동조합의 수는 더 늘어났으나 여전히 많은 협동조합이 어려운 여건 속에서 고군분투하고 있고, 경제적 안정을 찾지 못한 채 피로감에 쌓여있다.

기운 달이 다시 차오르듯, 내리막의 끝에 다다르면 다시 기운을 내어 올라갈 힘을 얻을 수 있기를 간절히 빌어본다.

세 차례의 선거, 마을에서 희망 찾기

겨울이 가고 봄이 오자 언 땅이 풀리며 겨우내 움츠렸던 나뭇가지에도 물이 차오르고 있었다. 사람들의 가슴에도 훈훈한 봄기운이 스며들어 붉게 상기된 얼굴에 화색이 돌고 있었다.

과천은 민주노동당, 정의당, 녹색당 등 군소 정당의 후보들이 꾸준히 시의회에 진출해온 역사가 있었다.[135] 이에는 "과천 시민운동 초기인 90년대 '탁아소 청원'부터 '쓰레기 소각장 축소 운동', 2000년대에 '보육 조례 제정'까지 과천 시민들은 청원, 공청회, 시민 발의 등 참여정치를 위해 열려 있는 제도의 문들을 적극적으로 활용해 생활 문제를 지역 정치 영역으로 연결"[136]했던 경험을 통해 지역 정치에 대한 높은 참여를 시행해온 지자체였다. 시민들 참여의식의 성취 경험은 소중한 것이었다. 직전 선거인 2014년에 무소속으로 출마한 후보 두 명(안영, 제갈임주)이 모두 당선되는 쾌거를 이루기도 했다. 이들 두 시의원을 배출한 시민그룹은 '과천풀뿌리'라는 조직을 만들어 두 의원의 의정활동을 뒷받침 해왔던 경험도 축적한 터였다.

135) 과천은 두 개 지방의원 선거구가 '3인 선거구'여서 3등만 해도 당선되었고 민주당이 후보를 1명씩만 냈던 영향도 있었다.

136) 안수정 「시민활동가들의 지역정치 참여 과정에 대한 사례연구」 2023, 39p.

2017년부터 꾸준하게, 다가오는 2018년 선거에 지역의 시민 정치역량을 하나로 모아 선거에 임하자는 논의가 이뤄졌고, '과천풀뿌리' '과사넷'을 비롯한 시민사회단체와 노동당, 정의당, 녹색당 등 제 정당이 참여하여 단순 선거연합이 아닌 상설적인 정치조직으로 과천시민정치조직 '다함'(이하 다함)을 결성(2018. 2. 11)하기에 이른다.

2018년 9월 17일 '민주적 권력 만들기'라는 주제로 시의회 로비에서 80여 명의 시민들이 모여 논의를 시작했고, 12월 17일 발기인대회를 하는 등 6개월여의 과정을 거치며 지역의 의지를 하나로 모았다.

시민 정치조직 다함은 몇몇 단체 대표들이 모여 합의하는 방식이 아닌, 처음부터 지역의 시민들이 함께 참여하고 논의하는 과정을 거쳐 탄생했다. '다함'이란 명칭도 시민들의 공모를 통해 확정되었다. 공모를 통해 추려진 후보군을 놓고 과천시의회 열린강좌실에서 공개토론을 거쳐 가장 많은 사람의 지지를 받은 이름을 채택한 것이었다. 다함은 '다양한 사람들이 함께 한다', '힘을 다한다.'라는 뜻을 가지고 있었다.

창립총회에서는 김형탁(정의당, 과사넷 공동대표), 장예정(녹색당)을 공동대표로 선출하고 "2018년 지방선거, 시장 후보로 안영, 시의원 후보로 구자동, 안수정 두 명의 후보를, 비례대표 후보로 녹색당의 성미선 후보를 내고 선거운동을 시작"했다. '다함' 선거캠프의 색상인 핑크빛 물결이 과천을 수놓았다.

정당과 시민단체가 하나의 조직으로 선거에 임하는 것은 처음 있는 일이었다. 자발적으로 선거운동에 참여한 시민들의 열정은 뜨거웠다. 중앙공원에서 열린 시장 후보, 시의원 후보 합동연설회에는 거대 정당의 연설회보다 훨씬 많은 시민이 나와 우리 후보들의 이야기를 경청했다.

무엇보다 선거운동 과정을 축제로 만들어가려는 선거캠프의 전략이 시민들의 관심을 끌었다. '6월에는 6번 기호 6번 안영'을 외치며 거리를 누비는 분홍의 핑크빛 물결, 운동원과 자원봉사자, 시민들이 함께 어울려 춤을 추는 집단 군무. 골목길을 누비며 마주치는 시민들에게 정겹게 인사하며 우리 후보를 알리는 자원봉사자들.

선거운동이 한창이던 때, 과천화훼집하장의 이승곤 회장이 커다란 홍어를 한 마리 들고 선거사무소를 찾아왔다. 선거운동하느라 수고하는 자원봉사자들께 대접하고 싶다며.

갑작스런 홍어의 등장에 모두들 반색을 표하며 자리를 만들랴, 칼과 도마를 찾으랴 부산했다. "청향 형님. 내 이럴 줄 알고 다 준비 해왔지" 하며 이회장은 들고온 가방에서 준비해 온 식칼과 도마를 꺼내 홍어를 큼지막하게 썰기 시작했다.

알싸한 홍어 맛도 일품이었지만 평소 시민사회와 인연이 없던 화훼유통인의 등장에 캠프 분위기는 후끈 달아 올랐다.

공식적인 선거캠프 외에 외곽의 지원 활동도 조직됐다. 직장에 다니느라 낮에 선거운동을 할 수 없는 남성들을 중심으로 아저씨 어벤져스 팀이 만들어졌다. 주거문제의 해결을 위한 강연회도 만들고, 주암번영회 등 낙후한 거주환경에 처한 주민들과 대담의 자리도 만들었다. 선거운동으로 당락을 결정한다면 당선은 떼놓은 당상이었다.

민주당 김종천 시장 후보와의 단일화 압력이 거세게 들어왔고, 다함 역시 단일화를 염두에 두고는 있었으나, 단일화를 위한 정책적 협의의 내용이 제시되지 못한 채 일방적인 사퇴를 요구해와 끝내 단일화에는 이르지 못했다. 결국 후보 경쟁구도는 그대로 유지되었고, 지방자치제 시행 이후 진보진영에서 단 한 명의 의원도 의회에 진출시키지 못한 참패로 끝났다. <표2 참조>

〈표2〉 2018년 과천시 지방선거 결과

시장선거

과천시				더불어민주당 김종천	자유한국당 신계용	바른미래당 안용기	무소속 안영
	과천시	46,715	32,775	16,366	11,726	951	3,457
				50.35	36.08	2.92	10.63

시의원선거

선거구명	구시군명	선거인수	투표수	후보자별 득표수						
				후보자별 득표율 (%)						
과천시가선거구				더불어민주당 박종락	더불어민주당 류종우	자유한국당 김현석	바른미래당 박재영	무소속 구자동	무소속 문봉선	무소속 이홍천
	과천시	23,295	15,751	4,158	2,620	3,833	1,001	1,688	688	1,387
				27.04	17.04	24.93	6.51	10.97	4.47	9.02
과천시나선거구				더불어민주당 윤미현	더불어민주당 박상진	자유한국당 고금란	자유한국당 권병준	바른미래당 백남철	무소속 안수정	
	과천시	23,420	17,013	4,640	2,729	2,774	1,896	2,022	2,401	
				28.18	16.57	16.85	11.51	12.28	14.58	

출처 : 중앙선거관리위원회

문재인 대통령의 인기가 하늘 높이 치솟고 있던 시기였다. 과천에서 처음으로 시장으로 민주당 후보가 당선되었고, 7명의 시의원 중 5명이 민주당, 2명이 국민의힘 소속으로 당선되었다.

어디서부터 잘못된 것일까?

문재인 대통령의 인기와 바람 때문이라고만 말할 수 없는 일이었다. 재개발로 인한 전통적인 지지층의 이탈(다른 지역으로 이주)로 치부할 수도 없는 일이었다. 평가과정에서 시민들과 함께하는 일상적 활동이 부족했다는 것이 가장 큰 문제로 지적되었다. 무엇보다 너무 쉽게 생각했다. 지난 2014년 선거에서 그리 힘들이지 않고 시의원을 배출했던 자신감이 우리를 오만하게 했다. 시장은 몰라도 시의원 한 명쯤은 당연히 당선될 거라 기대했던 게 오판이었다. 큰 기대를 걸었던 '다함'은 구심점을 잃고 급속도로 무력해졌고 2022년 지방선거를 앞두고 해산했다.

2018년 선거 직후 다함 해산론이 제기되었던 적이 있다. 나 역시 구심점을 상실한 다함을 계속 유지하는 것이 어렵다는 판단이었고 해산에 무게를 두고 있었다. 이때 해산을 적극적으로 만류하신 분들이 계셨다. 지금 당장은 어렵고 힘들더라도 조직을 유지하며 후일을 도모하자는 말씀이셨다. 흔들렸다. 누군가 깃발을 들고 있을 사람이 있다면 다함을 유지하는 것으로 의견이 모였다.

구자동[137] 대표가 힘든 결단을 내려주어 다함의 사무실은 정리하고 이름만 남겨 두었다. 그때 다함 사무실에 있던 에어컨을 들고 와 이 더운 여름날, 시원한 사무실에 앉아 글을 쓰고 있다.

2018년 선거로 구성된 제7대 시의회는 최악의 시의회라는 오명을 뒤집어썼다. 민주당 시의원의 해외연수 비리로 초반부터 시끄러웠던 의회는 셀프 탈당에 이어 민주당 출신 시의원 2명이 국민의힘으로 당적을 바꾸는 사태가 일어났고, 제갈임주 시 의장이 직무 정지되었다가 법원의 판단을 받고서야 복귀하는 일도 벌어졌다.

137) 구자동 동물병원 원장, 현 풀뿌리 공동대표.

지역 시민 정치운동에 함께 하며 민주주의를 주창하고 지역 선거 후보자 지원활동으로 한 계절을 보내곤 한다.

그런 형편 때문에 2022년 지방선거가 다가오자 다시 선거에 관한 관심이 높아갔다. 내게조차 여기저기서 출마 권유가 들어왔다. 병원을 운영하는 김세용 원장, 출판사를 운영하는 김태영 대표는 입을 맞춘 듯 작심하고 출마를 권했다. 결심만 하면 나머지는 본인들이 앞장서서 만들어가겠노라고 했다.

정치할 생각도 없지만 내가 나를 잘 안다. 앞서도 말했듯이 나는 힘으로 억누르려 하면 강하게 반발하는 기질이 있다. 동네에서 방귀깨나 뀐다고 하는 사람들하고 허구한 날 싸울 게 불을 보듯 뻔하다. 고집도 무척 세다. 무엇을 해야 한다고 마음먹으면 무슨 이유를 만들어서라도 꼭 자기 고집대로 하고야 만다. 정에 약해 이 사람, 저 사람의 요구를 뿌리치지 못하고 쉽게 사람을 끊어내지 못하지만, 이건 아니다 싶어 마음을 접으면 차갑게 냉담해진다. 더구나 정치하자면 어려운 일에 손을 내밀어 부탁도 할 줄 알아야 할텐데, 나는 내 물건 내주고 외상값조차 달라고 하는 것이 힘든 사람이다. 정치인이 가져야 할 기본적인 덕목과 자질이 부족한 것이다.

김세용, 김태영 선생에게는 산이나 같이 다니자고 했다. 그렇게 해서 만들어진 것이 '살다보면'이라는 과천 걷기 모임이다. 3명으로 시작한 '살다보면'은 현재 15명 회원으로 늘어나 정기적으로 산행을 하고 있다. 관악산, 청계산, 우면산도 오르고 서울대공원 둘레길을 걷기도 하면서.

과천에서 30년을 넘게 살았는데도 관악산을 바라보기만 했지 처음 올라와 본다는 사람도 있었다. 산은 바라보는 것만으로도 좋지만, 산

길을 걸으며 숲을 온전히 느끼는 것은 또 다른 체험이다.

꼭 정상까지 오르지 않아도 좋다. 좋은 벗들과 걷고 놀며 나누는 세상 이야기와 술 한잔은 지친 영혼에 숨통을 틔워주고 삶에 활력을 가져오지 않던가.

최악의 시의회를 경험한 시민사회의 활동가들, 특히 풀뿌리 회원들은 시의회에 자신들의 대리인을 보내야 한다고 굳게 믿고 있었다. 그러나 4년간 변변한 활동을 하지 못한 다함이나 풀뿌리가 후보를 내는 것이 맞는 것인가? 하는 문제 제기가 거듭되었다. 당장 나설 사람이 있느냐도 문제였다.

그때 안영 선생이 결단을 해주었다. 시민 115명이 참여하는 시민후보 추천 위원회가 만들어지고 다함 또는 풀뿌리 후보가 아닌 시민후보로 지방선거에 임하기로 의견을 모았다.[138] 5월 1일, 공천 파티를 통해 안영을 시민후보로 확정했다. 선거 한 달 전이었다.

신속하게 선거캠프가 꾸려졌고 선거운동본부장(이하 '선본장')을 맡아 달라는 요청을 받았다. 시민후보 추천위원장을 맡았던 터라 끝까지 책임져 달라는 요구였다. 도망칠 곳도 없었다. 선거 실무는 사무장이 맡아서 하는 거고, 선거에 따른 각종 역할은 팀별로 진행될 것이라 선본장이라고 딱히 따로 할 일은 많지 않았다. 자원봉사자들 독려하고 팀 업무 간 조정이 안 되는 부분 있으면 조정하고 협력할 수 있도록

138) 선거가 끝나고 한참의 시간이 흐른 뒤 지역의 한 활동가는 "풀뿌리 이름으로 후보를 내면 안된다."는 내 말에 무척이나 서운했었다는 소회를 밝히기도 했다.

연결해 주면 되는 일이었다. 나머지는 다른 자원봉사자들과 함께 후보를 열심히 돕는 일뿐.

안영 후보를 출마시키기로 확정하고, 출마할 선거구를 어디로 할 것인지 논의를 하면서 민주당 측과 접촉했다. 가 선거구에는 정의당의 이춘숙 후보가 출마를 준비하고 있던 터였다. 오랫동안 지역에서 협력하며 함께했던 정의당과 같은 선거구에 후보를 내고 경쟁한다는 것은 '상도의가 아니다'는 의견이 지배적이었다. 어쩔 수 없이 나 선거구를 선택하기로 하고, 우리 후보가 출마하려 하는 나 선거구에 민주당은 1명만 공천해 달라고 요구했다. 그때까지 민주당은 가 선거구, 나 선거구 각 한 명씩만 공천한 상태였다. 민주당의 반응은 냉담했다.

나 선거구에 아직 공천이 확정되지는 않았지만, 출마를 준비하는 제갈임주 전 시의장과 경쟁하는 것도 부담스럽긴 마찬가지였다. 안영, 제갈임주 모두 시민사회 출신으로 시의원에 나란히 당선된 적이 있는 어제의 동지였기 때문이다.

채 5시간이 지나지 않았을 것이다. 민주당 지역위원장인 이소영 의원으로부터 연락이 왔다. 후보를 낸다는 연락을 받았다며, 선거에 나온다면 "가 선거구로 나와달라" 그렇게 해준다면 "민주당은 가 선거구에 더는 후보를 공천하지 않겠다."는 이야기였다. "나 선거구를 양보해 줄 수 없겠냐"고 물었지만 나 선거구는 본인도 어찌할 수 없는 상황이라며 중앙당의 방침은 모든 선거구에 2명의 후보를 내는 것이지만, 과천에서는 시민사회단체와 함께하는 것을 만들어 보겠노라고 했다.

젊은 정치인이지만 이소영 의원의 정치적 판단은 빨랐다. 지역에서 시민후보가 갖고 있는 잠재적 파급력을 충분히 예상하고 시민사회에 '양보와 협력'이라는 정치적 효과까지도 계산한 제안이었다.

긴급히 후보와 연락을 취하고 정의당 측과 물밑 접촉을 시도했다.

이춘숙 후보는 당선을 목표로 출마한 것이 아니라 개발로 인해 생활터전을 잃게 되는 꿀벌마을 등 비닐하우스촌 철거민들의 실태를 알리기 위해 나왔다고 하는 만큼 이 후보의 선거구를 나 선거구로 옮겨줄 수 없겠냐고. 시민들이 많이 왕래하는 중앙공원과 별양동 중심상가가 나 선거구에 있으니 이 후보의 목적 달성을 위해서도 나쁘지는 않겠다는 생각이었다.

너무 늦었다는 답이었다. 이미 지역구를 확정하고 가 선거구에 공을 들이고 있는데 이제 와서 다른 지역으로 옮기라는 요구는 받아들이기 어렵다는 것이었다.

선배들이 조금만 도와주면 당선도 가능하다는 답변과 함께 서운한 감정까지 내비쳤다.

아쉬웠다. 지역구만 조정된다면 민주당과도 상생하고, 풀뿌리 출신의 제갈임주 후보와도 같은 지지기반을 두고 다투지 않고 선거를 치를 수 있다고 보았는데… 돌이켜 생각하면 준비가 너무 부족했다. 선거를 불과 한달 앞두고 '선거참여'를 결정한 것부터가 말이 안 되는 것이었다. 함께 논의하고 전략적 판단을 할 시간적인 여유가 전혀 없었다.

거대 양당정치의 틈바구니에서 생존하기 위한 시민사회의 일방적인 바램, 요청이 비록 소수정당이라 할지라도 전국적 과제와 전망을 갖고 선거에 임하는 정의당에게는 받아들여질 리가 없었다.

선거는 구도 싸움이라는데 구도가 잘 짜이지 못한 채 선거전에 뛰어들었다.

가 선거구 국민의힘 2명, 민주당 2명, 정의당 1명, 무소속 1명.

나 선거구 국민의힘 2명, 민주당 2명, 무소속 1명. 민주당 후보에는 제갈임주 전 시 의장이 뒤늦게 공천을 확정 지었고, 시민후보 안영은 무소속으로 출마한 것이다.

중앙정치에 휘둘리지 않고 오직 지역 발전과 시민만을 위해 일할 수 있는 사람. 양당정치를 견제하며 시의회의 균형을 잡을 수 있는 사람. 공인회계사 출신으로 지난 6대 시의회에서 보여준 능력으로 검증된 예산 전문가 안영. 이렇게 안영 후보의 장점을 부각하는 선거 전략을 세우고, '양당정치에 견제구를 날릴 기호 4번 안영'을 케치프레이즈로 하여 선거에 임했다.

100명이 넘는 응원단이 조직되고, 20명이 넘는 자원봉사자들로 선거 사무실은 매일 붐볐다. 후보와 함께 거리를 누비는 핑크빛, 4년 만에 다시 핑크 물결이 과천을 수 놓았다. 한 사람이라도 더 만나 우리 후보를 알리려는 자원봉사자들의 발걸음이 바빠졌다. 추경숙 선생과 함께 지식정보타운의 아파트 단지를 방문했을 때, 멀리서 한 주민이 나와 쓰레기를 버리고 들어가는 것을 포착한 추 선생이 숨도 안 쉬고 달려가 명함을 건네고 왔다. 추 선생이 그렇게 재빠르게, 달리기를 잘할 줄은 정말 몰랐다.

남성들은 저녁 늦은 시간 퇴근 후에 후보를 수행하며 중심상가를 돌았다. 늦은 시간이라 대게는 술이 거나하게 취한 사람들로 북적였다.

젊은 여성 운동원들이 명함을 건네며 인사를 하면 대부분 손님은 엄지를 추켜세우며 응원을 아끼지 않는다. 인물은 좋은데 무소속이라 아깝다며, 민주당으로 나오지 그랬냐는 소리도 거듭 들었다.

선거가 막판으로 치달으면서 상황이 좋지 않다는 것이 여러 곳에서 감지됐다. 한 표가 다급한 시점이었다. 유권자들의 명단이 없는 우리 캠프로서는 길거리 유세 외엔 전화홍보조차 할 곳이 마땅치 않은 실정이었다. 한밤중에 007 첩보작전 하듯 몇몇 지인들의 전화기에 들어 있는 연락처를 통째로 복사해 전화홍보를 할 2,000명이 넘는 유권자 리스트를 작성해 넘겨줬다.

그런데 전화홍보를 하던 팀에서 이의가 들어왔다. 열심히 전화홍보를 하던 중에 "안영 후보는 다른 줄 알았었는데 다른 후보들과 똑같네요. 안영을 지지하려고 했는데 철회해야겠어요."라고 반응하는 시민이 있었다고 했다.

이 얘기를 접한 안영 후보는 전화홍보 중단을 제안했다. 정치하기에는 너무 맑고 순수한 후보였다. 아니 후보뿐 아니라 캠프에 있는 우리가 모두 그랬다.

선거기간 내내 아침마다 자원봉사자들을 독려하는 글을 썼다. 선거 끝나고 어느 자원봉사자 한 분이 "매일 아침 본부장님 글 읽으며 힘을 내고는 했는데 이제 그 글 못 보게 돼서 어쩌지요." 하며 아쉽다는 얘기를 듣기도 했다.

선거는 패배했다. 나 선거구 다섯 명 중 꼴찌였다. 경쟁했던 제갈임

주 후보도 떨어졌다. 가 선거구에 출마한 정의당 후보 역시 떨어졌다. 〈표3 참조〉

무소속 시민후보가 거대 양당으로 모든 것이 쏠리는 현상을 돌파하기에는 역부족이었다. 선거결과는 우리 시민운동 주체들에게 원칙을 다시 상기할 것을 요구하고 있었다. 시민들과 함께하며 일상 속에서 지지를 얻지 못하고 선거에 나서면 질 수밖에 없다는 것.

〈표3 2022년 과천시 지방선거 결과〉

가선거구

후보자별 득표수					
더불어민주당 이주연	더불어민주당 이주연	국민의힘 우윤화	국민의힘 윤미현	정의당 이춘숙	무소속 김동진
5,213	1,875	6,034	3,883	595	1,359

나선거구

후보자별 득표수				
더불어민주당 박주리	더불어민주당 제갈임주	국민의힘 황선희	국민의힘 김진웅	무소속 안영
4,101	3,728	5,072	5,875	2,650

출처 : 중앙선거관리위원회

선거가 끝나고 당선된 신계용 시장과 화훼산업진흥협회 임원들 간에 점심 식사 자리가 있었다. 마침 앞자리에 앉아있던 신계용 시장이 나를 보고 "지금 고기가 넘어가십니까?" 하고 물었다. 농담이었지만 순간 분위기가 싸해지며 몇몇 사람이 내 눈치를 살핀다. 웃으며 받아넘겼다. "시장님이 사주시니 더 맛있는데요." 그날 점심값은 예정에 없이 신계용 시장이 지불했다.

그로부터 몇 달 후, 시민회관에서 '평생학습 축제'가 열렸다. 개막식을 마친 신계용 시장이 연단에서 내려오다 나를 보고 "신 대표님 우리가 건널 수 없는 사이지만 오늘만큼은 손잡고 함께 걸어요." 하며 2층 행사장으로 올라가는 계단을 가리켰다. 계단을 가르는 중앙 분리대를 사이에 두고 왼쪽을 가르키며 "대표님 이쪽, 제가 이쪽"이라며, 생각하는 바가 다르더라도 공동의 목표를 향해 협력하자는 마음이리라. 기꺼이 손을 잡고 계단 끝까지 걸어 올라갔다.

김종천 시장 때 약속됐던, 지식정보타운에 LH로부터 300여 평 공간을 기부받아 사회적경제 조직들의 입주 및 지원 공간으로 활용키로 했던 사회적경제지원센터 공간 이전 공약 이행 등 현안을 건의하고 싶었으나, 자리가 마련되지 못해 아쉽다. 약속됐던 공간은 지금 다른 용도로 쓰이고 있다. 중앙정부 행정도, 작은 도시도, 정권이 바뀌면 이전의 계획들도 바뀌는 세상이니 누굴 탓하랴. 그래도 요즘 들리는 말로 신 시장이 처음 시장할 때보다 '더 사람들의 말을 많이 듣고 일을 잘한다.'는 이야기를 듣는다. 다행이다.

대선 이야기를 하지 않고 넘어갈 수가 없다. 2022년 대통령 선거, 검사 출신 윤석열 후보와 소년공 출신 이재명 후보가 맞붙는 선거였다.

진영논리를 떠나서 이재명 후보를 응원했다. 살아온 삶의 궤적이 그랬고, 성남시장, 경기도지사 재직 시절 보여준 능력과 사회적 약자를 배려하는 정책을 높이 샀다.

억강부약(抑强扶弱), 약한 자 힘주시고 강한 자 바르게 하라는 하나님의 뜻과 다르지 않다고 여겼다.

약육강식(弱肉强食), 적자생존(適者生存)의 법칙이 일반화된 야만의 정글을 바로잡기 위해서도 '소년공 출신 이재명'이 적임자라고 보았다. 기존의 질서에 익숙해 있는 사람들의 생각, 단단한 돌처럼 굳어져 있는 고정관념이 깨지는 것은 충격적인 사건의 경험을 통해서 변하고 바뀐다.

노동자도 대통령이 될 수 있는 나라!

하늘과 땅이 뒤집히는 충격이 될 것이다.

편견과 차별의 늪을 빠져나와 열린 사회로 가는 대전환의 서곡(序曲)이 울려 퍼지는 시작이 될 것이라고 생각했다. 다시 오기 힘든 기회였다.

오랜 친구 김표무 동지가 이재명 후보를 지원하는 일에 힘을 보태달라고 찾아왔다. 시장에서 장사나 하는 사람이 무슨 힘이 있겠냐마는 백지장도 맞들면 낫다 하지 않았던가. 놓여 있는 처지 때문에 많은 활동을 할 수는 없겠지만 내가 사는 동네인 과천에서 할 수 있는 만큼의 일은 하겠노라고 했다.

덜컥, 무거운 직함이 날아왔다. 후보 직속 '더밝은 미래위원회' 공동위원장.

'관(官)이 무거우면 사람이 기를 펴지 못하는 것인데…' 생각도 들었다. 아무튼, 지역의 지지자들을 모으고 작은 실천이라도 함께 할 수 있는 조직을 짰다. 태어나 처음으로 유세차에 올라 지지연설을 하고, 전

2022년 대통령 선거 때는 이재명 후보의 선거대책본부에서 한 직책을 제안받아 운동원이 되기도 했다. 그의 소년기 이야기에 깊이 공감해서 무엇이든 응원을 보내고 싶었다.

쟁 위기가 아닌 평화를 지킬 후보를 선택해달라고 거리 곳곳에서 캠페인도 했다.

벽이 느껴졌다. 목이 터지라 외쳐도 소리는 퍼져 나가지 못하고 벽에 막혀 공허한 메아리로 돌아왔다. 과천이라는 동네, 예상보다 훨씬 보수의 벽이 두꺼웠다. 시민들은 그렇다 치자. 다함이나 풀뿌리, 지역의 시민단체 어디도 조직적인 결합이 어려웠다. 회원들 내부에서도 의견들이 분분한 데다 이재명 후보의 거친 이미지가 이 지역 여성들에게 상당한 거부감을 불러일으키고 있다고 느껴졌다.

그래서 윤석열을 택할 것이냐? 본인이 윤석열을 찍지 않는다고 해도 그로 인해 윤이 당선된다면 세상이 어찌 될 것인지 뻔히 보이지 않느냐? 는 물음에 "이명박근혜 시절도 살았는데 못 살 것 뭐 있겠냐."라며 이재명 후보에 대한 노골적인 거부감을 드러내는 사람도 있었다.

대다수의 소시민은 정치와 자신과는 무관하다고 생각하지만, 사람의 모든 삶은 정치를 떠나서 이야기될 수 없다. 우리가 먹고사는 것, 사회 문화적 환경, 모든 것이 정치와 밀접한 연관을 갖고 영향을 받는다. 그러기에 정치 지도자를 잘 뽑아야 하고 우리의 삶을 더 나은 방향으로 발전시킬 좋은 정치인을 선택해야 하는 이유이다.

정치에 급수를 메긴다면 가장 하급의 정치는 정치 권력을 사유화하고 자신과 자신이 속한 집단의 이익만을 위해 정치 권력을 휘두르는 것이다. 상대방을 인정하지 않고 대화와 협치는 실종되고 자신만이 옳다고 주장하며 다른 생각과 의견에는 귀를 기울이지 않는 불통의 정치다.

중급의 정치는 자신들이 대변하는 계급과 계층의 이해에 충실하며 이들의 이익을 대변하며 상대방을 설득하고 양보를 이끌어 내는 정치다. 다른 집단에 대한 존중과 신뢰를 전제로 상대를 이해하려는 열린 자세로 다가가야 한다.

우리 정치는 하급과 중급 사이를 벗어나지 못하고 국민에게 피로감만 쌓이게 하고 있다. 뉴스를 보지 않는 사람들, 정치인들을 싸잡아 비난하는 사람들, 정치에 냉소적인 사람들은 이런 수준 낮은 정치 행위만을 보아왔기 때문에 생긴 현상이다.

상급의 정치는 국민 대중의 요구에 귀 기울이고 국민이 바라는 바가 무엇인지를 파악하여 국민의 열망을 하나로 모으고 통합을 이끌어 내는 정치이다. 세계사의 흐름을 바르게 읽고 나라가 나아갈 방향에 대한 비전을 제시할 수 있어야 하고 실행할 수 있는 능력을 갖춰야 한다. 국민에게 감동과 희망을 주는 정치, 나를 내어주고 상대를 포용하는 정치, 그리하여 정치 행위가 예술적 감동으로 승화하는 정치가 진정한 정치이다.

국민 대중이 바라는 요구는 그리 거창하지 않다.
우리 아이들이 밝고 행복하게 자랄 수 있는 나라!
국민의 안전과 평화를 보장해 주는 나라!
청년들이 자신의 꿈과 재능을 마음껏 펼칠 수 있는 나라!
땀 흘려 일하면 정당한 댓가를 받을 수 있는 나라!
편안한 노년을 보장받을 수 있는 나라!
국민의 소박한 일상을 구현하는 정치를 기대한다.
그런 포부와 역량을 갖춘 정치인을 만나고 싶다.

대선과 기초의회 선거를 지고 나서 무력감에 빠졌다. 혼자서 산을 찾는 일이 잦아졌다. 그렇다고 이렇게 주저앉아 있을 수는 없었다. 넘어진 자리에서 다시 일어서야 했다.

"동산에 아침 햇살 구름 뚫고 솟아와
새하얀 접시꽃잎 위에 눈부시게 빛나고
발아래는 구름바다 천 리를 뻗었나
산 아래 마을들아 밤새 잘들 잤느냐

나뭇잎이 스쳐 가네 물방울이 날으네
발목에 엉킨 칡넝쿨 우리 갈길 막아도
노루 사슴 뛰어간다 머리 위엔 종달새
수풀 저편 논두렁엔 아기 염소가 노닌다

가자 천리길 굽이굽이쳐 가자
흙먼지 모두 마시면서 내 땅에 내가 간다….

출렁이는 밤하늘 구름엔 달 가고
귓가에 시냇물 소리 소곤소곤 얘기하네
졸지 말고 깨어라 쉬지말고 흘러라
새 아침이 올 때까지 어두운 이 밤을 지켜라
가자 천리길 굽이굽이쳐 가자
흙먼지 모두 마시면서 내 땅에 내가 간다."[139]

인적없는 호젓한 산길을 걸으며 김민기의 노래 '천리길'을 부른다. 그래, 쉬지 말고 흘러 새 아침이 올 때까지 어두운 이 밤을 지켜야지.

139) 김민기 님의 노래 '천리길'. 가수 양희은 님이 불러 국민 애창곡이 되었다.

마을에서 희망 찾기

대통령 선거가 끝난 직후 시민들이 가라앉아 있을 때, 세월호 8주기 추모 행사를 통해 사람들을 다시 일으켜 세우자는 생각을 했다. 모두 답답한 마음이었는지 너도나도 힘을 내었다. 망치 박종석 님이 세월호 노랑배를 만들고, 내가 세월호 희생자 수에 맞춰 304개의 꽃 화분을 실어 꽃배를 꾸몄다. 시내 곳곳에 세월호 희생자를 추모하는 현수막을 걸었고 중앙공원 분수대 앞에 노랑 꽃배를 띄웠다. 1주일 동안 분수대 앞에 설치된 세월호 노랑 꽃배 주변에 많은 시민이 찾아와 다시는 이런 희생이 없어야 한다고 다짐하며 희생자들을 기억하곤 했다.

이전과 달리 못마땅해하는 시민들의 민원도 있었다. 집회 신고를 했지만, 시민들의 공간인 공원 내에 조형물을 설치한 것이라 이는 또 다른 문제였다. 담당 부서인 공원녹지과로부터 '철거하라'는 공문이 집으로 왔지만, 추모 행사를 마치고 자진 철거하기로 약속하고 기억과 추모의 꽃배를 보전할 수 있었다.

이렇게 우리는 서로를 확인하며 다시 일어설 수 있었다. 코앞에 닥친 지방선거를 생각할 힘도 얻고. 이후로도 세월호 행사는 특별한 주관단체 없이 시민들이 자발적으로 참여하며 만들어가고 있다. 늘 앞장서 수고해 주었던 분들이 있어 가능했던 일이다.

해가 바뀌고 1월 첫날, 안영 선생이 만나자고 연락이 왔다. 친구 노항래와 새해 해맞이 하려고 관악산을 올랐다 내려온 직후였다. 땀에 흠뻑 젖은 옷을 입은 채로 만났다. 그간 활동이 뜸했던 풀뿌리를 정비하고 새해부터는 의욕적으로 일을 해보겠다며 함께 해 달라고 요청한다. 지난 선거에 대한 반성과 성찰의 결과이리라. 주저앉지 않고 다시 일어서주니 고마웠다.

흘러간 물이 물레방아를 돌릴 수는 없는 일이다. 새로운 인물들이 나와 새로운 흐름을 만들어가는 것이 필요한 때다. 허나, 새로운 인물이 나올 때까지 마냥 주저앉지 않고 '깃발이라도 함께 들고 있어보자'고 마음을 정했다. 운영위원이 되어 작은 힘이라도 보태기로 했다.

나 외에도 세 명이 더 운영위원으로 합류했다. 민주 시민교육에 관심이 많은 신은희 선생, 지난 선거에 자원봉사를 하며 시민이 주인 되는 정치 참여의 필요성을 절실히 느낀 김수정, 엄시내 선생이 그들이다. 사람을 얻었으니 선거가 아주 망한 건 아닌 셈이었다. 제일 고령인 내가 끼어들었음에도 평균연령이 확 낮아졌다. 경험 많고 능력 있는 기존의 구성원에 더해 젊은 피까지 더해지니 활력이 도는 것 같다.

풀뿌리는 다시 힘을 내어 많은 일들을 만들고 해내고 있다. 윤석열 정부의 굴욕외교에 반대하는 1인시위, 후쿠시마 오염수 방류 반대시위 및 설명회, 이웃한 지역들과의 연대활동 등. 풀뿌리 깃발을 들고 이태원 참사 분향소와 광화문 촛불집회에 나가기도 하고... '수라 갯벌'

영화 상영에 이어, 시민들과 함께 수라 갯벌 탐방도 다녀오며 생태운동을 다듬기도 한다. '청소년 정치학교' 등 민주시민 교육을 만들고, 시민들과 대화를 나누는 '풀뿌리 살롱'도 정기적으로 열고 있다.

물론 풀뿌리운동의 정체성에 관한 혼란도 여전하다. 풀뿌리는 여전히 정치단체인가, 시민사회단체인가. 어디로 가야 하는가?

얼마 전 운영위원과 회원들이 참여하는 워크숍을 가졌다. 아침부터 저녁까지 긴 시간 논의했지만 쉽게 결론이 나지 않는다. 그래도 풀뿌리의 지향에 관한 결정은 뒤로하고 우선 지역 의제에 집중해 시민들의 생활에 밀착한 활동을 하는 것으로 합의가 이뤄졌다.

과천 시민운동의 일원으로 생태지킴이, 촛불시위 등에 함께 한다.

과천의 시민사회는 다른 지역과는 다른 특성이 있다. 생협, 대안 교육, 주민자치, 환경생태운동 등 풀뿌리 시민운동의 오랜 역사를 갖고 있고 현재도 여러 형태의 시민 모임들이 활발하게 활동하고 있다. 다른 어느 지역보다 활발하다. 그럼에도 다른 지역에서 흔히 볼 수 있는 시민사회 연대기구가 존재하지 않는다.

세월호 추모 행사 등 특정한 사안이 있으면 누가 먼저랄 것도 없이 힘을 모아 함께 하면서도 이런 경험을 축적하고 상시적으로 운영할 조직적 연대에는 소극적이다. 느슨한 네트워크라도 만들자는 제안이 있었으나 그 또한 쉽지 않았다. 조직에 대한 부담감 때문일까?

그러다 보니 과천 풀뿌리에 더 많은 역할이 요구되기도 한다. 풀뿌리 역시 상근 활동가 한 명 없이 운영위원들이 서로 역할을 나누다 보니, 때로 과중한 일에 치이고 힘에 겨워하기도 한다. 공동대표를 맡은 구자동, 김은희 선생, 다재다능한 능력의 소유자 천희 선생, 그리고 우리 모두가 그렇다.

그래도 아름다운 과천을 만들고 싶은 열정과 풀뿌리에 대한 애정을 비할 데가 없다. 어두운 밤하늘을 지키는 별들. 나 역시 이들에게 동화되어 함께 길을 가고 있다. 동네에 좋은 길벗이 있다는 것은 행복한 일이다.

이글을 다 써가는 10월 23일, 과천에서 '윤석열 퇴진! 김건희 특검!'을 요구하는 촛불 캠페인을 열었다. '경기중부 윤석열정권퇴진운동본부'와 함께 과천풀뿌리 회원을 비롯한 30여 명이 촛불 캠페인에 함께했다.

서울 도심 한복판에서 159명의 꽃다운 청춘이 생명을 잃은 이태원 참사.

무리한 수색작업 도중 목숨을 잃은 해병대원 채상병 사건.

어느 것 하나 책임지는 모습을 보이지 않고 회피하는 윤석열 정권에 대한 실망.

'중요한 것은 일본의 마음'이라며 굴욕적인 외교를 벌이는 외교 참사.

항일 독립운동의 정신을 폄훼하며 민족의 자존감을 짓밟는 행태.

한반도의 평화를 위협하며 전쟁 위기를 조장하는 행태.

국회를 적대시하며 거부권을 남발하는 행태.

부인 김건희의 도이치모터스 주가조작 의혹, 양평고속도로 노선변경 의혹, 명품백 수수 논란 등 열거하기조차 어려운 온갖 비리와 무능과 무책임의 정치를 보여온 윤석열 대통령을 두고 볼 수가 없다.

무엇보다 경제를 망가트려 소비가 극도로 위축되고 서민들의 삶이 위기에 처해, 더 이상 두고 볼 수 없다는 분위기가 팽배해 있다.

'꽃 장사는 봄철 장사해서 1년을 먹고 산다'는 말이 있다. 그런데, 내가 일하는 전국 최대 규모의 도매시장 과천화훼집하장에 손님들의 발길이 끊어진 지 오래다. 손님들의 발길로 북적대고, 화분갈이 작업은 야간작업까지 해야 겨우 필요한 물량을 맞추는데 오후 서너 시만 되면 문을 걸어 닫고 퇴근하는 집이 반이 넘는다. 봄철부터 시작된 내수부진은 여름철을 지나며 더욱 심각해졌다. 시장의 상인들은 경기 하방을 나타내는 통계 따위에는 관심 없다. 몸으로, 감각적으로 경기를 체감할 뿐이다.

"30년 넘게 장사했지만 이런 적은 없었어." 처음 겪는 장기불황에 상인들의 시름이 깊어만 간다. "내년에는 경기가 더 어려울 거라는데 어떻게 해야 하지?" 미래를 예측할 수 없어 더욱더 불안해한다.

"개망나니 같은 놈이 대통령이라 나라 꼴이 이 모양."이라며 윤석열을 찍은 자신을 탓하기도 한다. 설마 이 정도일 줄은 몰랐다는 것이다. 남은 임기 2년 반은 너무도 긴 시간이었고, 언제 무슨 일이 일어날지 모른다는 위기감이 고조되어 있었다.

길을 가던 시민들의 반응이 뜨거웠다. 과천에서 이제껏 보지 못했던 모습이다. 먼저 다가와 "나이 드신 분들이 많아서 태극기 집회인지 알았어요."라고 말을 건네며 호응하는 젊은이들도 있었고, 함께 "윤석열 퇴진하라!" "김건희 특검하라!" 구호를 외치며 손을 잡아주고 사진을 찍는 젊은이들도 많았다.

이날 촛불 캠페인에 참여한 풀뿌리 회원들은 4주 후에 열릴 다음 촛불에는 적극적으로 준비해서 참여하자는 의견들을 내었다. 차제에 과천의 시민사회를 아우를 상설 네트워크라도 만들어 보자며.

밤이 깊으면 새벽이 멀지 않았음을, 어둠을 밝히는 촛불이 있는 한 새아침을 맞이할 희망의 꽃을 피울 수 있음을 다시 한번 되새긴다.

지금, 여기서 내가 할 수 있는 일을 하면서 새 아침을 맞으리!

평화의 길, 통일의 길

| 제9장 |

2018년 4월 27일 남과 북의 정상의 판문점 회담이 열리고 '한반도의 평화와 번영, 통일을 위한 판문점 선언'이라는 공동성명을 발표했다. 공동선언에는 핵 없는 한반도 실현, 연내 종전 선언, 남북공동연락사무소 개성 설치, 이산가족 상봉 등의 내용이 담겨있었다. 한반도의 긴장이 완화되는 듯했다. 평화의 분위기가 고조되고 통일의 물꼬가 트이는 것 같았다. 더불어 민간 차원의 평화·통일운동도 활기를 띠었다.

마을에서 평화를

2019년 4월 27일, 판문점 선언 1주년을 기념하여 동쪽 끝 강원도 고성에서부터 서쪽 끝 강화도까지 휴전선 500km를 손에 손을 잡아 인간띠로 잇는 '4.27 DMZ 평화 손잡기' 행사가 기획되었다. 전국 각처에서 평화를 염원하는 시민들이 휴전선 접경지역으로 모여들었다. 과천에서도 이 행사에 참여하기 위해 분주히 움직였다.

"총알 맞으러 갑니까?"

행사에 6.15경기중부(6.15공동선언실천 경기중부본부)와 함께 참여하기 위해 참가할 시민을 모집하는 홍보 글을 과천 시민들이 참여하는 대표적인 카페 '과천사랑' 게시판에 올리자 나온 반응이다.

"과천에도 통일운동을 하는 사람이 있다니..."

'기가 찰 노릇'이라고 말하려 하셨나? 용마골 사는 어느 주민의 말이다. 주민자치와 생활 환경에는 관심이 높지만, 평화통일운동의 경험이 일천한 과천을 느끼게 하는 말이었다.

자갈밭이 문전옥답(門前沃畓)이 될 리야 없겠지만 자갈밭에서도 꽃은 피지 않던가. "통일은 잘 모르겠어. 그래도 평화는 꼭 필요한 거지." 동네 유지이신 원로분이 하시던 말씀이다.

과천에서 평화와 통일의 이야기를 함께할 조직 '6.15 과천시민연대'를 만들었다. 평화 손잡기 행사에는 과천시민 80여 명이 참가 신청을 했다. 시민들의 참가비만으로는 소요경비를 충당하기가 어려웠다. 김종천 시장께서 과천 민주평통과 공동으로 주관하는 형식을 빌려 45인승 차량 두 대를 지원해주었다. 어려운 가운데 슬기로운 방안을 만들어 지원을 아끼지 않은 김종천 시장의 도움으로 과천시민 참가단은 뜻깊은 행사에 참여하는 경험을 가질 수 있었다.

특히 화훼협회장을 하셨던 송 회장님을 비롯한 화훼 농민들의 봉사가 빛이 났다. 경기중부 참가단이 책임지는 인간띠잇기 구간이 철원 백마고지 앞 들판이었다. 이곳 행사장에 하루 전에 과천의 화훼 농민들이 당신들이 재배한 꽃으로 평화를 상징하는 꽃 화단을 조성해주신 것이다. 과천시의 시조(市鳥)인 비둘기도 그려 넣었다. 안양, 군포, 의왕, 과천 지역에서 온 참가단들은 모두 그 앞에서 사진을 찍으며 즐거워했다. 내가 다 뿌듯했다.

6월 8일에는 재미 영화인 김대실 감독의 다큐 영화 '사람이 하늘이다'를 과천시청 대강당에서 시민 100여 명이 참석한 가운데 상영했다. 김대실 감독의 영화 '사람이 하늘이다.' 는 남한과 북한의 시민들을 직접 만나 취재하며 촬영한 영화로 북한 주민들의 생활 모습을 엿볼 수 있는 다큐멘터리 영화다. '영화로 나누는 통일이야기'였다.

애초 기획은 영화 상영 후 감독과의 대화를 가지려 했으나 대관 일정이 늦어져서, 김대실 감독이 출국하는 바람에 북한을 방문한 적이 있는 액션 원 코리아(AOK, Action One Korea)의 정연진 대표를 초청

철원에서 진행한 평화 기원 과천시민들의 인간띠 잇기 사진.

해서, 영화 상영 후 관객들과 대담을 나눴다.

보수성향이 워낙 강한 동네이다 보니 드러내 놓고 말은 못 하지만 평화와 통일의 열망에 공감하는 시민들이 적지 않다는 것을 확인한 자리였다. 행사를 마친 후 대관 업무를 도와준 시청 공무원이 "대표님은 화훼 하시는 분인 줄 알았는데 사회적경제도 하고 통일운동도 하시니 대체 정체가 뭐예요?" 하고 묻는다.

복잡하게 그물망처럼 얽혀있는 세상에서 사람이 어찌 한 가지 일만 하며 살 수 있으랴.

마을의 경계를 넘어 평화의 세계로

"평화가 밥이다!" "전쟁 가고 평화 오라!", '6.15경기중부' 행사장에서 외치는 구호다.

'6.15경기중부'는 안양, 군포, 의왕, 과천의 평화와 통일을 염원하는 시민들이 함께하는 단체다. 2024년 현재 개인회원 206명, 단체회원 7곳이 참여하고 있다. 나는 2019년부터 4년 동안 공동대표를 하며 힘을 보태왔다.

2019년 '4.27 DMZ 평화 손잡기' 행사에는 안양, 군포, 의왕, 과천의 시민 1,000여명을 조직해 참여하는 성과를 보이기도 했다.

2022년부터는 매월 시민과 함께하는 '통일힐링걷기' 행사를 열어, 안양, 군포, 의왕, 과천의 명소들을 찾아 걷고 있다. 연인원 1,000명 이상이 참가하는, 시민참여형 행사로 높이 평가할 만한 시민운동이다. 매년 11월에는 평화통일 축제 한마당을 안양중앙공원에서 열고 있다. 축제에는 약 500여 명의 시민이 참가하여 한바탕 난장을 즐기고 있다.

이렇듯 6.15경기중부는 시민들이 부담 없이 편안하게 참여할 수 있는 걷기 행사부터 전쟁의 위기를 막고 평화를 가져오기 위한 노력을 꾸준히 조직해오고 있다. 평화와 통일을 위한 운동뿐 아니라 경기중부지역 시민사회 단체의 중심이 되어 지역의 시민사회운동에 큰 활기를 불어 넣고 있기도 하다. 피케팅, 1인시위, 대규모 집회 조직, 성명 발표 등을 꾸준히 해내고 있다.

어느 한 조직이 성장하는 데는 많은 사람의 노력이 더해져야 하지만 중심을 잡고 일하는 사람의 역할이 무엇보다 중요하다. 경기중부지역 4개 지역을 대표하는 대표와 노동, 여성, 종교를 대표하여 공동대표제로 운영되는 조직체계이다 보니 집행을 책임지는 집행위원장의 역할이 무엇보다 크다. 결성 초기부터 지금까지 줄곧 집행위원장을 맡은 신영배 동지의 헌신이 없었다면 6.15경기중부는 지금만큼의 성장을 하지 못했을 것이다. 2018년 잘 나가던 직장을 조기 퇴직하고 남은 인생을 평화와 통일을 위해 바치겠다고 결단한 그의 용기와 선택이 존경스럽다. "그동안 가족을 위해 봉사하심에 감사드리며 이제부터 뜻하신 일 하시라"며 감사패를 준 그의 아내 최정임 선생과 딸, 아들은 더 대단하다. 이런 든든한 뒷배가 있기에 그가, 그리고 그와 뜻을 함께 하는 우리가 담대하게 앞으로 나아갈 수 있는 것이리라.

경기중부지역 평화 · 통일운동 단체 대표로 시민들의 앞장에 서서 일한다.

샬롬, 평화!

지구상의 그 누구도, 그 어떤 생명체도 부정할 수 없는 가치다. 팔레스타인 난민촌을 불바다로 만드는 미사일 폭격을, 레바논의 수도 베이루트를 강타하는 이스라엘의 공습을, 그 목불인견의 참상을 시시때때로 목도하고 있다. 힘없는 아녀자, 어린아이, 노인들까지 수많은 시민이 죽고 다치며 삶의 터전을 잃고 있다. 어찌 '학살자 이스라엘!'이라고 말하지 않을 수 있으랴.

그런데, 어느 날 갑자기 한반도에서 이런 일이 일어나지 않으리라고 장담할 수 없다. 그날에, 우리가 이제껏 쌓아온 모든 것을 잃게 될지도 모를 일이다. 아니, 한반도에서 전쟁이 일어난다면 우크라이나, 가자지구, 레바논과는 비교가 안 되는 끔찍한 재앙이 도래할 것이다. 남과 북을 떠나 이 땅에 사는 모두가 공멸(共滅)할 상황일 것이다.

힘에 의한 평화는 거짓 평화다. 힘의 균형이 깨지는 순간 평화도 끝난다. 악순환의 고리를 끊어내야 한다. 이 땅에서, 지금이 바로 그때다!

샬롬!

"예속을 반대하고 자주적으로 살고자 하는 민족의 지향은, 분단을 반대하고 통일을 이루고자 하는 겨레의 염원은, 부패한 독재 정치를 반대하고 민주주의를 꽃피우려는 민중의 바람은 어떠한 어려움 속에서도 흔들릴 수 없는 우리의 희망입니다." 소위 '중부지역당 사건'으로 법정에 섰을 때 행한 내 최후진술 중 한 대목이다.

윤석열 정부가 들어선 지 3년, 되돌이킬 수 없을 정도로 진전되었다고 믿었던 민주주의는 심각하게 훼손되었고 노동자들의 권리는 심각할 정도로 짓밟히고 있다. 복지와 사회 안전망은 무너져 내리고 있고 서민의 삶은 갈수록 어려워지고 있다. 가시화되는 듯했던 평화로운 한반도의 꿈은 처참히 구겨지고 전쟁의 위기는 날로 고조 되고 있다.

다른 여러 가지 이유도 있지만, 평화의 기운이 가장 높았을 때 문재인 대통령의 지지율도 가장 높았다. 반대로 전쟁의 기운이 감도는 지금 윤석열 대통령의 지지율은 바닥으로 떨어졌다.

이것이 무엇을 말하는지 알아야 한다. 대한민국의 국민은 진보와 보수를 떠나 평화를 간절하게 원하고 있다는 지표라고 나는 생각한다.

거울에 비친 내 모습이 초라하게 늙어 있다. 무엇을 위해 일하고, 무엇을 하며 살아왔는지…

지금부터 20년 후 2045년이 되면 한반도가 분단된 지 100년이 된다. 그때쯤이면 우리가 하나의 나라였을 때를 살았던 사람들은 모두들 세상을 떠나고, 그때를 기억하는 사람도 더는 남아있지 않을 것이다. 그 전에, 늦어도 분단 100년을 넘기 전에 한반도에 더 이상 적대와 증오가 아닌 화해와 평화의 물결이 넘쳐나길, 평화와 통일을 위한 환경이 조성되기를 소망한다. 분단은 우리의 의지와 무관하게 외세에 의해 강요되었지만 갈라진 반도의 재통일은 우리 민족 스스로의 의지와 지혜로, 어느 누구의 간섭 없이 만들어갔으면 하는 바람이다.

분단과 전쟁의 상처를 치유하여 증오와 적대를 해소하고, 스스로의 힘으로, 평화로운 방법으로, 아름다운 통합을 이루어낸 위대한 민족으로 세계사에 새로운 이정표를 세울 수 있기를 간절한 마음으로 기도한다.

에필로그

살면서 잘한 일을 꼽으라면 단연 첫 번째는 아내를 만나 결혼하고 아들 지환이를 얻은 것이다.

그 다음으로 하나를 더 꼽자면 한 사람의 생명을 구한 것이다.

십칠팔 년 전쯤 여름날, 아이들이 아직 어렸을 때다. 처가 식구들과 강원도 홍천의 내린천 계곡으로 여름휴가를 간 적이 있다. 시원한 계곡에 몸을 담그고 놀다 저녁을 준비하러 모두 들어간 시간이었다.

낮에 놓아둔 어항에 물고기가 들어왔는지 살피러 계곡에 내려갔는데 고무보트를 타고 내려오는 젊은이들이 보였다. 신나서 소리 지르며 내려오는 젊은이들, 위험해 보였다. 아뿔싸. 계곡물이 소용돌이치는 깊은 웅덩이에서 고무보트가 뒤집힌 것이다. 남자아이 한 명은 떠내려가는 강아지를 잡으러 헤엄쳐 가고 뒤집힌 고무보트는 소용돌이를 따라 빙빙 돌고 있었다. 낮에 함께 놀던 동서가 소용돌이에 빠졌다가 간신히 빠져나왔던 그 자리였다. 텐트를 고정시켜 뒀던 끈으로 허리를 묶고 급히 뛰어들어 보트를 뒤집자 긴 머리채의 여성이 엎어진 채 떠 올랐다. 그 여성을 끌어내 모래 위에 눕히자 “제 동생은요? 동생

이 있어요" 힘겹게 말을 한다.

다시 물속으로 뛰어들었다. 소용돌이치는 물속 바닥에 사람이 보였다. 이미 축 늘어져 있다. 힘겹게 안고 소용돌이치는 물살에 몸을 맡기며 천천히 밖으로 끌고 나와 모래 위에 눕혔다. 사람이 빠졌다는 소리에 사람들이 달려들고 있었다. 인공호흡을 하자 살색이 돌아오는 것을 보고 안도의 숨을 내쉬었다. 잠시 뒤 구급차가 왔다. 방학을 맞아 집에 온 언니와 남자친구와 함께 놀던 고등학생이었다고 했다.

어제 일처럼 기억이 생생하다.

가끔, 많은 이들이 내 과거를 궁금해한다. "예전에 뭐 하셨어요?" 지금의 내 모습을 그대로 받아들이면 될 터인데 그렇지 않은 가보다. 사람마다 사연 없는 사람이 어디 있을 것이며 그 모든 사연들이 모여 지금의 모습을 만들었을 것인데, 어찌 보면 지금의 그 사람을 만든 역사

나이 드니 옛 친구들과 어울리는 자리가 그립고 좋다! 영동야학, 기노련 동기들과 어울린 자리.

를 알고 싶어 하는 것인지 모르겠다.

"나? 사연 많아!"

"신 회장은 어쩌다 기노련 활동을 하게 됐어?"

2015년 기노련 30주년 홈 커밍데이를 마치고 뒤풀이 자리에서 민우 형[140] 이 던지는 질문이다.

"명희 누나의 꼬임에 넘어간 거죠. 흐흐흐~~"

"기노련 안 했으면 다른 일을 했을 텐데 후회하지는 않아?"

"그때 명희 누나의 꼬임에 넘어가지 않았다면 지금 여기 계신 분들과 인연도 없었겠죠." 그렇다! 억겁의 인연을 쌓은 가족, 동지, 이웃들. 그들 속에서, 더 잘하지 못했다는 아쉬움은 있지만, 후회는 없다.

140) 이민우. (전) 인천산업선교회 간사

인생을 살면서 수많은 선택의 순간들이 있었다. 모든 선택이 최상의 선택은 아니었을지라도 선택을 한 이상 최선을 다했다. 그 매 순간의 선택이 지금의 나를 만들어왔다. 만약 내가 다른 선택을 했더라면 지금의 나와는 전혀 다른 길을 가고 있었겠지. 그렇다면 지금 나를 둘러싸고 있는 수많은 인연과 사람들은 없을 것이다. 지금의 아내를 만나지도 못했을 것이고 사랑스러운 내 아들 지환이도 없었을 것이다.

물론 잘못된 선택도 있었다. 집을 산 시기, 집을 판 시기가 그렇다. 집을 팔고 1년이 지나지 않아 집값이 2배로 폭등했다. 그렇게 다시는 내 집을 마련할 길은 영원히 사라졌던 게 아닌가 한다. 이 또한 내 선택인 걸 어쩌랴. "힘들고 어렵더라도 조금만 더 버텨 보자"던 아내에게는 두고두고 미안한 일이 되었다. 허나 돌아보면 그마저도 그때마다 그에 합당한 분명한 이유가 있었다. 무엇보다 재산 증식은 나와 거리가 먼 일이라는 걸 확실히 알게 되었다. 어쩌면 내게 다시 그런 상황이 주어지면 나는 살아온 것처럼 살 것 같다.

아내 역시 학생운동을 거쳐 노동현장 지원 활동을 하다 구속되어 나와 비슷한 시기에 2년 6개월 징역을 살았다. 혈압이 매우 낮고 몸이 약한 데다 긴 징역살이 후유증으로 폐쇄공포증과 공황장애가 있어 지금껏 시달리고 있다.

결혼할 친구가 생겼다고 인사드리며 주례를 부탁하러 갔을 때 홍근수 목사님이 "불알 쪽박에 없는 신동욱 뭘 믿고 결혼합니까?" 물었다.

아내는 "설마 굶기기야 하겠어요. 저 밥 많이 안 먹으니까 돈 많이 안 벌어도 돼요. 생각하는 게 같으니까 뭐든 함께하면서 살 수 있을 거예요." 했다. 듣는 내가 민망했는데, 살아보니 밥은 별로 안 먹는 건 맞는데 먹지 못해 힘들어할 줄은 몰랐다.

언젠가 강화에 옛 친구들과 놀러갔던 적이 있다. 누군가 "선배, 세계관이 같은 사람과 결혼하겠다고 하더니 언니하고 결혼하니까 어때요?" 하며 물었다.

"응. 세계관만 같지 나머지는 다 틀려."

우리 부부를 아는 친구들이 맞장구를 쳤다. "맞다, 맞아 그럴 거야" 모두 깔깔대며 웃었다.

그랬다. 아내와 나는 살아온 환경부터 체질, 성격, 습관 등 모든 게 다르다. 그렇지만 서로를 이해하며 맞춰가고 도저히 이해가 안 되는 것은 외워가며 서로에게 적응해갔다. 사랑한다는 것은, 가족은, 그 사람의 모든 것을 온전히 받아들이는 것이니까.

아내는 고르지 못한 건강 추스르며 나를 도와 가게 일을 하느라 많이 힘들어한다. 이제 좀 쉬게 해 줘야 하는데 아직도 몇 년은 더 아내의 도움이 있어야 할 것 같아 미안하고 안타깝다.

아들 지환이는 외할머니 밑에서 사랑을 듬뿍 받고 자라, 구김살 없이 밝고 사려 깊은 아이다. 백일이 지나자 처가에 맡겨져 외할머니 손에서 자라 초등학교까지 마쳤다. 서너 살쯤, 주말에 아이를 보러 처가에 갔을 때 "아빠, 한국말 참 이상해요. 눈이 빠지게 기다렸는데 눈이 안 빠졌어요."하는 게 아닌가. 얼마나 엄마 아빠가 보고 싶었을까? 돌아갈 시간이 됐는데도 제가 잠드는 모습 보고 가려고 자리를 뜨지 못

하는 엄마를 보내주려고 잠든 척하다가 우리가 간 뒤에야 할머니 품에 안겨 잠들던 아이였다. 아이를 저리도 밝게 키워준 장모님, 항상 바쁘게 사는 나와 아내를 대신해 우리 아이를 챙겨준 처제와 동서에게 늘 고맙고 미안하다.

감기가 심하게 들어 입맛이 없으시다는 어머님, 오늘은 일찍 가게 문 닫고 텃밭에서 어머님 좋아하시는 상추와 아욱을 따서 다녀와야겠다.

아들은 대학 3학년 때 다전공으로 선택한 연극영화과에서 연출을 공부하고 있다. 얼마 전 여름날에 대학연극제에 무대감독을 맡아 공연을 올린 적이 있다. 사회적으로 공분을 샀던 밀양 여중생 집단성폭행 사건을 다룬 작품이었다. 무대 뒤에 붙어 있던 찢어진 판결문에 아이들이 이 사건을 바라보는 시각이 담겨있다고 느껴졌다. 공연이 끝난 후 아들은 "사회적인 문제들을 파헤치고 공부하며 작품을 만드는 것을 해보고 싶다."고 했다. 힘들고 배고픈 길 가겠다고 하는 아들이 걱정되지만 격려하고 응원한다.

지환아, 화이팅!

너무 다른 아내, 나를 닮은 아들과 어울려 사는 가정은 내 삶의 베이스캠프다. 결혼식과 지환이 자라던 시절 가족나들이 한때.

중학생 때 내 진술서를 읽어본 아들은 "나는 아빠처럼 살진 않을래." 라고 했다. 지금 하는 짓 보면 어찌 저렇게 나와 비슷한지. 아내와 나, 아들, 우리 셋은 정치, 경제, 사회, 문화 전반에 대해 바라보는 시각이 비슷하다. 엄청난 복이다. 내가 살아가는 힘이기도 하다.

돌이켜 보니 내가 복이 많은 사람이다. 재물복이 좀 없을 뿐 사람복, 처복, 자식복, 거기에 더해 일복까지.

'한 아이를 키우려면 온 마을이 필요하다.'라는 아프리카 원주민들의 속담이 있다. 지금의 나 역시 나를 둘러싸고 있는 대한민국이라는 내 나라, 내 조국의 환경과 분단 현실이, 내가 만나고 거쳐 간 수많은 사람과의 인연을 통해 키워졌다. 그 모든 인연에 감사한다.

"한 송이 국화꽃을 피우기 위해 봄부터 소쩍새는 그리 울었나 보다" 던 어느 시인의 노래처럼, 국화꽃 한 송이가 피기까지 뜨거운 한여름의 태양과 비바람을 이겨내야 한다. 이 모든 것, 흙, 햇빛, 물, 바람, 벌과 나비, 심지어 흙 속에 살고 있는 세균, 방선균, 사상균, 효모, 조류, 원생동물 등 수백만의 미생물까지 온갖 인연이 엮여 꽃 한 송이를 활짝 열리게 한다. 하물며 사람은 오죽하랴.

유난히 소나기가 잦았고 9월 말까지도 더위가 이어졌던 여름, 가만히 앉아만 있어도 땀이 줄줄 흐르는 매장을 지키며 시작한 글이 가을 햇살이 방안 깊숙이 들어오는 10월이 다 지나서야 초고를 맺었다. 지나온 삶을 돌아보는 일이 쉽지만은 않았다. 걸어온 발걸음 굽이굽이마다 얽혀있는 사연과 사람들이 여러 형태로 말을 걸어왔다. 내가 꿈꾸어 왔던 세상은 아직도 멀어 보인다.

끝이 아니라 새로운 시작이라는 것을 되새기며 기지개를 켠다. 글을 쓰느라 한동안 찾지 못했던 산에라도 올라봐야겠다.

"해지고 뜨고 꽃피고 지고
계절이 또 지나가고
사랑이 가고 이별도 가고
슬픔마저 가버려
끝이 없어라 언제나 나는
이 모든 것으로부터 자유로울까
가끔은 나도 삶이 궁금해

나의 신께 묻곤 하지
무슨 이유로 무엇을 찾아
살아가고 있는지
흔들리는 내 영혼이여
이 공허한 질문과 대답에 지쳐버려
이 하루를 애써 버티는 나를
그럼에도 미소 짓는 나를
어제와 같은 오늘을 살아가는 나를
아무도 박수쳐주지 않지만
살아있다는 것만으로도
꿈꿀 수 있는 것만으로도
거친 바다 인생의 강물을 건너는 난
머물지 않는 바람의 영혼
난 멈추지 않는 바람의 영혼"

가수 안치환의 노래 '바람의 영혼'을 조용히 부르며 남은 길을 걷는다. 한 시절, 푸르렀던 잎들이 어느새 낙엽이 되어 발밑에서 '바스락, 바스락~' 아쉬운 숨소리를 토해낸다. 길을 걷는 내 몸에 와 닿아 감기는 가을 햇살이 부드럽다. 눈앞에 보이는 봉우리를 올라서면 다른 길이 나올 것이다. 그 길을 따라 함께 가는 벗들과 즐겁게 노래하며 남은 길을 걷고 싶다.

온 세상이 꽃밭이더라!

초판 1쇄 발행일	2025년 3월 20일
지은이	신동욱
디자인	서용석
펴낸이	이재정
펴낸곳	도서출판 은빛
출판등록	2013년 4월 26일
주소	서울특별시 용산구 한강대로38가길 17, 201호
홈페이지	www.mylifestory.kr
전화번호	070-8770-5100
ISBN	979-11-87232-40-7 03800